普通高等教育“十四五”应用型精品教材

公共关系学

PUBLIC RELATIONS

|第 2 版|

主编 束亚弟 陈小桃
副主编 郑晓华 孟凡会 王庭
参编 张爱民 王素侠 李娟 王婧 朱维维 王艳 周韦

机械工业出版社
China Machine Press

图书在版编目（CIP）数据

公共关系学 / 束亚弟，陈小桃主编 . --2 版 . -- 北京 : 机械工业出版社，2021.8（2024.6 重印）
（普通高等教育“十四五”应用型精品教材）
ISBN 978-7-111-68813-6

I. ① 公…　II. ① 束…　② 陈…　III. ① 公共关系学 - 高等学校 - 教材　IV. ① C912.31

中国版本图书馆 CIP 数据核字（2021）第 151118 号

本书从工商管理视角对公共关系学课程内容体系进行了完整阐述，包括概论篇、基础篇、管理篇、拓展篇，合计 18 章。理论部分主要在概论篇与基础篇。本书注重课程思政，除拓展篇外，前 15 章均融入了课程思政内容；本书还注重应用型教学，前 15 章均安排了实践教学内容，构成实践教学内容体系。为促进学生自主学习，本书还设置了“拓展阅读”。

本书既适合作为工商管理、市场营销、旅游管理等本科专业的基础教材，还适合作为新闻传播等本科专业的公关课程教材。基于形象管理的普适性，本书还可作为大学公选课的教材。

出版发行：机械工业出版社（北京市西城区百万庄大街 22 号　邮政编码：100037）
责任编辑：施琳琳　　责任校对：殷　虹
印　　刷：北京捷迅佳彩印刷有限公司　　版　　次：2024 年 6 月第 2 版第 9 次印刷
开　　本：185mm × 260mm　1/16　　印　　张：18
书　　号：ISBN 978-7-111-68813-6　　定　　价：45.00 元

客服电话：（010）88361066　68326294

Preface 前言

《公共关系学》第 1 版自 2016 年出版以来，承蒙同行和学生的认可，先后被全国多所高校选为教材。编者深感荣幸和责任重大。高等教育的根本任务是立德树人，需构建全员、全过程、全方位的育人体制与机制。在课程中应实施课程思政，教学和教材内容也需保持及时更新。因此，编写团队对第 1 版进行了修订和完善。本次再版修订，最大的特点是突出了课程思政与应用型教学建设并重。

一、教材特色

1. 系统融入课程思政，突出育人特色

根据教育部《高等学校课程思政建设指导纲要》（教高〔2020〕3 号）文件，新版教材融合贯穿了思政主题内容，以更好地发挥“公共关系学”课程的育人作用，进而提高人才培养质量。

2. 完善实践教学内容体系，发扬应用型特色

高校应用型教材建设有赖于突出实践教学内容。本次修订对正文中的典型案例、故事、实证等进行了全面更新，保证时效性和说服力。在教材体例中专设了实践与实训主题，并做到“三结合”，即校内与校外相结合、课内与课外相结合、理论与实践相结合，保证可操作性。

3. 切入企业形象管理，坚守管理特色

本教材将公共关系定位为企业形象管理，并在此视角下进行了教学内容体系的重构。同时，本教材并不排斥传统公共关系内容体系，比如针对传统的新闻宣传，本教材保留其内容并注重从企业管理角度出发，侧重策划新闻。

二、教材体系

公关理论内容体系、实践教学内容体系与课程思政内容体系是贯穿于本教材的三条主线，共同构成本教材体系，具体阐述如下。

1. 理论内容体系

理论内容是学习的根本性要求。本书包括 4 篇、18 章，如下表所示。

第一篇　概论篇	第一、二章：公关概述和古代公关活动
第二篇　基础篇	第三至九章：公关三要素、公关形象概论、公关职能与作用、政府公关及非营利组织公关
第三篇　管理篇	第十至十五章：宣传管理、传播管理、策划管理、危机管理、语言管理、社交管理
第四篇　拓展篇	第十六至十八章：国际公关、网络公关、行业公关（旅游业）

2. 实践教学内容体系

实践教学集中体现在实践与实训主题上。受课时限制，除拓展篇外，本教材前 15 章均安排了相应的实践教学内容，具体如下表所示。

章　节	实践与实训主题	实践与实训活动
第 一 章　公共关系概述	生活中的形象管理	校内，讨论活动
第 二 章　古代公共关系行为	宗教传播中的公关活动	校内，研究活动
第 三 章　公共关系主体之组织	我国公关行业发展	校内，研究活动
第 四 章　公共关系客体之公众	从个人心理到公众心理	校内，研究活动
第 五 章　公共关系中介之沟通	家乡特色产品书面介绍	校内，模拟操作
第 六 章　公共关系目标之形象	企业或高校形象调查	校外，见习活动
第 七 章　公共关系职能与作用	企业公关的承担者	校外，调查活动
第 八 章　政府公共关系	心目中最好的国家	校内，调查活动
第 九 章　非营利组织公共关系	母校公关活动调查	校内，调查活动
第 十 章　公共关系宣传管理	历史上的今天	校内，策划活动
第十一章　公共关系传播管理	记者讲座	校外，专家讲座
第十二章　公共关系策划管理	城市 CI 调查	校内，调查活动
第十三章　公共关系危机管理	企业经营危机及处理	校外，校友讲座
第十四章　公共关系语言管理	模拟谈判活动	校内，模拟训练
第十五章　公共关系社交管理	学校校庆活动策划	校内，策划活动

实践教学内容可根据人才培养方案和课程教学大纲及学校条件进行选择，比如从 15 个中选择 9 个，但请注意提前策划与安排。

3. 课程思政内容体系

根据教育部文件中的思政建设目标，课程思政内容融入本教材中的情况如下表所示。

思政建设目标	课程思政内容分布于本教材中的章节
推进习近平新时代中国特色社会主义思想进教材、进课堂、进头脑	第一章、第二章、第六章（第十六章）、第八章、第十章
培育和践行社会主义核心价值观	第七章、第十二章
加强中华优秀传统文化教育	第五章、第十一章、第十五章
深入开展宪法法治教育	第四章、第九章、第十三章
深化职业理想和职业道德教育	第三章、第十四章

三、教学建议

“公共关系学”是一门实践性非常强的课程，而应用型教学是本教材的一大特色。根据课程组多年的教学经验，学时分配建议如下表所示。

理论教学	应用型教学	学时（理论 + 实践）
第 一 章　公共关系概述	生活中的形象管理	4+2
第 二 章　古代公共关系行为	宗教传播中的公关活动	2+1
第 三 章　公共关系主体之组织	我国公关行业发展	2+1
第 四 章　公共关系客体之公众	从个人心理到公众心理	4+1
第 五 章　公共关系中介之沟通	家乡特色产品书面介绍	2+1
第 六 章　公共关系目标之形象	企业或高校形象调查	2+4
第 七 章　公共关系职能与作用	企业公关的承担者	2+4
第 八 章　政府公共关系	心目中最好的国家	2+1
第 九 章　非营利组织公共关系	母校公关活动调查	2+1
第 十 章　公共关系宣传管理	历史上的今天	2+1
第十一章　公共关系传播管理	记者讲座	2+2
第十二章　公共关系策划管理	城市 CI 调查	4+1
第十三章　公共关系危机管理	企业经营危机及处理	4+2
第十四章　公共关系语言管理	模拟谈判活动	2+2
第十五章　公共关系社交管理	学校校庆活动策划	4+2
第十六章　国际公共关系	无实践教学	2
第十七章　网络公共关系	无实践教学	2
第十八章　行业公共关系（旅游业）	无实践教学	2

根据上表，完整学时为 72 个，分为 46 个理论学时和 26 个实践学时，符合 18 周 / 学期、4 学时 / 周的教学安排。但实践中较多采用 36+18 学时安排，即每周 2 个理论学时和 1 个实践学时，前 9 章之外的理论学时、全部实践学时均可根据人才培养方案进行选择。

四、编写分工

本书由滁州学院束亚弟和海南大学陈小桃共同担任主编，负责全书的构思、统稿、修改等并编写了第一章、第二章、第八章、第九章、第十二章、第十四至十六章。郑晓华参与了全书课程思政部分的构思、统稿、修改等。其他章节的编写分工如下：第三、四章，孟凡会；第五章，王素侠；第六章，张爱民；第七章，朱维维；第十章，周韦；第十一章，李娟；第十三章，王庭；第十七章，王婧；第十八章，王艳。

受编者学识和眼界局限，书中肯定存在不足之处，恳请读者批评指正，编者团队电子邮箱：370125139@qq.com，同时希望能与读者进行教学、学术上的交流。

陈小桃

中国高等教育学会公共关系专业教育委员会副理事长

Contents 目录

第一篇

概　论　篇

第一章

Chapter1

公共关系概述

☞ 导入案例

一个人的飞行

1988 年 10 月 25 日，一架波音 747 喷气式客机（008 号）从东京飞往伦敦，机上仅有一名乘客。为什么一架飞机只载一个人飞行？

原来有 191 名乘客在东京等候这架班机，可这架飞机因机械故障推迟起飞。其他 190 名乘客经劝说都乘坐别的航班走了，唯独大竹秀子非 008 号不乘。在此情况下英航毅然决定，008 号班机在修复后放弃其他商业飞行，只载着大竹秀子一个人开始了 13 个小时的长途飞行。大竹秀子被请到头等舱，15 名服务员和 6 名机组人员专为她一个人服务。

她享用了水煮大马哈鱼等美味菜肴，收看了专场电影，在睡意蒙胧中走下飞机，抵达伦敦。大竹秀子一走下飞机，便被闻风而至的几百名记者团团围住……

作为已经度过“freshman”阶段的大学生，可能在内心会很多次地问道：“大学学到的知识有用吗？”这是如同这个故事一样经常被提起的话题。其实，有时候大学训练的是观察能力。公共关系学习也一样，希望学生们学完理论内容，能够用其来观察社会中的公关现象。对这个小故事，你能看透它的本质吗？谁会积极主动地把这个故事说给别人听，或者大家都在谈论这个奇特的故事的时候，是谁在心里乐滋滋的？另外，最后一句话中提到“闻风而至”的记者，请问他们是真的闻风而至吗？

资料来源：钱秀玉．公关典范 200 浅析 [M]. 2 版．北京：农村读物出版社，1998.

| 学习目标 |

1. 知晓国内外学者的公关定义，并给出自己的定义，掌握公共关系的本质是形象管理。
2. 能够理解和掌握公共关系的特征，掌握公共关系专业名词。
3. 能够把公共关系与人际关系、市场营销、广告及新闻传播进行有效的区分。
4. 了解公关产生的条件，掌握公关创始人的情况及其观点，以及公关发展趋势和在我国的发展史。

第一节　公共关系定义

公共关系是从西方传入我国的，它在英文中表述为“ public relations”，简写为 PR，其含义有三：首先，relation 在中文中是“关系”的意思，关系是指事物之间相互联系、相互影响、相互作用。它以人、物为主体，有人与人之间的关系、人与物之间的关系、物与物之间的关系。对于人与人之间的关系，按能否公开分为两种类型：非公开关系和公开关系。其次，public 作为形容词的意思是“公众的、公共的、公开的”，其反义词是 private，意思是“私下的、私人的”，即“非公开的”，非公开性是私人关系最重要的特征。与非公开性对应的是公开性，那么公开性也是公共关系最重要的特征。最后，relation 加了复数，说明存在多种公开的或公众的关系。

对“public relations”的中文翻译，有学者论述可称为“公众关系”或“公共关系”，甚至认为“公众关系”更贴切。但本书中认为“公共关系”更贴切，不仅是因为约定俗成，而且最主要的理由是，“公共”较“公众”更能体现公共关系的公开性特征。再者，“ public relations”译为“公共关系”与经济学上将“ public goods”译为“公共品”相互呼应。

一、公共关系的定义

对公共关系学的定义，从“ public relations”的字面意思上看，即处理与公众关系的学问。而不同的学者从不同的角度又给出了不同的定义，纷繁复杂。如同孔茨论述管理学理论的时候提出“管理理论丛林”，公共关系的定义也呈现“丛林”状态。以下对国外学者和国内学者对公共关系的代表性定义做个简单区分。

1. 国外学者

美国学者雷克斯·哈洛（Rex Harlow）博士对公共关系下的定义为：公共关系是一种特殊的管理职能。它帮助一个组织建立并保持与公众之间的交流、理解、认可与合作；它参与处理各种问题与事件；它帮助管理部门了解民意，并对之做出反应；它确定并强调企业为公众利益服务的责任；它作为社会趋势的监视者，帮助企业保持与社会变动同步；它将有效的传播技能与研究方法作为基本工具。国际公共关系协会也认为公共关系是一种管理职能。

华为的集团职能平台如图 1-1 所示，其中包括了公共及政府事务部门（PR&GR)，把公共关系部门作为与人力资源、财务、公司战略、质量与流程 IT 等部门地位一致的职能部门，充分体现了公共关系的管理职能。

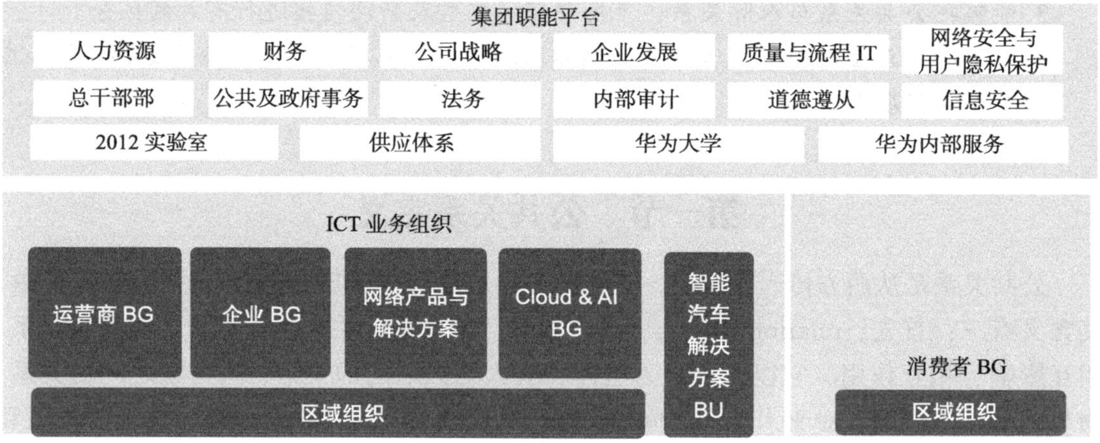

图 1-1 华为的集团职能平台

资料来源：华为 2019 年年报截图（BG：business group)。

英国学者弗兰克・杰弗金斯（Frank Jefkins）认为，公共关系由为达到与相互理解有关的特定目标而进行的各种有计划的沟通联络所组成，这种沟通联络处于组织与公众之间，既是向内的，也是向外的。

美国普林斯顿大学的希尔兹（Chils）认为，公共关系是我们所从事的各种活动、所发生的各种关系的统称，这些活动与关系都是公众性的，并且都有社会意义。

1978 年 8 月，在墨西哥城召开的世界公共关系大会上，代表们对公共关系的含义达成了共识：公共关系是一门艺术和社会科学。公共关系的实施是分析趋势、预测后果，向机构领导人提供意见，履行一连串有计划的行动，以服务于本机构和公众的利益。

2. 国内学者

国内学者在参考国外学者观点的基础上，结合我国的实践，对公共关系的定义给出了自己的说法，在公共关系领域内，部分开拓者（20 世纪 80 年代）的观点表述如下。

王乐夫与廖为建认为，公共关系是一种内求团结、外求发展的经营管理艺术。它运用合理的原则和方法，通过有计划而持久的努力，协调和改善组织机构的对内对外关系，使本组织机构的各项政策和活动符合广大公众的需求，在公众中树立起良好的形象，以谋求公众对本组织机构的了解、信任、好感和合作，并获得共同利益。

熊源伟认为，组织形象是公共关系的核心概念。具体来说，公共关系是社会组织为了塑造组织形象，通过传播、沟通手段来影响公众的科学与艺术。

毛经权认为，公共关系是一个组织运用各种传播手段，在组织与社会公众之间建立相互了解和信赖的关系，并通过双向的信息交流，在社会公众中树立起良好的形象和声誉，以取得理解、支持和合作，从而有利于促进组织自身目标的实现。

明安香的定义为：公共关系是用传播手段塑造组织自身良好形象的艺术。

居延安的定义为：公共关系是一个社会组织用传播的手段使自己与公众相互了解和相互适应的一种活动或职能。

实践始终处于变化的环境中，理论和认识也在实践的指导下不断地更新和进步，进入 21 世纪之后，国内学者对公共关系的理解发生了一些变化。

纪华强（2006）在《公共关系的基本原理与实务》中从组织生态系统的角度给出了一个可行的定义：所谓的公共关系，其实质是社会组织通过信息传播沟通手段处理自身的各类公众关系问题，以达到适应、优化组织社会生态环境目的的管理活动。

居延安（2008）在《公共关系学》(第 4 版）中给出了公共关系的工作定义：公共关系是一个社会组织或公众人物，在一定职业伦理规范的指引下，为谋取有关公众的理解和合作而从事的一种交流、沟通和劝说活动。

廖为建与张宁（2014）在《政府公共关系》(第 2 版）的开篇中指出，公共关系的本质在于追求一种真正的公共性，即对于公共关系的主体——组织机构而言，如何在一个平等的平台上更好地与特定公众不断交流，达成共识，更好地实现双方利益的最大化，实现双赢。

二、本书的观点

1. 公共关系的定义

编者仅仅罗列出来国内外学者对公共关系的定义，这是为了给读者一个自己理解和判断的空间。事实上，学者们的观点无所谓对错和矛盾冲突，仅是有着各自的侧重点，所以产生了各种各样且合情合理的定义。这些概念有助于读者对公共关系有深刻理解。

基于对中外学者观点的认识、归纳和总结，依据本书编者的认知，我们把公共关系定义为：公共关系是组织通过沟通，管理其在公众中形象的活动。这个概述虽然相对较简单，却包含以下三层含义。

首先，这个定义囊括了公共关系的三要素：组织、沟通、公众，如图 1-2 所示。一个完整的公共关系活动是离不开这三个要素的。这是学者的共识，以居延安为代表的学者给公共关系的定义，便是依据公共关系的三要素。不仅如此，在很多教科书里，对公共关系理论的介绍也是依据公共关系三要素进行章节划分的。

其次，它指出了公共关系的最终目标，即管理组织形象。编者弃用“树立形象”而采用“管理形象”，这个探索的进步体现在：树立形象是一次性活动，而管理形象属于系统性活动。组织的公共关系活动属于系统性工程，而非偶尔为之或偶然为之，使用“管理形象”更贴切。

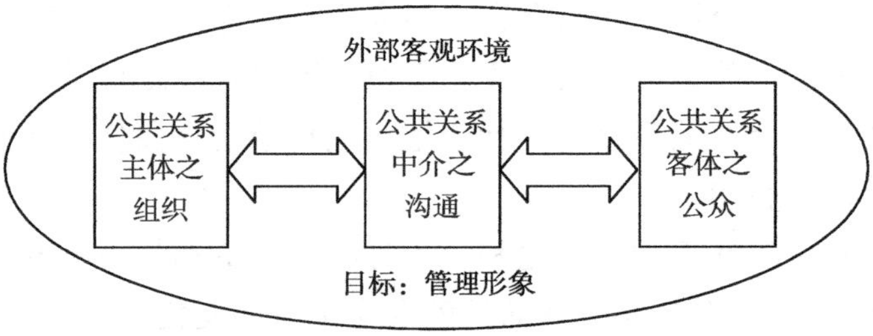

图 1-2 公共关系的三要素及其简要关系

最后，在概念上选择沟通，弃用传播，因为沟通较传播更全面。传播在西方的研究中重点是大众传播，国内也与此类似。传播与沟通之间的区别还在于主动性，沟通是双方均有主动性且地位平等，虽然传播也注重反馈，但传播者占据主导地位，缺乏彻底的双向性。

2. 公共关系的学科性质

对公共关系的学科性质，存在诸多争议，表现在高校的公共关系学课程和公共关系专业散布于不同的专业或不同的二级学院中。比如，中山大学是国内最早开设公共关系本科专业的高校（1994），但公共关系专业最初设在政治与公共事务管理学院，后来调整至传播与设计学院。目前，国内大多数高校的公共关系课程和公共关系研究人员都在新闻传播学院或广告学院。但上海外国语大学的公共关系专业设置在国际工商管理学院，为英文授课的国际公关方向。在某些情况下，公共关系学还被归类为社会学范畴，比如有纲领意义的国家社科基金的学科分类。

理论界也出现过公共关系的“传播说”“形象说”“关系说”等争论。这些争论始于1989 年 9 月，在第二届全国省市公共关系组织联席会议上，深圳大学的余明阳和中山大学的廖为建就公共关系的本质是“形象塑造”还是“传播管理”展开辩论，拉开了公共关系核心概念、基本范畴之争的序幕。当时支持“形象说”的代表人物有明安香、熊源伟等，支持“传播说”的代表人物有居延安和纪华强等。当时还流行的第三种看法是“关系说”，认为公共关系即组织与公众之间的“关系协调”。这场争论一直持续到 20 世纪 90 年代中期。1994 年 11 月，《公共关系报》发起“关于公共关系学核心概念的讨论”，一时间学者众说纷纭并有新观点提出，如“参与说”“协调说”等。郭惠民则提议不必偏执于某一说，不妨对传播、理解、形象、关系和发展等关键词等同视之。对公共关系的学科性质，编者也有自己的观点，综述如下。

公共关系不是传播，传播或沟通是公共关系达到其目标（管理形象）的手段。这就如同人要说话，说话仅是为了表达某种意思，说话是手段；体态语也可以表达人的想法。同样，不通过传播活动，也可以达到公共关系的目标。企业提供最优质产品给消费者，这本身就树立了企业的良好形象；政府切实为百姓做实事，这本身就树立了政府为民的良好形象。没有提供优质的产品或切实为百姓做实事，做再多的传播或沟通活动也无法达到公共关系的目标。提供优质的产品或切实为百姓做实事，这些属于对企业或政府组织最基本、最核心的要求。公共关系不是形象，形象是公共关系的最终目标。将公共关系目标与公共关系本身混淆是不正确的。同样，公共关系也不是“关系说”可以概括的，处理与各种公众的关系属于公共关系的工作内容，“与公众的关系”属于公共关系工作的对象，也不能与公共关系本身混淆。

公共关系应属于管理学范畴，公共关系是组织的管理职能之一，性质如同财务管理、人力资源管理，只是管理对象不同。图 1-1 中，华为的集团职能平台是现实的例证。伴随着现代社会的发展和市场环境的变化，公共关系在组织管理职能中的重要性日益凸显。以现代企业为例，影响企业及其产品为消费者接受的因素非常多，不仅有传统营销提出的产品、价格、渠道、促销（4P）等因素，形象也凸显为与 4P 同等地位的一个重要因素，如 6P 理论。当然其重要性远不止于此，更多的企业，如可口可乐、麦当劳等的实践可以说明，突出的形象因素远比 4P 因素重要。

⊙ 课堂分析

请读者基于自身的经历，说说麦当劳或肯德基餐厅的产品、价格、渠道、促销等因素，哪些具有吸引力？其中最主要的又落在哪里呢？

在教育部《普通高等学校本科专业目录》（2020 年版）中，公共关系学专业正式列入管理学类的公共管理类专业中。从传播学或社会学到管理学是一个质的飞跃，但列入公共管理类专业仍然有局限性。虽然政府公共关系属于公共关系的重要组成部分，但公共关系最活跃、最有创造力的部分仍然是企业公共关系。这样的归类，既限制了公共关系的自觉应用范围，又限制了公共关系的学科发展。

3. 公共关系的位置

⊙课堂讨论

对于企业来说，最重要的是什么

请在黑板上书写同学们的答案。然后大家讨论，擦去相对不重要的，逐渐留下最重要的答案。

把大家得出的答案与形象对比，请问形象在企业中居于什么位置呢？

同样，对于政府来说，最重要的是什么呢？与形象比较呢？读者可以思考。

编者认为，公共关系做的是“锦上添花”的事，公共关系不能替代一切，更不能替代组织最本质的功能。组织只有在做好其本分的基础上进行形象管理才有意义。

公共关系虽不是组织最本质的功能，但不可或缺。新时代更孕育了公共关系的新机会。“展形象”成为国家宣传部门的五大使命任务之一。“要推进国际传播能力建设，讲好中国故事、传播好中国声音，向世界展现真实、立体、全面的中国，提高国家文化软实力和中华文化影响力”，习近平在全国宣传思想工作会议上的讲话，阐明了公共关系在形象管理方面的不可或缺性及其应用领域。

第二节 公共关系的基本特征

特征是用来界定范畴，使自身区别于其他类似事物的。特征对加深理解有着非常重要的意义。公共关系的基本特征包括公开性、可塑性、系统性、长期性、互利性五个方面。掌握公共关系的基本特征，有助于理解公共关系的本质，更有助于对公共关系活动的把握。

一、公开性

公开性是“public”的本质含义，这是公共关系的首要特征。公共关系是处理与公众关系的学问。公众是一个群体，而且广泛分布于全国各地，甚至是世界各地，如企业顾客分布。公众不是单个的个体人或聚集的一群人，无法通过私人关系来处理。如同上市公司的公告一样，必须面向社会公开发布。公共关系在处理与公众关系的活动时必须公开，让相关公众都知晓和了解。从这个角度来说，“说真话”“公众需要被告知”是公共关系的内在要求。公共关系从业者只有做到了公众知情才可能做好公共关系活动。事实上，这些信息不仅需要公开，在现代媒体环境下也无法隐瞒。

二、可塑性

公共关系的可塑性即组织形象的可塑性。如果组织形象无法改变，那么公共关系就没有存在的必要了。组织形象的可塑性也带来了公共关系的一个重要内容：公共关系策划，即如何通过策划公共关系活动来改变组织形象，并使之朝着利己的方向发展。

公共关系的可塑性还意味着，公共关系具体的活动、组织员工的公共关系意识等均属于可塑造的内容。公共关系可塑性的特征，要求组织形象活动不是一蹴而就或一动定终身的事情，而是平时的日积月累。这就给了公共关系机构和公共关系人员广阔的发挥空间。可塑性还要求组织在公共关系上主动出击而非被动应付。

三、系统性

组织公共关系是一个系统工程，不仅是公共关系所处的位置，公共关系包括的内容也是一个系统。

对于组织而言，以企业为例，公共关系属于企业这个大系统内的一个组成部分。在处理公共关系的时候，不能忽视这一点。企业的生产管理跟不上去，产品质量无法保证，公共关系是无法搞好的；企业的售后服务跟不上去，让顾客抱怨，公共关系不能替代售后服务的职能。企业的高层管理人员，更应以系统观来看待和开展本企业的公共关系活动。

公共关系包括的内容本身也是一个系统。组织公众是一个庞大的系统，以企业为例，内部员工、外部顾客都是至关重要的公众。“员工是上帝”和“顾客是上帝”，这两句话都是正确的，从两个角度说明了对企业而言最重要的内容。除员工、顾客之外，还有政府、供应商、销售商、中介组织、社区等公众类型。组织与公众的沟通方式也是一个系统，除了大众传媒外，新兴的网络媒体、各种类型的自媒体、个人沟通方式等均可为组织与公众进行沟通时借鉴并组合使用。

四、长期性

组织公共关系是一个长期性的工程，之所以说是个长期工程，是因为组织形象的树立不是一夜之间形成的，是日积月累的结果，像我国的老字号商标往往历经了上百年的积累；如今的中国驰名商标也历经了市场经济几十年的大浪淘沙；国际品牌，如可口可乐品牌形象，更是长期积累的结果。这就意味着公共关系活动需要站在战略高度进行规划。

不仅组织形象的树立是长期的，组织形象的影响也是长期的，即公共关系的影响在短期一般缺乏立竿见影的效果，好的组织形象需要历经考验，关键时刻方能起到作用。企业界存在一种广泛的现象：企业家更乐意在产品广告上投巨资，对形象管理却缺乏足够的重视。

五、互利性

传统观点认为，一个活动总是非此即彼的零和博弈。现今的管理实践已经证明，双赢是广泛存在的。

与一般人际关系不同，公共关系不以血缘、地缘等为基础，而是以利益为基础。组织的公众对象是与该组织的目标和发展具有一定利益关系，或有影响、有制约力的个人、群体或组织。以利益为纽带的双方必然强调利益一致，利益一致才能赢得支持并求得共同发展。组织必须站在公众的角度考虑公众的利益，这个任务就由公共关系部门来承担。维护与增进公众利益，成为公共关系活动的前提，也是公共关系活动成功的保证，更是公共关系活动的最高准则。当然，组织全心全意地为其公众考虑，是为了求得公众的理解和支持，最终给组织带来的是赞扬和支持。

第三节　涉及公共关系的相关重要概念

为了完整地理解“公共关系”这一概念，需要分析由这一概念延伸出来的一些分支概念和范畴。因为这些概念和范畴在公共关系学中使用的频率很高，而且被用来直接注释“公共关系”这一概念。

一、公共关系关键词

1. 组织

组织（organization）是公共关系的主体，具体来说，组织是人围绕一定的目标组成的具有一定结构的群体。组织要具备三要素：人（people）、目标（purpose）和结构（structure）。

⊙ 学习小窍门

组织三要素的英文可简写为：2PS，这样便于记忆，在其他地方的学习也可以采取这种方法，因为学习方法都是相通的。

作为公共关系主体的组织，可划分为三种类型：政府、企业和非营利组织。这基本囊括社会中的各类组织。当然，政府并不是单一主体，事实上，政府有中央政府、地方政府、部门政府、政府法定代表人等。各差异的主体，又有各自不同的对象——公众。企业是由社会经济生活的基本细胞和核心组成，也是公共关系最主要的主体。在我国，事业单位的称呼较非营利组织更悠久，但事业单位一般为政府主办，又不是公务员序列，如各级政府举办的学校、医院等。但近年来，各类民间非营利组织逐渐兴起，如壹基金、嫣然天使基金等不断出现在新闻中。这类政府举办或民间主办的不以盈利为目的的非政府组织统称为非营利组织。

2. 公众

公众（public）是公共关系的客体，公众是具备某些特征的人群（包括法人）。这里的“具备某些特征”决定了公众的类型。比如，企业的消费者因为购买或消费了企业的产品而成为一个人群；企业的员工因为与企业形成了劳动关系而成为另一个人群。不仅如此，企业所在地的政府机关，尤其是直接监管机关或其上级，共同形成了企业的政府公众。

公众是变化的，随主体和事件的不同而变化。比如，工业产品制造企业和消费产品制造企业，面对的顾客公众是不一样的。工业产品制造企业面对企业顾客；而消费产品制造企业直接面对个人顾客。即使同一个主体，事件不同，其面对的公众肯定也是有差异的。如消费产品制造企业在罢工危机的时候，面对的是员工；在消费者危机的时候，面对的是顾客。

3. 沟通

沟通（communication）是公共关系主体和客体之间的桥梁或中介，组织与其公众之间的联系通过沟通进行。沟通、传播、宣传三者在《辞海》中的释义分别是：沟通是使双方能通连；传播是把信息散布出去；宣传是告诉、传达和讲解。仔细品味，三者之间还是存在一些细微的差别的。沟通重在双方能够产生联系，而且要达到通连双方地位平等且可互动；传播重在从信息传递者的角度散布信息，忽视受众及其反馈；宣传是站在宣传者的角度，对其要传达的内容进行阐述和解释，使受众接受，重在阐释。根据这些差异，编者认为在阐述公共关系主体与客体之间桥梁，或翻译“communication”的时候，更适合采用“沟通”一词。当然，在沟通活动过程中，还是离不开传播和宣传的。

公共关系沟通主要采用的方式有：借用各种传播媒介进行传播，尤其是大众传播媒介；利用各种宣传方式进行宣传活动；注重受众的反应，并对反应进行有效及时的反馈。

4. 形象

形象（image）是公共关系追求的目标，是社会组织的整体特征和社会公众对组织的总体评价。形象既是客观的，又是主观的。形象是客观的，这是因为组织的各种硬件和软件是形象的支撑。宏伟的银行总部大楼支撑了银行的形象，如果没有这个客观要素，银行的巨富与安全形象就无法树立。形象又是主观的，因为形象是公众的评价，是来自人的主观评价。

形象包括多个方面的内容，如前所述，总体有硬件和软件两个方面。具体来说，比如企业形象包括产品形象、人员形象、标识形象、社区形象等。再如，一所大学的校园绿化、建筑物、学生精神风貌、图书馆藏书，甚至校门、洗手间等都能反映其形象。

5. 舆论

舆论（public opinion）是社会中具有相同知觉的公众在公开讨论之后，形成的对一个具有普遍重要性问题的社会性判断。舆论的界定需要三个约束条件：①意见的持有者——一个有相同知觉的团体；②主要议题——某一具有普遍重要性的问题；③形成途径——经过公开讨论。在国内，一般认为，舆论是在一定社会范围内，消除个人意见差异，反映社会知觉的多数人对社会问题形成的共同意见。

之所以把“舆论”作为公共关系的关键词，是因为舆论的相同意见持有者有着相同的知觉，这个团体很容易就是公共关系客体，而舆论的意见反映组织形象的内容，公共关系从业者需要密切关注，公共关系调查应首要关注。同时，舆论在政府公共关系中的重要性更大，是各级政府主体最需要在意的内容。

2011 年 3 月 11 日，日本东北地区发生 9.0 级地震，并引发大海啸。由于地震和海啸的冲击，福岛核电站冷却装置受损，并发生严重的核泄漏事故，是切尔诺贝利核事故之后最严重的核事故。自 3 月 16 日起，我国不少地区出现抢盐狂潮，从南至北，许多市民纷纷到大小超市和商店抢购食盐，食盐一上架便销售一空。

编者对此也深有体会，当时早晨接到家人的提醒电话，不以为然，但家人分别从安徽芜湖、广东惠州、浙江杭州等地反馈，均有抢购食盐。家中本就不储盐，基于盐快消费完了被动加入这个行列，结果清晨到门口超市一问，已经断货。最后还是周转从朋友手里购得 5 包食盐。

这种公众的社会性知觉，在现代传播条件下，更易形成且无论对错，真假难辨。正如中央电视台顺势推出《是真的吗》综艺节目，就是一种应对。舆论力量非常强大，有时个体会被这种力量挟裹而行。

二、公共关系扩展词

1. 公共关系学

公共关系学，顾名思义，属于学科或课程的范畴，是以管理学和传播学等学科的理论和研究方法为基础，研究形象和其规律的应用型综合型学科。公共关系学来源于公共关系实践，又反过来指导公共关系实践活动。公共关系活动古来有之，而公共关系学科的形成始于 1923 年，爱德华·伯内斯（Edward L. Bernays）出版了被称为公共关系理论发展史“第一个里程碑”专著——《舆论明鉴》。公共关系学的研究范畴一般包括公关历史研究、公关理论研究和公关实务研究。

公共关系学的特点体现在：①多学科交叉性。公共关系学离不开两个学科——管理学和传播学，不仅如此，还有社会学、心理学等。②实践性强。公共关系学具有很强的实践性，素材触手可及，但对于具体实施来说，有时又缺乏足够的动力。③应用广泛。公共关系学有很广泛的应用，可谓但凡社会组织都需要公共关系学，因为组织离不开形象。

2. 公共关系原理

公共关系原理是公共关系学的基础，指导了公共关系实务和实践活动。公共关系原理是公共关系学的主体内容。

具体来说，公共关系原理包括：公共关系本质理论，论述公共关系的概念、属性、特征、原则等；公共关系三要素理论，涉及公共关系的主体、客体、沟通；公共关系历史理论，研究公共关系的起源、发展等；公共关系职能，是对公共关系的职能和在企业中的具体责任进行研究等。当然，随着时代的发展，公共关系原理也在不断地进步和发展。

3. 公共关系实务

公共关系实务是公共关系理论的具体应用，包括宣传管理、传播管理、策划管理、危机管理、语言管理、社交管理等。公关实务活动不仅适用于企业等社会组织，也适用于个人。公共关系专业或课程学习结束之后，步入公关工作岗位，涉及的就是公共关系实务的内容。

4. 公共关系职业

公共关系职业必然越来越重要。目前，专职公共关系大多只存在于我国最发达的城市和大公司中。但读者必须有个清醒的认识：一家公司即使没有专门的公共关系机构和人员，其公共关系职能也不会缺失、不可能缺失，只是分散给了不同的人员来承担，比如销售人员、企业经理甚至普通员工。

国内卓越公共关系公司的代表蓝色光标，其总部位于北京，现有员工近 5 000 人，在国内各大区域设有分支机构，并在北美、欧洲以及亚太其他国家和地区拥有国际业务网络。蓝色光标持续服务于约 3 000 个国内外品牌客户，其中《财富》世界 500 强企业 100 多家。客户涵盖游戏、汽车、互联网及应用、电子商务、高科技产品、消费品、房地产以及金融八大行业的知名品牌。蓝色光标于 2010 年在深圳证券交易所创业板上市（股票代码：300058），2020 年公司营业收入超过 405 亿元人民币。

5. 公共关系观念

公共关系观念属于潜移默化层面的内容，内化在经过公共关系系统培训人员的脑海中。公共关系观念指导了公共关系人员的行为。

公共关系观念包括：形象观念，时刻具有维护组织形象的意识；公众观念，公共关系人员需要明白公关的核心是公众，要以公众为中心进行公关活动；沟通观念，公共关系人员要具有积极主动的沟通观念，并与公众或相关群体进行积极主动的沟通活动；共赢观念，公共关系人员需要树立共赢的观念，公共关系活动是双赢而非零和博弈，必须考虑公众利益；服务观念，公共关系人员要有为公众服务及为组织服务的意识。

6. 公共关系状态

公关状态是组织生存与发展的公众舆论状况和社会关系状况，是社会组织与公众之间相对静止的现象。从概念上来看，公共关系状态包括公众舆论状态和组织与公众的社会关系状态，其中前者是核心，后者依赖前者。组织如何知晓其公共关系状态也是非常重要的，尤其公关人员开展工作的第一步便是摸清组织的公共关系状态，需要进行相关的调查，即公关调查。

7. 公共关系活动

公共关系活动的内容，有日常性也有专业性。日常性的公关活动，比如摄影、资料收集、资料整理、日常的新闻工作等；专业性的公关活动更体现非常规性，比如周年庆典活动、企业年会策划等。危机处理也需体现专业性。

第四节　公共关系与相关学科的区分

一、公共关系与人际关系

人际关系主要指私下个人关系，即个人在社会交往中形成的人与人之间的相互影响、相互作用。人际关系研究的是社会中的个体人，以人与人之间和谐的社会交往为目标。人际关系在个人的生活中有着举足轻重的地位，人际关系处理得好，生活愉快；人际关系处理得不好，容易苦恼。

公共关系的内容比人际关系丰富得多。与人际关系相比，公共关系不但涉及个人的人际关系，也涉及群体以及组织等的关系。具体来说，公共关系和人际关系的区别可以从公关三要素进行区分。

首先，主体不一样。公共关系的主体是组织，包括企业、政府、非营利组织三种。而人际关系的主体是作为个体的自然人。公共关系主体不一定非要法人地位，不具备法人地位的组织也可以是公关主体，比如，全国性商业银行在全国各地的分支行一般不具备法人地位，但是在其所经营的城市也需要开展公共关系活动。再如，非法人地位的企业也离不开公共关系，如家庭超市。

其次，客体不一样。公共关系的客体是与组织有一定联系的群体，比如员工。而人际关系的客体是与人际关系主体存在一定联系的个体人，比如血缘关系产生的亲戚、地缘关系产生的同乡、学缘关系产生的校友等。

最后，沟通方式不一样。公共关系和人际关系都需要借助沟通。人际关系采用的沟通方式一般是个人和个人之间，当面交流、电话、网络工具等；公共关系主要会用到大众传播媒介，比如电视、广播、网络媒体。因为交流对象的数量存在差异，人际关系交流的数量少，一次沟通最多十几个人；而公共关系的交流群体众多，有时企业的顾客可上亿。

当然，这两者也存在相互交叉。两者在处理好各自的关系这个浅层实质上一致：人际关系是个人所处的社会网络；公共关系是企业所处的社会网络。同时，在公共关系活动的时候，有时需要运用人际关系沟通的手段。如果企业制造新闻，最终用制造出来的新闻与其公众进行沟通，但是在制造新闻这个过程中，时时处处都需要借用人际关系的沟通方式，甚至借用人际关系为公共关系服务，如高校领导的跨校任命，必然带来两所高校的密切合作。两所高校的合作属于公共关系性质，但两所高校能够密切合作，这其中离不开人际关系的促进，尤其作为纽带的跨校领导个人。

二、公共关系与市场营销

公共关系与市场营销的关系比较复杂。就最广泛意义的公共关系来说，市场营销是无法包括其内容的。最直观的，政府公共关系与非营利组织公共关系，是市场营销无法触及的地方（当然营销的理论可以应用于政府或非营利组织，这是融会贯通）。如果把公共关系局限于企业公共关系，根据纪宝成给市场营销下的定义：“在变化的市场环境中，旨在以产品满足消费者需求，实现企业预期目标的商务活动过程，包括企业为占领市场、扩大销售所进行的全部经济活动。不仅仅在流通领域，而且向上延伸到生产领域的产前活动，向下延伸到流通过程结束后的售后活动。”公共关系是包括在市场营销中的，或者说两者的根本目标一致：成功地营销产品。虽然公共关系做的一些事情可能并非直接营销产品，如同人力资源管理，但是其终极目标还是为了营销产品。

政府、非营利组织、企业三个主体，存在各自的特点。企业相对政府决策受制因素少，企业相对非营利组织资金充足等特征，导致企业公共关系活跃。企业有能力，同时也需要管理其形象。因而，公共关系最广泛的应用范围还是在企业。在有的教科书或某些语境下，说公共关系就是说企业公共关系。

企业在设置实际管理职能时，营销部与其他职能部门同等级。企业需要人力资源部门管理人力资源，需要财务部门管理财务等。同样，企业也需要公共关系部门管理形象。这些合力才可以管理好企业。从这个角度来说，市场营销和公共关系属于企业同等的两种职能。而且伴随着市场环境的变化，消费者或潜在顾客对产品促销愈发反感，公共关系的作用更有可为，可以达到广告等其他促销方式或促销组合无法达到的效果。当然，现代营销的促销也在演变，体现在树立形象、强调沟通等。

三、公共关系与广告

公共关系与广告具备一些共同的特征：均以信息传播工作为基础。但把公共关系与广告混为一谈，或把公共关系活动视为免费的广告就太狭隘了。公共关系活动确实需要做广告，但广告只是公关众多手段中的一种，比如公共关系的新闻宣传。

公共关系与广告的区别体现在以下几点。①目标差异。广告的目标一般是推销产品或服务；公共关系活动的目的则是树立形象，增进好感。②传播手法不一样。为引起受众的购买兴趣，刺激购买行为的发生，广告的传播手法可以直观明了，甚至以艺术夸张的手法进行公开自我宣扬，但公共关系一般不能这样做。公共关系传播要以事实为依据，传播手法尽量隐蔽，公关目的难以觉察。③传播周期差异。以推销产品为目的的广告传播周期一般较短。公关是为了树立形象，所以其传播周期一般较长，树立形象绝不是一蹴而就的事情，何况形象树立之后还要维护和保持。④与传播媒介的关系不同。广告主缴费，大部分媒介以广告费维持生存；公关活动就不一样了，除了小部分公关广告之外，新闻宣传等大部分的公关活动属于免费的，当然要满足媒介的新闻价值要求。⑤传播效果的测量不同。广告的效果单一、局部、短期，可通过销售额的数字波动来说明；公共关系效果较间接，而且周期长、不易计算、较复杂，因为形象本身就是个难以量化的指标。

公共关系活动需要运用广告，广告常常作为公关活动中宣传战略的重要组成部分。但公共关系不等于广告，在某种意义上它高于广告。

四、公共关系与新闻传播

公共关系与新闻传播（新闻学与传播学，非单一的新闻传播活动）的关系相对密切，“现代公共关系之父”艾维·李（Ivy Lee）出身于新闻记者。另一创始人，爱德华·伯内斯说过，公共关系是从新闻传播中解放出来的。目前，国内高校主流公关学者和公关专业都在新闻或传播学院，比如中山大学、复旦大学、中国人民大学等。

事实上，公共关系与新闻传播严格来说是不一致的。虽然同属于信息沟通活动，但新闻是以事实为第一要务；公共关系虽然也以事实为准，但以维护组织形象为第一要务。

两者的具体区别为：①服务对象差异。新闻传播服务于政治，公共关系服务于管理，包括行政管理和经营管理。②内容不同。公共关系的内容比新闻传播要广泛，如监测舆论环境，提供预测和决策参考，开展各种公关专题活动等。③手段不同。新闻传播主要通过各种大众传播媒介或网络媒体，注重写作技巧、编辑技巧。公共关系虽也重视传达艺术，但更看重传达背后的调查、预测、反馈、定量分析等技术手段。④传播方式和传播关系不同。新闻宣传的传播方式是我宣传，你接受，以传播者为中心，强调传播主体对传播客体的影响。公共关系强调双向交流，是一种平等的信息交流，希望在双向交流的过程中改变受众的印象。

编者认为，我国公共关系要从新闻传播学院中解放出来，归入管理学院行列，有利于公关发展。

第五节 现代公共关系概述

现代公共关系起源于美国，并在美国发展壮大，这是有其必然因素的。第二次工业革命开始之后的美国最有潜力成为世界上最发达的国家，其具备国土辽阔、资源丰富、政治稳定等因素，在其自身发展的过程中，必然遇到各种各样的实践问题，这时候就会产生理论来解决实践问题并作为支撑。

一、现代公共关系的产生条件

现代公共关系的产生一般需要具备经济条件、政治条件和物质技术条件。

1. 经济条件

封建社会自给自足的小农经济中，人们的生活圈子小，基本的生产单位是家庭，没有出现现代意义上的企业组织，受制于生产力低下，用于交换的商品数量少，再加上交通条件限制，商品流通范围也很小。为树立形象促进商品交换的企业公共关系活动没有孕育的温床。

工业革命之后，生产方式和生产能力都发生了巨大的变化，经济突飞猛进。人的需求也被释放出来。技术进步给供给带来的增长要远远大于人的需求增长。此时，从生产者角度出现了供给剩余。当面对这样的局面的时候，有先见之明的企业家从以企业为中心转向以消费者为中心，这就出现了现代意义上的市场营销。企业家以消费者为中心成功地促进了商品交换，并成为主流指导思想。试想从消费者出发进行市场营销，可以忽视消费者对企业及其产品的印象（image）吗？

不仅面对消费者，企业更是处于一个系统之中，在这个系统中，有员工、政府、供应商、经销商、银行等机构，如何处理好这么纷繁复杂的关系？这是企业面临的现实课题。企业需要寻求突破，需要进行统一的管理。形象此时得以凸显，管理形象的现代公共关系应运而生。

经济的发展呼唤了现代公共关系的出现，这是公关产生的根本条件。公共关系最主要、最活跃的应用领域是企业公共关系。

2. 政治条件

在资产阶级革命之前的封建社会和奴隶社会，虽然地主阶层对农民或手工业者的束缚没有奴隶社会奴隶主对奴隶的束缚程度深，但在经济上也是彻底控制。因此在资产阶级革命之前，统治阶层与被统治阶层的地位都是不对等的，如（被统治阶层不过是）“会说话的工具”“君要臣死，臣不得不死”“普天之下，莫非王土”。政治地位的差异压倒了管理形象的需求。

资产阶级革命提出了“平等”思想，首先要求新兴资产阶级与旧统治者的政治地位平等，这打破了旧社会的等级制度，促进了社会民主化，也使得现代公共关系产生的政治条件得以具备。政治地位的平等，使得各类主体不得不自觉考虑通过树立形象来和谐共处、共谋发展。形象树立即属公共关系范畴。

3. 物质技术条件

传统社会的交流主要依赖人际交往，而人际交往的范围和能力存在局限，无法适应工业革命之后的企业大规模、统一化的需求，为此新型信息传播工具，尤其是大众传播工具亟待出现。报纸的进一步发展，电话、电报、电影等传播工具的相继出现，使人们的交流更加频繁和复杂化。信息可以瞬间传遍世界各地，整个世界几乎变成一个村落，多空间、多层次、多元化的传播体制逐渐形成。这自然产生借用大众传媒工具与公众进行沟通的公关活动。传播技术与传播工具构成了现代公共关系产生的物质技术条件。

时至今日，这个物质技术条件依然在迅捷发展，表现在互联网的出现将信息传播带入了一个崭新的时代。在这个网络时代，信息传播异常迅速及时，理论上可以做到全球范围内的实时传播。更有新型传播工具——网络媒体及各种形式的自媒体（we media，如微博、微信等）的出现和发展，这使得组织可借用的传播工具丰富多样。

二、现代公共关系的渊源及发展

1. 现代公共关系的发端：巴纳姆时期

19 世纪中叶在美国风行的报刊宣传活动，被认为是现代公共关系的“前身”。当时最有名的人物是巴纳姆（Phineas Taylor Barnum)，故将公共关系发展史的这一时期称为巴纳姆时期。“报刊宣传活动”，是指某组织雇用人员为本组织的利益在报刊上进行的宣传活动。

19 世纪 30 年代，美国报界掀起了一场“便士报运动”。由于报纸售价低，一般劳动大众都买得起，因此报纸发行量大增，随即广告费也迅速上涨。有些公司、组织为了省下广告费，便雇用专门的人员来编造煽动性新闻，编造关于自己的神话，以此来吸引报社报道。报业为了迎合下层读者的阅读心理，也乐于接受发表，这样的互相配合，就出现了美国历史上有名的报刊宣传活动。

当时最有代表性的宣传者就是巴纳姆，他是美国最善于创新和最受人赞赏的游艺节目演出经理人。其信条是“凡宣传皆好事”。为了使自己和公司扬名，他们置公众利益于不顾，任意编造谎言和神话，这等于利用新闻媒介“愚弄公众”，这是该时期报纸宣传活动最显著的特点。当时，不仅有巴纳姆这样的人利用新闻媒介“愚弄公众”，而且存在大资产阶级无视工人利益，甚至把新闻媒介视为异己，这引起了新闻媒介的不满，报纸杂志率先刊载揭露实业界那些“强盗大王”的恶劣丑闻，形成了美国近代史上著名的“清垃圾运动”(又称“扒粪运动”或“新闻揭露运动”)。

“清垃圾运动”的冲击，使企业意识到了取悦舆论的重要性。许多企业开始聘请懂行的人专门从事改善与新闻界关系的工作，这种人当时被称为“新闻代理人”。他们为其委托人做宣传，在新闻媒介之间进行游说，经常与报界联系，邀请记者到企业参观采访，或为公司的政策做解释和辩护等。

因此，企业的透明度大大增加。不过，早期的新闻代理活动仍然有巴纳姆的影子，表现为大吹大擂、搪塞了事、混淆视听和隐瞒欺骗等。但有一个人开始致力于改变这种状况，他就是被后人誉为“现代公共关系之父”的艾维·李。

2. 现代公共关系职业化的开始：艾维·李时期

艾维·李早年在纽约《世界报》当记者。1903 年，他开办了第一家宣传顾问事务所，成为向客户提供劳务而收取费用的第一位职业公共关系人。现代公共关系职业化也由此发端。1906 年，他向新闻界发表了具有里程碑性质的《原则宣言》，全面阐明了他的事务所宗旨：“我们的计划，是代表企业单位及公众组织，对与公众有影响且为公众乐闻的课题，向报界和公众提供迅速而准确的消息。”这就是所谓企业管理的“门户开放”原则。这反映了他的信条——**“公众需要被告知”**，这也是公关真理之一。

艾维·李能被称为“现代公共关系之父”，不仅在于其首创了“公共关系”这一专门职业，而且在于他提出了公关的核心思想或称为公关真理：**“说真话”**“公众需要被告知”等。这些哲理将“公共利益与诚实”带进了公共关系领域，使公共关系这门学科从对一些简单问题的探讨上升为探求带有某些规律性的原则和方法，大大推动了这门学科的发展。但受制于时代局限，艾维·李的咨询指导主要还是凭经验和直感进行的，缺乏对公众舆论的严密、大量的科学调查。因此，有人批评艾维·李的公关咨询只有艺术性而无科学性。尽管如此，他的创始人地位在学术界已达成共识。

3. 现代公共关系学科化的成熟：爱德华·伯内斯时期

公共关系职业化的发展，促进了公共关系由简单零碎的活动上升为对规律性的、较系统的原则与方法的探索，使公共关系自立于学科之林，成为一门独立的学科。美国学者爱德华·伯内斯就是公共关系学科化的一名旗手。

1923 年，他以教授的身份首次在纽约大学讲授公共关系课程，同年出版了被称为公共关系理论发展史的“第一个里程碑”的专著——《舆论明鉴》。书中，伯内斯首先详尽阐述了“公共关系咨询”这一概念，而且提出了公共关系的原则、实务方法和职业道德守则等。1928 年，他写出《宣传》一书；1952 年，他又写出了《公共关系学》。

伯内斯的主要贡献就在于，他把公共关系学理论从新闻传播领域中分离出来，并对公共关系的原理与方法进行了较系统的研究，使之系统化、完整化，最终成为一门独立完整的新兴学科。伯内斯在理论上做出的贡献，对于公共关系学科的形成和进一步发展具有划时代的意义。伯内斯公共关系思想的一个重要组成部分就是，他提出了“**投公众所好**”的主张。

1952 年，美国的卡特利普（S. M. Cutlip）和森特两人出版了权威性的公共关系专著，论述了“**双向对称**”的公共关系模式，在公关的目标上将组织和公众的利益置于同等重要的位置，在方法上坚持组织与公众之间的双向传播与沟通。此书为公关学者所认可，不断再版，成为畅销书，被誉为“公共关系的圣经”。至此，公共关系正式进入学科化阶段。一门充满时代特征的、具有强大实用性的新兴学科以其崭新的身姿崛起于学科之林。

1998 年，美国公关学者詹姆斯 · 格鲁尼格（J. M. Grunig）教授主持的“卓越公共关系和传播管理”的课题研究已接近尾声，“卓越研究”衡量测定卓越公共关系和传播管理的程度，其分布在涉及卓越传播的三个层次里（传播核心层、知识核心层和文化核心层），并有包容性。还提出了一种“普遍原则，特殊运用”的公共关系全球化理论。他为公共关系的学科发展做出了贡献，尤其在与国内公关学者的交流上贡献良多。

4. 公共关系在西方的发展

1920 年至第二次世界大战期间，随着世界科技进步和商品经济的发展，发达国家“市场中心论”取代“生产中心论”，“卖方市场”转向“买方市场”，以消费者为导向的市场观念日益为企业管理者所重视。在这种情况下，公共关系作为一种现代经营思想迅速传播开来。

1924 年，美国《芝加哥论坛报》社论强调：“公共关系已经成为一种专门职业、一种艺术和一门科学。”1948 年，美国全国公共协会（PRSA）宣告成立，同时制定了作为行为规范的“公共关系人员职业规范守则”。1955 年，国际公共关系联合会（IPRA）在英国伦敦正式宣告成立。1978 年 8 月，世界公共关系协会在墨西哥城召开大会。美国是世界公共关系事业最发达的国家之一，在企业界、政界、文化教育界、宗教界、军界和各种社团组织内，都有大量的公关从业人员。在美国文化的影响下，英国、法国、德国、意大利等西欧国家，以及加拿大，墨西哥、秘鲁以致整个拉丁美洲都开始开展了多方面的公关工作。

随着公共关系在社会各界的广泛应用和蓬勃发展，公共关系理论教育也有了长足进展。进入 20 世纪 80 年代以来，公共关系的教育已开始按不同的行业分门别类进行，各有一套不同的大纲要求，逐步向更细、更深入的领域健步发展。

三、现代公共关系的发展趋势

公共关系兴起至今不过一百多年的历史，还有相当长的路要走，有更多的创新在等待着我们去开发——不仅在理论上，更在实践上。现代公共关系的发展存在以下趋势。

1. 职业化程度加深

回顾公关出现的这些年，其职业化程度在逐渐加深。目前，有专业的公共关系公司，企业也有专门的公关部，从业人员基本都是专业的公共关系人员，基于企业竞争形式的变化，这个趋势在不断扩大。

2. 国际化趋势日益增强

在国际化大背景下，国内企业走出去，外国企业进入国内市场已是常态，比如联想步入国际市场、在我国的通用汽车公司等，而且跨国交流的规模在急剧扩展。伴随着企业跨国活动的必然是公共关系活动的跨越国界，这也是必须的，因为公共关系职能是企业职能之一。企业在外经营，更需要与国外消费者、员工等公众处理关系，这就离不开公共关系。

3. 沟通手段日益更新

当代，尤其是互联网技术和移动互联网技术的发展，给沟通带来了完全不一样的背景。就大众传媒来说，网络在其范围内几乎可以容纳所有的传统媒体。不仅如此，还出现了很多新型媒体，包括以个人为中心的自媒体体系，而且实现了双向沟通。

4. 应用和影响日益扩大和深远

公共关系的应用和影响范围在不断扩大，从公共关系的发展史中我们就可以直接看出来。如今，不仅企业，非营利组织也需要公共关系，如学校招生工作、校庆工作等。还比如 CI，不仅在企业中得到了广泛的应用，也有城市 CI 应用。

四、现代公共关系在我国的发展

公共关系作为一种全新的思想理论和社会职业，是伴随着我国对外开放大门的打开而步入的。在此之前，大约 20 世纪 60 年代，随着我国港台地区经济的迅速发展，现代公共关系开始传入港台，并得到较快的发展。

20 世纪 80 年代初，公共关系首先作为一种新的经营管理方法和技术，由南向北，从东到西，在我国得以迅速传播。20 世纪 80 年代中期以后，不仅一大批大型企业先后设立了公共关系部，如当时为国有企业的白云山制药厂，而且一些较先进的中小企业也设立了自己的公共关系机构，开展了卓有成效的公共关系工作。

1987 年 5 月，经国家有关部门批准，中国公共关系协会在北京成立。此后，各省及各大中城市也相继成立了公共关系学术团体。1991 年 4 月，中国国际公共关系协会也在北京成立。到目前，各类公关实体已遍及全国，其从业人员已达十万以上，省市级公关协会也已有上百家，加上在高等院校从事公关教学和研究的人员，国内的公关事业呈现出一派欣欣向荣的景象，而且这一发展势头还将随着我国市场经济的发展而日益增强。

1997年11月15日，我国成立了全国公共关系职业审定委员会。1999年年初，经国家劳动和社会保障部正式批示，成立了国家职业资格工作委员会公关专业委员会。1999年12月26日上午，在广州举行了“1999年公关员职业资格全国统一鉴定广东分考场”试点统考，它标志着我国公共关系已开始走向职业化道路。

公共关系的发展离不开公共关系高等教育的发展。在公关高等教育方面，自1985年，公共关系学课程就纳入了我国大学课程，如深圳大学、中山大学、厦门大学、复旦大学、国际关系学院等。1986年11月，明安香等人出版了国内第一本公关著作——《塑造形象的艺术：公共关系学概论》。此后，中山大学廖为建、复旦大学居延安、深圳大学熊源伟、厦门大学纪华强、国际关系学院郭惠民等人陆续出版了教材，部分教材数次再版，发行数十万册。在高校公共关系专业建设上，最早在1985年，深圳大学尝试建立了专科层次的公共关系专业。中山大学更在1994年开设了公共关系学本科专业，开国内高等院校之先河，具有开创性意义。此后，2003年，我国首个公共关系硕士点在复旦大学新闻学院建立。2004年，中山大学在其行政管理学院建立公共关系硕士点。2013年，华中科技大学在其新闻与信息传播学院设立国内首个二级学科公共关系学博士点。这些都意味着我国具备了培养专业、高级公共关系人才的能力。

❖ 本章小结 ❖

公共关系的研究异彩纷呈，本书从不同的角度为读者呈现了其不同的定义。综合学者们不同的定义，基本都围绕着组织、公众、沟通、形象展开。形象是公共关系追求的最终目标，其对现代企业来说异常重要。为此，公共关系可谓组织形象管理，即公共关系是组织通过沟通管理其在公众中形象的活动。企业公共关系属于工商管理的一个方面，而且应该是在提供优质产品或服务之后进行的锦上添花的活动。

公共关系具有公开性、可塑性、系统性、长期性、互利性等特征。公开性使得公共关系与人际关系存在差异；公共关系与市场营销也是不一样的范畴；公共关系需要借助广告或新闻传播进行形象管理，但是公共关系涉及的范围要远比两者大。

美国20世纪初的经济条件、政治条件及技术条件孕育了现代公共关系，美国人艾维·李被称为“现代公共关系之父”。公关大约在20世纪80年代传入我国，在当时掀起了热潮，但热潮之后是冷静。至今，公共关系在我国可谓取得了长足的发展。

⌘关键词

公共关系；形象管理；组织（主体）；公众（客体）；沟通；说真话；双向对称

⌘练习与思考

1. 公共关系三要素：______、______、______；公共关系的最终目标：______。
2. 什么是公共关系？请低头凝思，在你脑海中得到一个属于你自己的认识。
3. 你能说出公共关系应具备哪些特征吗？
4. 请阐述公共关系与市场营销的关系。
5. 请说出一位你知道的公共关系专家：______，他的思想之一：______。
6. 首先，请你梳理新闻人物“陈光标”，查看围绕他发生的新闻事件及当时的背景。其次，调查一下他的创业故事及现在所做的事业。最后，思考作为一位企业家，陈光标为什么经常性地“不务正业”，并保持这么高的曝光度？你对此有何看法呢？

⌘实践与实训1

生活中的形象管理

[性质] 无领导小组讨论活动

[主题] **身边的形象故事分享；形象对个人的重要性**

[目标] 通过每位小组同学分享自己或身边人的典型性形象故事，小组选择一到两个最具启发性的故事，深入讨论，得出形象对个人的重要性并能有所认知。

[原理] 公关的重要性；公关的应用范围；公关的形象管理本质属性。

[操作] 小组讨论，8～10人为一组，可在教室举行（小范围移动桌椅，围成一圈），也可在室外绿地，大家围成一圈进行讨论。

依据教学计划的课程学时数和课时计划，教师可主持，也可布置。如果教师主持，则可在教室进行，多组可同时进行；如果教师布置，可根据需要形成小组作业，以提交录音或文字材料的方式进行监督，由小组长提供。

总课时：**2课时**；时间：约一个半小时。每位同学的分享大约5分钟；小组以中位数9人计时分享45分钟左右；课间10分钟，讨论与推荐小组故事；小组故事分享，每人5分钟，7组（班级人数56～70人），计时35分钟；余下10分钟，任课教师点评与总结。

[注意] ①教师需要做实：一方面，讨论活动全过程控制；另一方面，在第一章理论课结束之后提前布置，要求学生提前预备。②由于班级人数差别等原因，任课教师需要一个灵活度，根据“实践与实训1”的主题、目标和原理可以设计符合自己班级特点的方案。

[成果] 每个小组得出最具启发性的故事，形成录音或者文字材料。

[思考] 其他同学或其身边人的经历，如何应用到自己的身上？

[延伸] 教师注意收集其中最典型的形象故事，抽象成案例，作为以后丰富教学的素材。

⌘拓展阅读

阅读美国现实主义小说家厄普顿·辛克莱（Upton Sinclair，1878—1968）的著作*The Jungle*（译名《屠宰场》或《丛林》），并查阅相关资料，了解其创作背景和发行后的社会影响。

第二章

Chapter2

古代公共关系行为

☞ 导入案例

恺撒与《高卢战记》

古罗马共和国军事统帅、政治家盖乌斯·尤利乌斯·恺撒，也是独裁者和古罗马帝国的开创者。公元前60年，恺撒与庞培、克拉苏秘密结成“前三头同盟”。自公元前58年，恺撒出任山南高卢（内高卢）总督，并利用山北高卢（外高卢）各部落间的矛盾，采取分化瓦解和武力征服的策略，经高卢战争最后征服山北高卢。同时，恺撒还袭击了日耳曼，两次渡海出击不列颠，在当时属壮举。公元前49年，他率军占领罗马，打败罗马执政官庞培，最终集大权于一身，实行独裁统治。

发表于公元前51年的《高卢战记》是记述恺撒在高卢作战经历的文学和史实作品，从公元前58年至前52年，每年的事迹写成一卷，共计七卷。恺撒的一位副帅希尔提乌斯曾为此书续写了第八卷，把战争叙述到公元前50年。《高卢战记》的文笔平实、清晰、流畅，叙事翔实精确，几乎不用繁复的修辞手法。叙述重点突出，详略适当，在平易之中引人入胜，让人易于接受。在叙述过程中，处处用第三人称称呼自己，自首至尾，通篇都用异常平静、简洁的笔调叙说战事的经过，不露丝毫感情，既不怪怨他的政敌，也不吹捧自己，即或在一两处提到自己的宽容和仁慈，也都只是转述别人对他的看法。这表面是一种极为松散的平铺直叙，就连当时最著名的文学家西塞罗也禁不住赞扬，“朴素、直率和雅致”，其实这正是恺撒写作时一心要追求的效果。

恺撒是两千多年前的政治人物，那时，没人知道什么是形象，更谈不上如何树立、管理形象。恺撒能够把自身的经历用平实的语言描述出来供国内读者（即民众、潜在的支持者）阅读、传播、扩散。恺撒的形象无形中就在国内民众中树立起来了，这样他在以后的政治斗争中更易获得优势。当然，当时恺撒及其追随者也不会意识到，进而提前进行自觉性的准备，反而这属于一种自发性的活动。古代，谁先有这样的自发性活动，必然使自身获益。

这也体现了军事与政治的关系，我国传统文化是轻军事的。孙子兵法曰：“上兵伐谋，其次伐交，其次伐兵，其下攻城。”军事属于下下策，属于手段，政治才是目的。政治中包括了军事，也包括了形象管理。恺撒不仅懂得军事，而且懂得政治，其成就离不开《高卢战记》的贡献。西方公关学者将之称为“第一流的公共关系著作”。这也体现了古代公关活动的最广泛意义：服务于政治活动。

资料来源：百度百科，恺撒和《高卢战记》。

| 学习目标 |

1. 了解各派学者的观点，掌握古代公关三要素。
2. 掌握古代公关活动类型，可例证。
3. 了解古代公关活动遗存。
4. 掌握古代公关活动四大特征。

第一节 古代公共关系行为概述

一、学者对“古代公共关系”的观点

对古代公共关系，不同的学者提出了不同的观点。

熊源伟（1997）在其所编著的《公共关系学》中概括了我国古代公关活动。首先，春秋战国时期出现了专司游说的“士”人；其次，古代经济生活，尤其是在商业活动中，体现了公关思想；再次，人们的日常交往中也有所体现。他还简略概括了我国古代公关的特点，首先是自发性和盲目性，其次是局限于政治领域。

廖为建等（2003）在其《公共关系学教程》中则给出了更多的古代公共关系活动实践：在政治、外交和军事活动中，纵横家苏秦和张仪；孟尝君的门客冯谖焚券市义；子产不毁乡校等，更有古代酒肆的做法和广州的茶楼。

纪华强（2006）在《公共关系的基本原理与实务》中研究了古代的民意意识和沟通意识、古代传播沟通技术手段及古代的类似现代的公共关系活动。更主要的是，他也概括了古代公共关系活动的主要特点：代表统治集团，并未考虑公众利益；媒介局限于艺术表现形式；信息传播上脱离了客观事实等。后两个特点属于较前人的创新性观点。

居延安（2008）在其所编著的《公共关系学》（第 4 版）中提出“类公共关系”概

念，其依据是古代没有现代公共关系的形成条件，但依然有协调组织与公众之间关系的活动。其著作从两个方面论述了“类公共关系”：其一，古人对公共关系的认识。古人意识到舆论（public opinion）的意义；古人提出很多对人及人文关系处理的深刻见解，这包括在春秋战国的百家争鸣及后来的“独尊儒术”中。其二，“类公共关系”的实践，盘庚迁殷、商鞅变法之“南门立木”，以及表示沟通的刘邦的约法三章和李自成的“迎闯王，不纳粮”歌谣。这些对沟通实践部分的梳理有着重要的指导意义。

近年来，学者越来越关注古代公共关系活动的研究，虽未进行系统的研究，但某些板块的研究非常成熟。以中国人民大学胡百精和安徽徽学研究学者王世华、卞利等为代表。胡百精（2014）通过阅读古文献并归纳总结，对我国先秦修辞思想，尤其对先秦的言说和修辞观、修辞原则、修辞主体、修辞的价值追求和策略选择进行了深入的探讨。值得一提的是，他把我国公关史的研究与西方公关史研究（始于古希腊的亚里士多德《修辞学》）进行了呼应和对比。但这仅是我们历史长河中的先秦这个片段。

安徽师范大学王世华（1994）较早地关注了明清时期徽商的公共关系，在公共关系刚兴起不久就发掘我国先贤的公关活动，这是非常有先导意义的。近年来，桑良至（2010）也探讨了徽商的公关特色。安徽大学徽学研究中心卞利（2004）做了较多工作，如专门研究了明清徽商社会公益活动。

编者认为，公共关系的某些观念，其历史可追溯到古代。比如树立形象的观念，可以说是伴随人类的产生而产生的。因为人是处在社会关系中的，人对人或物又是具有主观观念的，主观观念会影响人的看法和行为。因此，形象早已进入了先贤们的视野，并进行了树立形象的活动。比如，我国古代对“民本君轻”意识。“民本君轻”意识是对民众的尊重，跳出了古代统治者忽视民众的普遍现象。

编者还认为，古代存在完整的公共关系活动。虽然有学者以缺乏主体或沟通等理由，指出古代并不存在公共关系。但编者认为从公关三要素的角度来分析，古代存在完整的公共关系活动。以商鞅变法之“南门立木”为例，存在主体、客体、沟通。主体：以商鞅为代表的改革派；客体：民众与保守派；沟通：人际沟通和实物沟通。南门立木的目的是树立改革派的不欺形象和坚定决心，是对现代都有启示意义的公共关系活动。

总而言之，编者认为，公共关系虽然是现代社会条件下诞生的产物，但古代存在以树立形象，甚至部分管理形象为目的的公共关系实践活动。虽然古人不能理论化和系统化公共关系实践活动，但古代公共关系活动蕴含的思想异常丰富，对今人有非常大的借鉴价值和参考意义。

二、古代公共关系主体

古代社会，伴随统治阶级的出现，以国王或皇帝为代表的统治者集团，无论是对内部的下层统治者或对外部的公众，都需要借助形象。当然，一开始统治者集团可能借助其权威或其他因素，但随着民众意识的提高，比如“王侯将相宁有种乎”，统治者集团更需要形象为之服务。古代，统治者集团成为天然的公共关系主体。

不仅是统治者集团，古代还存在其他类型的公共关系主体，比如在反抗统治者的过程中出现的民间反抗者。这些民间反抗者最终有两个结果：要么转变为统治者，要么失败。无论如何，在抗争的过程中，他们需要号召同样受到压迫的民众，甚至影响居于统治集团的部分公众。民间反抗者集团也是古代公关的主体。

还比如商人集团，古代虽无现代公司制企业组织，但以地缘为基础的商人往往形成商帮，我国古代有徽商、晋商等执牛耳者。以徽商为例，经营有集聚的特色，这也产生了一个“无徽不成镇”的结果，在聚集地，外地人的生活与生意都离不开当地人的支持，因而需要形象的作用。同时，徽商注重会馆的建设，所到之处必开会馆。虽然单个的徽商可能不符合现代意义上公关主体的要求，但成立会馆之后，徽商集中起来出现代言者，对内和对外都起到了公关主体的意义。

三、古代公共关系客体

古代民众作为被统治者，与统治者集团相对应成为古代公关客体。受制于时代性，古代民众成为当时最大和最重要的客体。统治者—民众构成古代公共关系最主要的内容。正是由于这条主线的存在，编者认为存在古代公共关系。

古代公共关系客体与现代公共关系客体的地位存在差异。现代公共关系讲究主体和客体的地位对等，而且努力做到双赢。但在古代，统治者集团没有这个意识，其一切行为和目标均是从自身角度，且是为了维护自身利益，统治者集团占据了统治地位，而民众居于附属地位。即便如此，伴随着统治者对被统治者束缚关系的放松，统治者逐渐改变其态度，愈加发现树立形象对巩固其统治的意义所在。

四、古代沟通

古代缺乏现代意义上的沟通工具，尤其是大众传播媒介，因此沟通主要依赖于人际沟通。在古代，人际沟通就是指借助面对面的形式沟通，这是最基础与最普遍的形式，传播者与接受者之间无太大距离，无须借助媒介，阻碍因素少，传播效果好。当然，其传播范围大受局限。

古代沟通不仅依赖于人际沟通，还存在其他丰富的形式：布告、诗歌、戏曲、建筑、雕塑等。我国古代民间反抗者李自成之所以能够在失败转移山中之后，还能迅速崛起，与其歌谣“迎闯王，不纳粮”的广泛传播有关。徽州的牌坊，有功名、贞节等之分，为何在徽州大地得以广泛立起，与徽商的形象之争有着密切的关系，其初衷还是通过牌坊树立家族的形象。这从侧面说明了古人的智慧，在缺乏大众传媒的时代，能借助其他的传播手段达到大众传媒的效果。

第二节 古代公共关系活动举例

不仅我国古代有着丰富的公共关系活动，在世界其他地方也有着丰富的公共关系活动。

考古学家发现，远在公元前1800年，伊拉克就有一种农业公告，它告诉农民如何播种、灌溉，如何对付危害庄稼的老鼠，如何收获庄稼等。古希腊时期，就有与公众进行双向沟通的重要方式：演讲与辩论。亚里士多德的《修辞学》是其中的集大成者，被部分西方公关学者称为人类历史上最早的公关著作。不论是在理论上还是在实践上，古罗马统治者恺撒都是一位沟通技术的精通者，他的《高卢战记》被西方一些著名的公共关系专家称为“第一流的公共关系著作”。

对我国历史上的公共关系活动，目前学术界还缺乏系统性研究，但在某些领域已经有相对成熟的研究，结合学者现有资料和编者自己的研究，这里对我国古代公共关系活动列举如下。

一、春秋战国时代

1. 商鞅变法之“南门立木”

《史记》这样记载了“南门立木”的故事，“令既具，未布。恐民之不信己，乃立三丈之木于国都市南门，募民有能徙之北门者，予十金。民怪之，莫敢徙。复曰：‘能徙者，予五十金。’有一人徙之，辄予五十金，以明不欺。卒下令”。

秦朝百姓和贵族对商鞅产生了这样的形象：“左庶长的命令不含糊。”此时改革的导向作用最大化。新法令赏罚分明，规定官职的大小和爵位的高低以打仗立功为标准。贵族没有军功的就没有爵位；多生产粮食和布帛的，免除官差；凡是为了做买卖和因为懒惰而贫穷的人，连同妻子儿女都罚做官府的奴婢。由此，开创了秦国强大的基础。南门立木，依赖创造的奇特故事口口相传，在无大众传媒的时代，极具创新，发挥了沟通的作用。

2. 孙武练兵

孙子武者，以《兵法》见于吴王阖闾。王曰：“子之十三篇，吾尽观之矣，可以小试勒兵呼？”对曰：“可。”王曰：“可试以妇人乎？”曰：“可。”于是许之，出宫中美女，得百八十人。孙子分为二队，以王之宠姬二人各为队长，皆令持戟。令之曰：“汝知而心与左右手、背乎？”妇人曰：“知之。”孙子曰：“前，则视心；左，视左手；右，视右手；后，即视背。”妇人曰：“诺。”约束既布，乃设铁钺，即三令五申之。于是鼓之右，妇人大笑。孙子曰：“约束不明，申令不熟，将之罪也。”复三令五申而鼓之左，妇人复大笑。孙子曰：“约束不明，申令不熟，将之罪也；既已明而不如法者，吏士之罪也。”乃欲斩左右队长。吴王从台上观，见且斩爱姬，大骇，趣使下令曰：“寡人已知将军能用兵矣。寡人非此二姬，食不甘味，愿勿斩也。”孙子曰：“臣既已受命为将，将在军，君命有所不受。”遂斩队长二人以徇。用其次为队长。于是复鼓之。妇人左右前后跪起皆中规矩绳墨，无敢出声。

事实上，孙武要求的动作极其简单，也即前、后、左、右转而已。但对象是吴王阖闾的宫中美女，她们如何练兵，仅当游戏而已。孙武在三令五申的情况下，斩杀王之二宠姬，让其他妇人大骇而从孙武之规矩。斩杀行为即树立将在兵（宫中美女，将的对象）中的形象活动。

3.“三寸不烂之舌”

在《史记·平原君虞卿列传》中，有“毛先生以三寸不烂之舌，强于百万之师”。毛先生即毛遂，战国平原君的门客，向平原君自荐，成功游说楚国联赵抗秦，得“三寸不烂之舌”之美誉而流传至今，类似今日说服研究。还有，纵横家张仪、苏秦的故事。

尝从楚相饮，已而楚相亡璧。门下意张仪，曰：“仪负无行，必此盗相君之璧。”共执张仪，掠笞数百。不服，释之，其妻曰：“嘻！子毋读书游说，安得此辱乎？”张仪谓其妻曰：“视吾舌尚在否？”其妻曰：“舌在也”。仪曰：“足矣。”张仪更有以片言得楚六百里的故事。同门苏秦，更是佩六国相印，连六国逼秦废弃帝位。

张仪、苏秦与毛遂的故事，即描述了古代沟通技巧及其重要性。毛遂的游说，不仅是技巧，更有着广泛的意义，避免了战争。张仪更视游说超越了读书。不仅我国春秋战国时期注重游说，古希腊也注重修辞，有亚里士多德的《修辞学》传世。事实上，游说仍然是公关的重要内容。

4.“战国四君子”

魏国的信陵君、齐国的孟尝君、赵国的平原君、楚国的春申君，被称为“战国四君子”。“战国四君子”都养了成群的门客，在当时主要起提供参谋意见，收集信息情报和外交说服的作用，如前述毛遂。

“战国四君子”作为统治者集团的重要成员，有能力收留众多的门客，也有义务在必要的时候通过门客为集团自身服务。门客的种种功能和现在企业的公共关系部的职能有着惊人的相似，可谓古代统治集团的公关部，是公关主体代表。

二、封建统治者（汉）

我国古代统治者大多借用“君权神授”来提高自身形象，迷惑公众。这固定的套路是把自己描述为“天子”或“真龙下凡”等。

1. 汉高祖

《史记·高祖本纪》第八：其先刘媪尝息大泽之陂，梦与神遇。是时雷电晦暝，太公往视，则见蛟龙于其上。已而有身，遂产高祖。

高祖被酒，夜径泽中，令一人行前。行前者还报曰：“前有大蛇当径，愿还。”高祖醉，曰：“壮士行，何畏！”乃前，拔剑击斩蛇。蛇遂分为两，径开。行数里，醉，因卧。后人来至蛇所，有一老妪夜哭。人问何哭，妪曰：“人杀吾子，故哭之。”人曰：“妪子何为见杀？”妪曰：“吾子，白帝子也，化为蛇，当道，今为赤帝子斩之，故哭。”人乃以妪为不诚，欲告之，妪因忽不见。后人至，高祖觉。后人告高祖，高祖乃心独喜，自负。诸从者日益畏之。

以上均来自《史记》，刘邦被塑造成蛟龙之子或赤帝之子。

2. 王莽篡汉（托古改制）

两千多年前，西汉外戚王莽未通过战争取代了汉室。早在汉成帝年间，即自撰宗谱，神化王氏家世，动辄以“初祖黄帝”“始祖舜帝”来标榜其家世渊源。王莽又宣扬汉室为“尧之后，出自颛顼”，并借助“天人感应”说，精心炮制了舜承尧运的符命，旨在通过和平政变手段夺取天下。宗舜代汉，成了王莽篡夺政权的神权政治支柱，形成“刘为尧后，王为舜后，尧帝禅舜，王氏代刘”的天命循环。王莽通过神化自身而成功改朝换代，篡夺政权。

3. 刘秀光复汉室

到东汉，也有类似的神化：史载刘秀出生时，“有赤光照室中”，使卜者占之，曰：“此兆吉不可言。”又因他出生时县界禾生九穗，故其父命名为刘秀。刘秀起兵经过家乡时，其舍南“火光赫然属天，有顷不见”，人云刘秀“当为天子”。即使是汉皇室的后裔，光复的时候也要对自己粉饰一番。

我国古代封建社会历经两千多年，历朝历代都有这样的神化工程，这一直延续到清朝。事实上，民间也有这样的粉饰工程，比如家族的家谱，就是一个系统性的形象工程。

三、民间反抗者

不仅统治者明白神化自身的效益，民间反抗者也认识到了这个道理，最早的陈胜、吴广起义就是典型，以此号召民众，产生积极意义。

1. 陈胜、吴广起义

秦二世元年（前209）7月，发900人屯戍渔阳，陈胜、吴广为屯长。陈胜（？—前208）字涉，阳城人，早年为人佣耕。吴广（？—前208）字叔，阳夏人，苦农。众行至大泽乡，为大雨所阻，未能按期到达。按照秦法，过期当斩。陈胜、吴广便利用“鱼腹丹书”“篝火狐鸣”等计发动戍卒起义，提出“大楚兴，陈胜王”的口号。陈胜鼓动戍卒说：“壮士不死即已，死即举大名耳，王侯将相宁有种乎！”于是自立为将军，以吴广为都尉，用秦始皇长子扶苏和楚将项燕的名义号召群众起义。

所谓“鱼腹丹书”，即取一块白绸条，用朱砂在上面写上“陈胜王”三个大字，塞入一条鱼的肚子。兵士们买鱼回来，剖开鱼，发现了这块绸子上面的字，十分惊奇，认为是天意；篝火狐鸣，在半夜，吴广偷偷地跑到营房附近的一座破庙里，点起篝火，先装狐狸叫，接着喊道：“大楚兴，陈胜王。”全营的兵士听了，更是又惊又害怕，进一步加强了士兵们对陈胜的形象认知。仅仅做这些还不足，还用扶苏和项燕的名义号召群众，使得师出有名。

2. 李自成起义

明朝末年的李自成起义异常曲折。起初，李自成被打败而潜伏在河南商雒山。后来提出“迎闯王，不纳粮”的歌谣式口号，迅速广泛地传播，进而获得民众的广泛支持。

李自成起义军分别提出过“均田免粮”的口号；攻占西安后，又以“贵贱均田”及“五年不征”相号召；在河南等地到处传播“不当差，不纳粮”的歌谣。这些歌谣击中了众多生活在水深火热中的普通老百姓内心，进而热切盼望、欢迎、支持起义军的到来。

古代缺乏现代的大众传播工具，信息如何迅速传播是一个极大的难题。这种口号式的歌谣在民众中的广泛深入传播，不亚于当代大众传播工具的效果。这是非常有创意的。当然，也离不开历史背景，造就了这样的主题及传播方式。

3. 刘邦入关

秦二世元年（前 209），大秦危机四伏，陈胜起义首当其冲。沛县小吏刘邦在萧何、曹参等的支持下起兵响应，号称沛公。在历史的大潮下，开始属项梁，后发展到与项羽同为反秦主力。公元前 206 年，刘邦率军首先攻占秦都咸阳，推翻秦朝的统治。为安抚动荡的人心，刘邦一方面废除秦的严刑苛法，另一方面与咸阳贵族、百姓约法三章：“杀人者死，伤人及盗抵罪。”此约法三章，简洁明了，民间、军中俱十分清晰。即使不识字者，也懂得其含义，深得民心。相比较于项羽在咸阳的行为，刘邦的成功是有其必然因素的。此“约法三章”也体现了古代公关的布告式沟通。

四、古代商业活动

我国古代商业活动也充分体现了形象管理的智慧。以下仅以徽商为例，列举一些活动。

1. 江春

徽商重视同官府和地方势力打交道，甚至攀上最高统治者，这是对政府的公共关系活动。徽商中，歙县大盐商江春在乾隆皇帝六下江南时，不惜重金予以接待；他先后为朝廷平定金川叛乱、修治黄河、救济水灾等捐款总计 1 120 余万两，深得乾隆皇帝的欢心。1785 年，江春更被乾隆邀请参加在北京举行的“千叟宴”，成为“以布衣上交天子”第一人，后来还被乾隆授予正一品光禄大夫的头衔。类似的例子不胜枚举，如绩溪徽商胡雪岩，他被称为“红顶商人”。类似的故事，读者可在课下进行相关主题的阅读。

2. 支持客居地公益事业

徽商在客居地架桥、修路、办学、救灾等，凡公益性的福利事业，徽商大都能够踊跃捐资，从而树立了良贾的形象。徽商在客居地进行了大量的公益事业活动，不仅有利于客居地的百姓，而且对徽商在客居地的生意拓展也是有作用的。

参与客居地公益事业，最典型的是清代盐商在其集中地扬州的活动。比如，歙商汪应庚在扬州“建造船桥，济行旅”，疏浚水道；清嘉庆时任两淮总商的鲍志道，易街砖为石，得以清低洼街道的积水。还有盐商对扬州基础设施和环境的整治，虽然目的是迎接皇帝南巡，但客观上也是为老百姓服务。皇帝南巡是一时，百姓却是一世。徽商在扬州还积极为当地教育事业做贡献。祁门盐商马曰琯独立重修梅花书院；汪应庚捐资重修扬州府学，置学田以保障办学经费，设义学12所等。

3. 对故土的公关活动

徽商作为传统的商人，受传统文化影响颇深。虽在外经营甚至定居，但始终不忘故土，积极为家乡做出贡献。仅全国重点文物保护单位，就有龙川胡氏宗祠、棠樾石牌坊群、呈坎村古建筑群、宏村古建筑群、西递村古建筑群、竹山书院、潜口民宅、许国石坊等。每一处遗迹背后都有着悠远的历史和传承。

徽商的公关活动不仅于以上遗存可见，更有各种公益事业，比如教育、救济等。即使到了晚清时候，客居在外的徽商对徽州公益事业仍然鼎力扶持，如光绪三十四年徽商对徽州水灾的赈捐。

事实上，我国古代公关活动众多。在这方面很多学者做了较多的开创性工作，比如，中国人民大学胡百精对先秦修辞（沟通）的研究；安徽师范大学王世华教授对古代商人群体——徽商的公关特色的整体概述性研究；安徽大学卞利对徽商公关活动专业领域（公益事业、慈善、祠堂、牌坊等）的研究。

古代公关活动值得我们深入研究，原因有三：①可以丰富中国特色哲学社会科学理论内容体系。因为这是源于我国的公共关系活动，必然可以做出具有我国特色的内容，这也可以打破公共关系学理论体系“舶来品”的局限，使得公共关系学理论体系具备典型的原创性、继承性、民族性特色。②独特的公关视角。目前以公共关系视角系统地研究我国古代历史活动的专著和文献很少，这为历史学专题研究提供了一个独特的视角。③具备现实性。对我国古代公关活动成功经验与失败教训的总结体现了“古为今用”的思想，对我国今天的公关组织和公关从业者具有明显的现实参考价值。

第三节 古代公共关系活动的建筑遗存

一、凯旋门

凯旋门（Triumphal Arch）是欧洲纪念战争胜利的一种建筑。始建于古罗马时期，当时统治者以此炫耀自己的功绩，即形象。后为欧洲多国所效仿。凯旋门常建在城市主要街道或广场上。用石块砌筑，形似门楼，有一个或三个拱券门洞，上面刻有宣扬统治者战绩的浮雕。著名的有提图斯凯旋门、塞维鲁凯旋门、君士坦丁凯旋门、巴黎凯旋门、奥朗日凯旋门、勃兰登堡门等。

巴黎凯旋门的建造背景是：1805 年 12 月 2 日，拿破仑率领的法国军队在奥斯特利茨战役中击败了俄奥联军，法国的国威达到史无前例的顶峰。为了炫耀国力，并庆祝战争的胜利，拿破仑在 1806 年 2 月 12 日宣布在星形广场（今戴高乐广场）兴建“一道伟大的雕塑”，迎接日后凯旋的法军将士。同年 8 月 15 日，按照著名建筑师夏尔格兰的设计开始破土动工。后来拿破仑被推翻，凯旋门工程停止。但在拿破仑倒台之后 30 年，凯旋门依然于 1836 年 7 月 29 日举行了落成典礼。巴黎凯旋门高 49.54 米，宽 44.82 米，厚 22.21 米，其中心拱门高 36.6 米，宽 14.6 米，极其雄伟。

试问读者，凯旋门作为被推翻统治者的遗存，应该停止建设，但为什么未停止，还建成并发扬光大，成为当前法国的骄傲和巴黎的地标？

二、埃菲尔铁塔

法国另一个闻名于世的建筑是埃菲尔铁塔，这是一座于 1889 年建成且位于巴黎战神广场的镂空结构铁塔，高 300 米，天线高 24 米，总高 324 米。埃菲尔铁塔得名于设计它的桥梁工程师居斯塔夫·埃菲尔。铁塔设计新颖独特，是世界建筑史上的杰作，也成了法国的一个重要景点和突出标志。

1889 年是法国大革命 100 周年，巴黎也在当年举办了大型国际博览会。博览会上最引人注目的展品便是埃菲尔铁塔，它成为当时席卷世界的工业革命的象征。

读者试想，这样的建筑出现在世博会上，给参观者什么样的印象？结合历史背景，至少产生了两个方面的效果：第一，感叹工业革命的伟大，也仅有工业化才能建造如此令人叹为观止的建筑；第二，它是法国的建筑水平和国力强大的象征。

三、复活节岛石像

复活节岛位于东南太平洋，现属智利共和国的瓦尔帕莱索地区。该岛有个很有意思的称呼：地球之肚脐。之所以叫复活节岛，是因为西方人最早是在复活节的时候发现该岛的。复活节岛是东南太平洋上一个孤零零的小岛，也是最与世隔绝的岛屿，与有人定居的皮特开恩群岛之间有 2 075 千米的距离。

复活节岛以其石雕像而驰名于世，有的石雕像甚至还有帽子。岛上约有 1 000 座以上的巨大石雕像以及大石城遗迹。

请读者查阅相关资料，了解一下复活节岛上的古人为什么要建造这么多无实际功能的石雕像，以及建造这些石雕像而导致的后果。

第四节 古代公共关系活动总结

本书对古代公共关系活动总结为以下特征：非自觉性、非互利性、非双向性、非客观性等，对此阐述如下。

一、非自觉性

小农社会制约了人们的认知，并不懂得什么是形象，什么是公共关系。谈不上有自觉性的公共关系活动，公共关系活动呈现非自觉性特点，有时甚至连公共关系主体也未能意识到自己的行为属于形象管理活动。

但是，古代公共关系活动又是普遍的，因为形象可谓伴随着人类的起源而起源，形象首先是人际关系中非常重要的组成部分，而且形象的意义明显。总会有具备先见之明的智者自觉地树立其形象，以达到一定的目标和追求。从这个角度来说，古代虽然没有公共关系理论的支撑，但古代公共关系活动是丰富的。丰富却不成系统，属于片段性的公共关系活动。

二、非互利性

当今社会的竞争形式发生了巨大的变化，体现了“双赢”，从以前非此即彼的形式发生了根本性的逆转。公共关系活动就是双赢，比如，企业通过树立和管理其在消费者中的形象，充分考虑消费者的利益，最终为企业自身利益服务。在这个过程中，消费者和企业的利益都得到了很好的照顾。

在古代社会，竞争形式都是非此即彼的，更谈不上什么“双赢”。古代的公关活动，很多时候体现的是非互利性，古代公共关系活动最主要的一部分即是政府公共关系活动。当时的政治集团在公共关系活动中，基本上以统治集团的利益为重，而公众并未得到很好的重视，往往忽视了公众利益，比如典型的“君权神授”。

三、非双向性

受制于古代社会的经济发展水平和传播技术水平，古代的沟通以人际传播为主，这与个人之间的交流存在差异，面对公众的人际口口传播更难以得到反馈，效果更是难以测量，只能在事后得到验证。这样，传播成了赌博，无法预计，无法计划。

四、非客观性

古代公共关系活动还具有非客观性特征。前述两汉的封建统治者及陈胜、吴广起义等，都通过虚构甚至欺瞒行为来达到树立形象的目的。这违反了公关的一个基本原则——说真话。

❖ 本章小结 ❖

古代公共关系活动无论中外，都可谓异彩纷呈。事实上，古代虽然无现代意义上的社会组织，但依然存在形象树立甚至形象管理的活动。古代的这些著名事件均可以清晰地找到主体、客体、沟通。无论统治者、民间反抗者，还是在商业活动中，均存在公共关系活动。今天有很多伟大的建筑遗存与此相互辉映。概括来说，古代公共关系活动具有非自觉性、非互利性、非双向性、非客观性四大特征。

⌘关键词

古代公共关系活动；统治者；民间反抗者；徽商；春秋战国；修辞；非自觉性；非互利性；非双向性；非客观性

⌘练习与思考

1. 列举古代公共关系活动：______、______。
2. 列举古代公共关系活动主体：______、______。
3. 古代公共关系活动具有______、______、______、______四大特征。
4. 列举你知道的古代公共关系活动（非本教材所述，按照新闻格式，需具备 5W1H——when、where、what、who、why、how 六要素）。

⌘实践与实训 2

宗教传播中的公共关系活动

[性质]　校内研究活动

[主题]　**宗教传播中的公共关系活动**

[目标]　通过相关资料的搜索、阅读和钻研，进一步加深对古代公共关系活动的理解和掌握；训练写作小论文的能力，为毕业论文做预备。

[原理]　古代公共关系活动丰富并充满智慧；古代公共关系活动的特征。

[操作]　作为校内研究活动，以课后作业的形式布置。从搜索资料、阅读资料到整理与写作，至少需要一周时间。

题目很大，古今中外、何种宗教或总结分析等，没有限制，请自己选择一个小角度来写。最后，需按照学术论文规范写作，正文字数在 3 000 字左右。

教师批阅、挑选其中的优秀作品三四篇，由学生做出 PPT，选择一节课的时间进行分享与教师点评。

总课时：**1 课时**；时间：45 分钟。每位学生分享 10 ～ 15 分钟，预留 5 ～ 10 分钟由教师点评与总结。

[注意]　教师需要提前布置，在布置的时候需要对学生进行详细的讲解，包括主题

的讲解和选题的讲解，学术论文写作规范的简要讲解。

[成果] 学生作业，尤其是对优秀作品 PPT 的保留。

[思考] 宗教如何吸引信众，与形象的关系如何?

[延伸] 教师整理汇集其中优秀的研究成果，汇编文字材料和 PPT 材料，作为以后研究和教学的素材。

⌘拓展阅读

阅读安徽师范大学张海鹏与王廷元教授主编的《徽商研究》(安徽人民出版社，2005 年)，了解我国古代徽商在树立形象方面的活动，进行概述并形成自己的观点和看法。

第二篇

基 础 篇

第三章
Chapter3

公共关系主体之组织

☞ 导入案例

芜湖市公安局交警支队公共关系科

芜湖地处安徽东南部，为青弋江与长江交汇处，居南岸。芜湖是安徽省次中心城市，与省会合肥并称为安徽省“双核”城市。芜湖有文字记载的历史已逾2500年，素有“江东名邑”“吴楚名区”之称。“织造尚松江，浆染尚芜湖”，是“江南四大米市”之一。孙中山夸赞芜湖为“长江巨埠，皖之中坚”。芜湖有铁画、傻子瓜子、赵云生剪刀（全国三大名牌剪刀）等。今天的芜湖更有以奇瑞汽车为代表的现代工业。

芜湖市公安局交警支队早在2007年就创新设立了公共关系科，同时建设信息发布和交流平台——公共关系网，可见《交警支队关于使用和维护公共关系网的工作规定》[⊖]。在其公共关系网设有这些栏目：查询服务台、最新资讯、办事指南、一周播报、案例与法、交通法规、警察故事、交警风采、心声话语、金点子工程等。该网站由支队公共关系科负责运营、维护等。交警支队公共关系科不仅承担公共关系网建设，而且非常有形象意识和宣传意识，如在2015年农历新年制作了电子台历宣传行车安全、交警支队介绍等内容。

政府是非常重要的公共关系主体之一，因为政府也需要形象树立和管理，古代社会公关主要类型即政府的公共关系活动。如今在中央电视台可见的城市形象宣传片、最早

⊖ http://218.22.70.74/xxgkweb/blue/showView.jsp?newid=22098.

在天气预报中出现的城市宣传、城市CI等均属政府形象建设和管理的内容。政府也有相应的公关组织以保障政府形象管理。在我国政府机构体系中，虽然缺乏以公共关系命名的机构，公共关系的功能却未消失，是由各种结构分散承担的，比如，党委宣传部、政府办公室、新闻发言人等。芜湖市公安局交警支队能够在机构设置上专门成立公共关系科来负责交警支队的形象建设及交警支队与公众的交流沟通，实属创新，也是大势所趋。

资料来源：芜湖市交警支队公共关系网，http: //www.whtppr.gov.cn.

| 学习目标 |

1. 了解公共关系主体在社会生活中的位置（组织的三类型、公共关系主体的三类型）。
2. 掌握组织概念、特征、类型，尤其是政府、企业、非营利组织三分法。
3. 理解公关部、公共关系公司，并能列举出生活中的实例。
4. 知晓公关团体及公关专业人员相关知识，有志于公关事业的同学需深刻掌握。

第一节　组织的一般概念

一、组织概念

自然人是人类社会的基础，但个体的自然人在社会中的力量又是渺小的，所以有必要追求一个整体，达到1+1 ＞ 2的效果，这样社会组织就出现了。事实上，如今每个人都生活在一定的社会组织之中，比如我们的家庭、工作单位都是社会组织范畴；还比如为我们服务的政府、部队、学校、医院、酒店、商场等。可见脱离了任何社会组织的个人都是不可思议的。

所谓组织，是指人们为了有效地达到其特定的目标，按照一定的宗旨、制度和系统建立起来的，具有一定结构的共同活动集体。即具备人、目标、结构三要素（前述的2PS）。社会组织可大可小，根据其目标和功能的差异，大到国家，小到可能只有两个人规模的个体企业。社会组织的影响已经渗透到了社会的各个角落，其存在与发展构成了社会生活的基本部分，可以说没有社会组织的社会是不完整的。

二、组织特征

1. 目标性

我们在这里应该全面理解组织的目标。不仅要从组织目标（objective）的角度，更要上升到组织使命（mission）和组织愿景（vision）的高度来理解。

组织使命是组织存在的理由与所追求的价值，它解释了组织形成和存在的根本目的、发展的基本任务，以及完成任务的基本行为规范和原则。组织愿景是组织对未来的期待、展望、追求与梦想，愿景是组织前进的方向、意欲占领的业务位置和计划发展的能力，它具有塑造战略框架、指导管理决策的作用。同时，目标是在一定时期内综合内外部的环境和资源，设定的一个预期达到的成果，是组织愿景的具体化和明确化。相对于使命和愿景，目标是具体、明确和变化的。

任何组织都有它的使命、愿景和目标，这些可以称为组织的目标性，构成了组织的三要素之一，更是组织存在的理由和所有活动的依据。

中山大学管理学院对其使命的表述为：融汇中西管理智慧，培养创业创新精神，践行服务社会责任，教育商界管理精英。对其愿景的表述为：打造商界黄埔军校。中山大学岭南学院对其使命的表述为：教育英才，服务社会；对其愿景的表述为：国内领先，国际一流。

华润苏果将其战略愿景表述为：致力于成为改善百姓生活品质的卓越零售企业；将其战略目标表述为：区域领先，全国一流，顾客信任。

2. 规范性

组织的规范性体现在以下两个方面。

其一，组织结构的规范性。任何一个组织都有着完善的结构体系，尤其对正式组织而言更是如此。一般来说，组织的结构可以分为战略层（高层）、执行层（中层）、操作层（低层）。规范的组织结构体系对达到组织的目标是有益的。

其二，组织制度的规范性。组织是人的集合，人的价值观、目标都有一定的差异，由此导致行为也存在差异。组织是围绕一定的目标而存在的，在这个目标下，组织需要成员的群策群力，这就需要制度来约束行为，规范的制度是必备部分。

⊙ 小作业

同学们可以登录与你所在高校同等级的五所高校（包括自己学校）的网站，看看它们的管理机构，概括出共性和差异性，再查阅一些企业的组织结构状态。

3. 整体性

组织是按照一定的规则、制度集合而成的群体。组织成员的活动也要依靠合理的协调来实现，进而形成一个有机联系的整体。这就是组织的整体性特征。

由组织的整体性而产生整体理性，这确保了组织的决策和行为的正确。组织决策之所以优于个体决策也在于此。更进一步可理解为，公司制企业比个体所有企业决策更优。我国企业发展史深刻地说明了这个道理。

4. 动态性

组织具备动态性特征的原因是，组织总是存在于一定的社会环境中，而社会环境是不断变化的，正如先哲所言："人不可能同时踏入同一条河流。"这变化的环境对组织必然产生冲击，最剧烈的是组织的诞生与消亡。一般来说，环境对组织的影响表现在组织的目标、功能、机构及人员的调整上。从这个角度来说，组织在面对动态性特征的时候，还应该持有开放性，这样才能应对日益更新的环境。

以诺基亚（Nokia）为例。诺基亚起源于北欧国家芬兰，成立于1865年，当时以造纸为主业，后来逐步向胶鞋、轮胎、电缆等领域发展，最终发展成了一家手机制造商。自1996年起，诺基亚连续14年占据市场份额第一，可谓传统手机行业的执牛耳者。但随着智能手机的崛起，诺基亚全球手机销量第一的地位在2011年第二季度被苹果及三星双双超越。诺基亚甚至将其最核心的手机业务出售给了微软，并于2014年4月彻底退出了手机市场，而转向移动网络基础设施软件和服务、测绘导航和智能定位、先进技术研发及授权等领域。

事实上，智能手机及移动互联网的崛起还对PC行业产生了巨大的冲击，比如微软、戴尔、惠普、英特尔等企业都深受影响。当然也给一些企业带来了机遇，比如苹果、三星、华为等。

三、组织类型

组织类型是多样的，组织的目标、原则、利益往往有很大差异，所以可以对其进行分类。同时，为了更好地对组织进行管理，也有必要对其进行分类。依据不同的角度，可以将组织划分为不同的类型。

1. 组织类型

按照社会功能角度分类可分为以下类型。

（1）经济组织。经济组织是最基本的社会组织，履行着社会的经济职能，为社会提供各种物质生产资料、生活资料和生活保障性服务等。具体包括生产组织、商业组织、金融保险机构、交通运输组织及宾馆、饭店、旅游等其他服务性组织，也即各类公司制、非公司制企业。

（2）政治组织。政治组织是一定社会阶级为维护自身利益和实现其意志而组织起来的一种社会集团或社会集团系统，包括政治党派组织、司法机关和武装部队等，如政党、政府、法院、监察、议会等。

（3）事业性组织。事业性组织具有非物质生产性，主要从事文化创造与传承，其特点是以文化为其活动的基本内容，以满足人们的各类文化需求为目的，包括教育、科学研究、文化艺术、体育、宗教等各类型的社会团体，如学校、科研机构、医院等。

（4）其他组织。除了以上各种组织外，社会上还存在各种自发形成的专业团体，如民间的各种协会或学会等。

我们还可以按照社会经济效益进行划分：①营利组织，以经营者的利益为目标，如企业；②非营利组织，以为社会服务为目标，寻求的是社会效益，如学校等；③党政组织，在我国包括中国共产党的各级机关，国家各级行政机关等，如省委、省政府、人大、政协等；④社会公益组织，为维护社会公共利益而工作，如福利院等。

当然，还可以按照规模划分为大型、中型、小型社会组织。

2. 西方社会组织划分

在西方社会学理论中，社会组织可以归于三个部门。第一部门是政府部门，主要以公共服务为主要职能。毫无疑问，政府部门与企业是不一样的，必须具备非营利性质；第二部门是市场部门，主要是以营利为目的的企业组织，也称为营利组织。第二部门的根本特征即体现在营利性上；第三部门是介于政府与营利组织之间的社会组织，这些社会组织具有非营利性的特征，但又不是政府部门，称为非营利组织（non-government organization，NGO 或 non-profit organization，NPO），与政府部门（第一部门）和企业界的市场部门（第二部门）一起形成第三种影响社会的主要力量。

对非营利组织，读者可以进入绿色和平组织中文网站，主要查看它们的项目、使命价值、历史故事、成就纵览、组织架构等信息。

本书对公共关系主体即按照这种分类进行阐述，包括三类：企业、政府、非营利组织。由于三类组织的特征存在差异，其公关必然存在差异。

3. 事业单位

在我国有一种特殊的组织归类，它们有着专业的名称、目的和资金来源，即事业单位（institutional organization），是指国家为了社会公益目的，由国家机关举办，或者其他组织利用国有资产举办，从事教育、科技、文化、卫生等活动的社会服务组织。与企业相比，事业单位有以下特征：一是不以盈利为目的；二是财政及其他单位拨入的资金为主要资金来源。

事业单位的非营利性特征与非营利组织完全一致，但在我国却一直保有“事业单位”这个称呼，而未用“非营利组织”来概括。其原因是，事业单位是社会生活中必需的组织形式，我国的社会经济文化水平不高，不具备自发成立非营利组织的条件，这就需要政府举办和资金支持。我国非营利组织的最高级别主管部门（国家民政部）将社会组织的范畴界定为社会团体、民办非企业单位、基金会、涉外社会组织等。

改革开放以来，社会经济和文明程度得以飞速提升，大量不需政府资助的非营利组织出现，甚至可以与事业单位等量齐观，比如民营医院、民办高校、民间基金会、民间救助团体等。政府的事业单位也在改革，包括转变事业单位体制为主题的改革。这两股力量会进一步促使事业单位、非营利组织在我国的转换和发展，进而充分和健康地发挥其社会功能。

以高校为例，国内高校属于典型的事业单位，其举办、办学资金、目的、办学等均离不开政府的支持和管理。我国高校的核心是公立高校。近年来，也涌现了大量的民办高校，不仅获得了教育部门的认可，而且部分民办高校的办学成果斐然。在西方，尤其是美国，私立高校（民办）更发达。

我国高校正在进行大刀阔斧的改革，比如教师养老从以前依赖财政资金，转变为社会养老。在可预见的未来，“事业单位”的称呼可能会被“非营利组织”所取代。

四、社会组织环境

1. 组织内部环境

组织内部环境是指组织内部的物质、文化、心理环境的总和，据此可划分为物理环境、心理环境、文化环境等。组织内部环境不仅对组织内部产生影响，而且影响组织外部，可谓源于内而影响全面。从这个意义来说，组织的内部环境建设意义重大。

2. 组织外部环境

组织外部环境是指组织所处的社会环境，外部环境影响组织的管理系统，可分为两大类：一类为一般环境，PESTLE 框架，即政治、经济、社会文化、技术、法律、自然环境；另一类为特殊环境或具体环境，它具体地与某一组织发生作用，直接影响组织的结构特点和活动方式，如企业的供应商、顾客、竞争者等。

组织环境是组织所处生态的概括，是组织机遇和威胁的来源。一部分是可以构建的，另一部分只能接受。对组织环境总体的态度是适应而非企图改变环境，改变环境最终的结果只可能是头破血流。达尔文进化论的“适者生存”即是此意。

五、三类组织的公共关系概述

依据组织的类型，公共关系主体大体可划分为企业、政府、非营利组织。在这三类主体之中，公共关系都有广泛的应用。

1. 政府公共关系

在现代社会，政府对公共关系的需求更加强烈。理论上而言，政府没有特殊的利益，政府是为公共服务而存在的；政府具备强制力，其形象管理基于自身觉悟，这使得政府与其他任何组织的公共关系活动都有所区别。

2. 企业公共关系

企业的本质属性是营利性，要达到企业的最终目标，不但不能损害公众利益，还要依赖公众。这就需要利用公共关系进行形象管理。企业面对的公众是复杂的，包括顾客、政府、员工、上下游伙伴等，也因为企业的营利性，使得企业的公共关系有源源不断的资金支持。因此，可以说企业公共关系是最活跃且最有前途的。

3. 非营利组织公共关系

非营利组织需要形象管理，可以扩大自身或其所从事事业的社会影响力。但受制于非营利组织的特征和其资金来源，其公共关系的发展受到一些因素的限制，比如资金约束。

在本教材中，若无特别说明，一般所谓的公共关系即企业公共关系。对政府公共关系和非营利组织公共关系，本教材单独成两章列出。

第二节 公共关系专业组织

一、公共关系部

1. 概述

公共关系部是组织为贯彻公共关系思想，由专门人员组成的，开展公共关系活动的专门机构。一般来说，公共关系部是组织的资料储存中心、信息发布中心、环境监测中心、趋势预报中心和公众接待中心。

组织公共关系部的具体职责包括：①顾问与咨询，对组织的公共关系政策与行为提出建设性意见，必要时直接为高层服务；②编辑与写作，各种内部刊物、外部刊物，甚至组织高层的发言稿；③新闻与宣传，组织有新闻价值的宣传活动，如新闻发布会、记者招待会等；④调研与预测，对组织形象进行调查与预测；⑤组织与协调，组织各种公关活动，比如接待、参观、社会赞助，还有协调与其他部门的工作。

组织公共关系部的具体设置。在我国政府中的“新闻办”“信访局（处）”“交际处”“联络处”“对外宣传处”等，其中都有公共关系工作，进而承担部分公关职责。尤其在党的机关中专设的宣传部，更属于公共关系机构。在企业组织中，其结构一般为董事会、经理层、监事会，而在经理层下面又有部门的划分，这其中一般就包括了公共关系部。当然，名字可能有所差异，但公关的职能不会少。

无论如何，组织即使没有公共关系部，公共关系职能也会被分摊给其他的部门和人员承担。公关部在组织结构中是如同企业伦理、环境保护一样发展起来的。

2. 公共关系部实例

国内企业中最早设立公共关系部的要数广州白云山制药厂，那时它还属国有企业。公共关系部的职能在企业中是广泛、必备且常见的，但对于组织来说，职能部门公共关系部则更多的是根据需要和意识而设立。

上海汽车集团股份有限公司（简称“上汽集团”）的组织结构（见图 3-1），在其中层职能部门中包括了公共关系部。上汽集团是国内最大的汽车上市公司。目前，上汽集团主要业务涵盖整车（包括乘用车、商用车）、零部件（包括发动机、变速箱、动力传动、底盘、内外装饰、电子电器等）、汽车服务贸易以及汽车金融。

上汽集团所属主要整车企业包括乘用车公司、商用车公司、上海大众、上汽通用、上汽通用五菱、南京依维柯、上汽依维柯红岩、上海申沃等，可谓全面覆盖了各层次的汽车顾客。对这样一家庞大的汽车制造企业，在面临激烈的市场竞争的时候，离不开形象管理。顾客和潜在顾客、员工和潜在员工、政府监管部门、供应商、销售商、媒体、社区等都是上汽集团重要的公众，其公共关系可谓千丝万缕。没有一个专门的机构来处理与公众的关系是无法应对的。

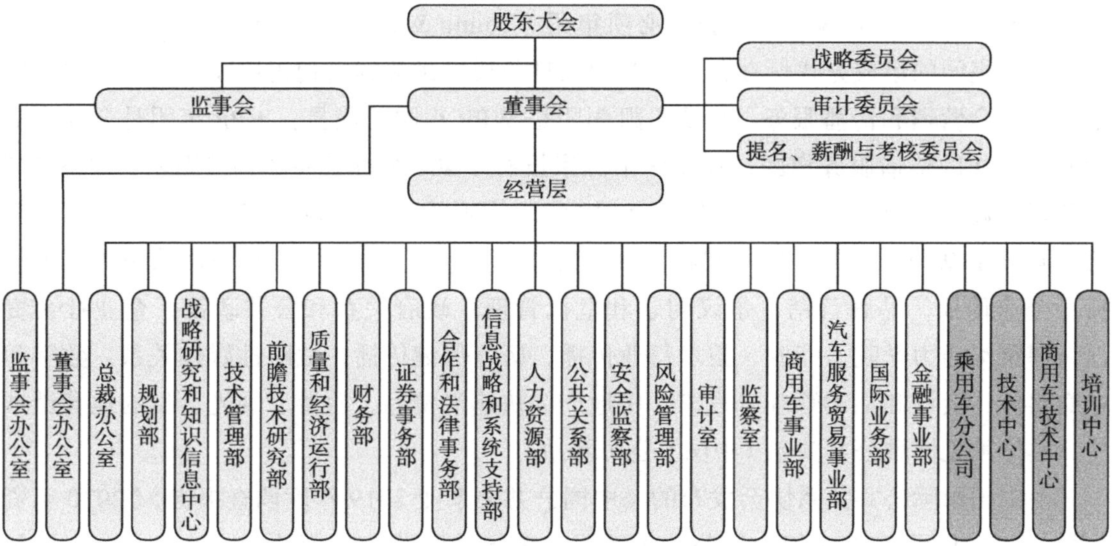

图 3-1　上汽集团组织结构图

资料来源：www.saicgroup.com/chinese/gsgk/zzjg/index.shtml.

二、公共关系公司

1. 概述

公共关系公司，即为各种社会组织提供专业化公关服务，且具有法人资格的企业。具体来说，对其客户的一切影响公众或公众利益的活动予以指导、建议和监督，向客户提供服务，帮助客户与其公众进行双向交流沟通，目的是为客户建立良好的声誉和形象，以利于客户的经营和发展。基于以上内容的具体实务可能包括：确立目标，调查研究；制订并实施计划；职业训练；协助客户开展内部公共关系活动；协助客户编制公关预算，评估公关效果等。

对公共关系公司，我们可以理解为组织公共关系职能的外包接受者。这类似于现实生活中财务人员的代账。代账会计不属于需求企业的全日制员工，但企业的会计，尤其与税务相关的会计活动都由其承担。企业之所以需求代账会计，是因为企业规模偏小，会计业务量较小，招聘全日制的会计人员不合算。对于企业的公关职能来说，有时需求不足以组建独立的公关部，这时候就可以选择专业的公共关系公司来承担企业的公关职能。

2. 公共关系公司实例

公共关系的发展有赖于公关公司的贡献，公共关系创始人艾维·李首创公共关系事务所，提供形象咨询服务，公共关系事务所即公共关系公司。

美国博雅公共关系有限公司成立于 1953 年，是全球领先的公共关系和公共事务公司。博雅自1979年以来一直是扬罗必凯集团（Young & Rubicam Brands）旗下的成员公司之一。集团的组成方式使在各自专业领域具备战略优势的公司得以联手，为客户提供全方位整合营销和传播服务。扬罗必凯集团是WPP集团的成员，WPP集团是全球覆盖领域最全面的传播服务集团，在103个国家设有1 400个办公室，为《财富》世界500强公司中超过330家企业提供服务。WPP集团旗下子公司各自拥有独特定位、各有专长。同属于WPP集团使得博雅为客户服务的能力进一步加强。博雅公司的服务范围包括，企业传播，品牌营销，争议问题和危机管理，政府关系和公共政策，企业社会责任，博雅沟通力学院，能源、技术行业传播，医疗保健传播，战略性媒体关系，数字和社交媒体，会议和活动管理，汽车、房地产、快速消费品、旅游、观光、目的地营销推广。具体可见博雅公共关系（中国）公司网站。

由中国国际公共关系协会发布的《中国公共关系业2019年度调查报告》《2020年资本榜》调查显示：2019年中国公共关系服务市场的年营业规模约为668亿元，年增长率为6.5%，略高于GDP增长幅度。其中，公共关系服务领域前5位的分别是汽车、IT（通讯）、互联网、快速消费品、制造业。

蓬勃发展的行业，给了企业健康成长的环境。在2020年“中国公关传播行业财富40强”排行榜中，蓝色光标以281亿元的营收遥居榜首，科达股份（爱创天杰）、华扬联众、联创互联（上海麟动）、联建光电（友拓公关）、中青博联、华谊嘉信（迪思传媒）、众引传播、多想互动、宗源营销占据了第2 ~ 10位。在“利润最强TOP20”排行榜中，蓝色光标以7.1亿元的净利润名列第一，华扬联众、中青博联、多想互动、众引传播依次排名前五。

⊙ 思考

企业公关部与公共关系公司之间有什么区别？

三、公共关系团体

1. 概述

公共关系团体是指从事公共关系信息交流、理论研究、组织策划、教育培训等的群众性社会团体，包括公共关系协会、学会、研究会、俱乐部等组织形式。工作内容一般依据组织形式而定。具体类型一般有综合型社团、学术型社团、行业型社团、联谊型社团、媒介型社团。

2. 公共关系团体实例

中国公共关系协会（CPRA）成立于1987年，由公共关系专业机构、新闻媒体、教育机构、科研机构、政府有关机构和企业界人士等自愿组成，是经国家民政部批准成立的全国性、学术性、广泛性的非营利社会团体组织。国务院新闻办副主任、新闻发言人郭卫民为现任会长。

国内还有中国国际公共关系协会（CIPRA），成立于1991年，是具有社团法人地位的全国性涉外专业组织，联合国经社理事会特别咨商地位组织，并由国家民政部授予“3A”级行业管理资质。协会的宗旨是让世界了解中国，让中国走向世界。现任会长为联合国原副秘书长吴红波。

读者可分别进入两家机构的网站，阅读相关信息，加深对国内公关界最主要的两个团体的了解。你能概述两家机构的区别吗？

第三节　公共关系专业人员

一、基本素质

任何一个行业的人员都需具备一些基本的工作素质。有些素质是普遍性的，有些素质是专业性的。这些普遍性和专业性的素质塑造了行业人员，确保了工作的成效和成功，一般包括身体条件、气质、性格、能力、智慧、经验、品德等要素。对于公共关系专业人员来说，一般需要具备以下基本素质。

1. 公共关系意识

公共关系意识是将公共关系原则内化为一个人的内在习惯和行为规范。这属于公共关系人员基本素质的核心，也是专业性素质。比如，企业在危机时刻的公关基本原则有“说真话原则”“及时与公众沟通”等。这些公理或信条就需要内化进企业公共关系人员的脑海，成为基本素质。公共关系意识具体可包括形象意识、公众意识、沟通意识、危机意识、创新意识等。

我们在日常生活中，出席一些活动的时候，尤其是在相对正式的场合，无论参加的女士还是男士都需要注意自己的穿着打扮、行为举止，以与场合相匹配，比如婚礼、舞会、答辩场合、面试场合等。这体现了对别人的尊重，更体现出一种意识。银行工作人员工作的时候必须衣着正装，这从企业的角度就体现了公关意识。

2. 心理素质

公共关系人员要与公众打交道，参加各种类型的活动，只有为公众所了解、所喜欢、所信任、所尊重，公共关系工作才能取得好的效果。在这个过程中，离不开公共关系人员良好的心理素质和个人品质，这包括很多内容，比如自信、开放、热情等。自信是基本心理素质，从来没有缺乏自信的人可以成功；同时，公关人员需要富有热情，并且开放，因为公关更多的是与人沟通，所以热情、开放是必需的。

3. 知识结构

“知识就是力量”，知识结构是人的基本素质之一。公共关系工作需要处理好对内、对外错综复杂的关系，这就离不开一定的知识结构。首先，公共关系的专业知识和基础知识，这是公共关系工作的起步。其次，与公共关系密切相关的学科知识，如营销学、传播学、新闻学、心理学、历史学等。此外，特定领域的专业知识。任何一个公共关系人员都存在于一定的组织之中，从事某个特定行业或组织的公共关系工作，所以需要对该组织和行业状况有充分的了解。

4. 能力结构

仅具备知识、素质是不够的，公共关系人员还应具备各种能力，如沟通能力、组织领导能力、口头和书面表达能力、应变能力等。能力是实现目标的基础。

（1）沟通能力。沟通能力是与他人进行有效沟通的能力，体现在传递信息、增进了解、强化感情等方面。这是当代社会成员必备的基本能力，缘于社会组织的变化，从传统的金字塔型结构转向现代组织结构形式，比如扁平化、团队、无边界组织等。组织人员的沟通也要从传统的承上传下的简单模式转变为全面互动模式。

（2）组织领导能力。公共关系人员需要做策划工作、实施工作，不论是参与高层领导的决策和咨询，还是收集信息，或是举行记者招待会，举办展览会，都需要公共关系人员进行活动的组织和协调。

（3）表达能力。表达能力，即书面和口头表达能力。公共关系工作在很大程度上是信息的传播工作，它需要及时准确地向各类公众传播、发布、解释组织的各种相关信息，诱导公众改变态度，影响公众行为。这就要求公共关系人员具备很强的综合表达能力。

（4）应变能力。公共关系工作是复杂的、变化的，甚至是出人意料的，面对这样的情况，需要公共关系人员具有随机应变的能力，可保持处变不惊、遇事不慌、沉着冷静、镇定自若的心态。这样才可以应对变化的环境。

事实上，不仅公共关系人员需要具备这些能力，我们步入社会这些能力都是必需的。

5. 职业道德

“无德无才是蠢材，无德有才是害才，有德无才是庸才，有德有才才是人才”，可见德才之间的关系。这里的“德”可理解为职业道德。公共关系人员要具有高尚的品德。公共关系行业的发展历程及现状强烈地呼唤公共关系行业的职业道德。“凡宣传皆好事”就忽视了道德约束，容易陷入欺骗的境地。当前公共关系行业存在罔顾道德的现象，比如唯眼球至上，忽视美誉度，比如近年来出现的一系列“门事件”。

公共关系职业道德体现在：忠诚正派、取信于人；廉洁奉公、不谋私利；忠于职守、勤奋工作；团结友善、尊重他人等方面。

南怀瑾在演讲中说道：“青年同学记住了，古今中外，天下最成功的人，就是老实人。我常常说，你们不要玩手段啊，几百年来，人类历史的经验教训，玩聪明、玩手段、玩花样的，一个高过一个，哪一个都不笨，连小孩都不笨，聪明手段都比我们高明。将来这个世界上全人类都太聪明，太高明，都会玩手段了。但是最后成功的人，因为老实，就成功了。”

此外，有创业的校友归来，与之沟通中，谈到创业故事即说起一例：“与我们做生意的都是几十年经验的老手，我们唯有以诚对待，才会得到诚实相待；切不可玩手段花样，绝对也玩不过那些生意老手。”

诚实的人可以做到“忠、信、廉、勤”，这就是职业道德的内容。

二、工作内容

公共关系专业人员的工作内容包括：日常文书工作，设计与创作，调查研究，信息处理，咨询与规划，演讲与主持，策划与组织活动，新闻界联络，公众交往，管理与培训等。

三、招聘、培训、考核

人力资源管理工作是有固定的模块和流程的，一般包括招聘、培训、考核。招聘就是岗位需求与人员能力的契合，招聘成功与否在于是否能发现潜在求职者的特征，设计好面试和笔试的考核。培训是任何一个企业对新进员工和老员工都必须做的一件事情，考核也是人事工作的长期基本内容之一。

四、职业资格鉴定

2000 年 12 月，国家劳动与社会保障部举行了首次“公关员职业资格”统一鉴定，2003 年 6 月，国家职业资格工作委员会公关专业委员会在三级公关员的基础上增设了两个职级的公关师。公共关系职业资格等级共分为五级：初级公关员（国家职业资格五级）；中级公关员（国家职业资格四级）；高级公关员（国家职业资格三级）；公关师（国家职业资格二级）；高级公关师（国家职业资格一级）。

但 2015 年，人力资源和社会保障部废除了《招用技术工种从业人员规定》（原劳动保障部，2000 年部令 6 号文）。至此，五级公关职业资格等级取消。但公共关系从业人员、公共关系职业却是客观存在的。公共关系作为蓬勃兴起的职业，值得终身投入。

❖ 本章小结 ❖

社会是一个庞大的系统，包括各行各业。公共关系属于其中一个行业。不仅有专业的公共关系公司，而且在组织内部存在专业的公共关系职能部门。另外，即使一家组织没有以“公共关系”命名的职能部门，其公共关系职能也是存在的，只是由其他职能部门或人员承担。

组织是人按照一定的目标形成的具有一定结构的群体，组织具有目标性、规范性、整体性、动态性等特征。组织可以划分为政府组织、企业组织、非营利组织三个类型，我国还有个特别称谓的组织——事业单位，本质属于非营利组织。社会组织都需要形象管理，都离不开公共关系。

公共关系专业人员主要分布于组织的公共关系部、公共关系公司、公共关系团体之中。这是公共关系主体的三个类型。

⌘关键词

组织；目标性；规范性；整体性；动态性；政府组织；企业组织；非营利组织；事业单位；公共关系部；公共关系公司；公共关系团体

⌘练习与思考

1. 组织三要素（英文写出）：______、______、______。
2. 组织特征：______、______、______、______。
3. 组织类型：______、______、______。
4. 公共关系主体的类型：______、______、______。
5. 你的父母或与你很近的亲朋好友，他们的工作及工作单位的性质是什么？工作内容是什么？哪些工作内容与形象管理密切相关呢？请电话或网络与之沟通，询问其为何做这个工作，对自己的职业建议是什么。若可共享，不妨列举分享；若不可共享，请自己思考。

⌘实践与实训 3

我国公共关系行业发展

[性质] 校内研究活动

[主题] **我国公共关系行业发展**

[目标] 发现并掌握我国公共关系行业的发展现状，对公共关系作为一个行业能有所深入了解，鼓励学生将来投入公共关系事业。

[原理] 公共关系主体的三种类型，公共关系专业组织的三种类型及公共关系专业人员。

[操作] 以课后作业的形式布置，任课教师要求学生：①自主选定一个角度，比如公共关系教育、公共关系公司、公共关系部、公共关系从业人员、公共关系营业状况、公共关系业务活动等；②可以结合本章练习与思考的第 6 题（身边人的公共关系工作及其内容）；③成果按照调研报告的形式完成，也可按照学术论文规范写作，正文字数在 3 000 字左右。

教师按照选题，批阅、挑选其中的优秀作品三四篇，由学生做出 PPT，选择一节课的时间进行分享与教师点评。

总课时：**1 课时**；时间：45 分钟。每位学生分享 10 ～ 15 分钟，预留 5 ～ 10 分钟由教师点评与总结。

[注意] 教师需要提前布置，在布置的时候，需要对学生进行详细的讲解，包括主题的讲解和选题的讲解；调研报告写作规范的简要讲解。

[成果] 保留学生作业，尤其是优秀作品及其PPT。

[思考] 公共关系行业适合自己吗？假如加入公共关系行业，自己的职业生涯规划是什么？

[延伸] 教师整理汇集其中优秀的研究成果，汇编文字材料和PPT材料，作为以后研究和教学的素材。

⌘拓展阅读

阅读吴锦屏的《卓越公关人》(上海人民出版社出版，2004年)，了解公共关系人的实际操作经历及公共关系人应具备的条件和特质、公共关系案例等内容。

第四章

Chapter4

公共关系客体之公众

☞ 导入案例

嘉吉社区关系

嘉吉公司连续多年占据美国最大私营非上市公司席位。伴随尼克松访华，嘉吉公司即开展与我国的经济往来，改革开放之后，更是持续加大投资。目前，嘉吉公司在我国有 50 多家业务运营点，逾万名员工，业务主要包括农业服务、农产品贸易和加工、食品配料、金融及风险管理、工业等。2011 年，嘉吉公司在安徽滁州开始投资禽肉全产业链项目，至今投资 5.5 亿美元。滁州项目拥有 2 700 名雇员，设计产能年加工肉鸡 6 480 万只，年产 17.6 万吨生鲜鸡肉，6.5 万吨鸡肉熟制品。

嘉吉公司非常关注其社会责任，来滁州的第二年，即参照其社区关系管理模式与经验，成立嘉吉关爱滁州委员会，并确立“社区欢迎，共同繁荣”的愿景。截至 2020 年 12 月，嘉吉公司举办 147 场次活动；4 216 人次志愿者服务；7 118 小时的志愿服务时长；443 万元的资金投入，有效塑造了负责任的企业公民形象，切实改善和提高了当地人居环境，获得社区公众的欢迎和支持。

2012 年，嘉吉公司在安徽省滁州市启动植树造林项目。截至 2019 年，嘉吉公司在滁州市半塔镇、桥头镇的 12 个行政村开展植树造林达 210 亩、12 万余棵，当地 5 万多人受益。这些树林让山坡披上了绿装，让河岸更加靓丽，既改善了生态并美化了村居环境，在树木成材后又将为村集体带来一笔可观的经济效益，再为社区发展和环境改善提供持续的动力。嘉吉植树造林项目不仅使老百姓实实在在获益，有效提升了企业形象，而且践行了“绿水青山就是金山银山”。

在环境方面，嘉吉公司还十分重视水资源的保护和节约。嘉吉公司持续增加农场污水处理系统的投入，不断提高节水目标，创新节水方式，持续寻求回用方法等，实现了养殖场水资源循环使用。在污水回用上，实现了肉鸡养殖场污水全部回收利用，用于场内清洗、绿化灌溉等方面，为行业树立了典范。全年可以实现 80 000 吨污水的回用，相应节约 80 000 吨地下水资源。

企业作为社区的“闯入者”，打破了社区初始平衡，在社区关系的初始阶段必须致力于改善社区居住环境，把自身影响降到最低；当安定下来后，有必要协调目标，利用自身优势，带动社区共同发展；最终获得社区欢迎。“从改善社区环境，到带动社区发展，再到社区欢迎。这就是嘉吉公司的社区关系 3.0 战略，”嘉吉关爱滁州委员会主席黄晓阳先生说，“如同‘人类命运共同体’，嘉吉认为企业和邻居是‘社区关系共同体’。”

资料来源：嘉吉企业社会责任报告 2017-2018 年度。

| 学习目标 |

1. 掌握公众的含义、特征及分类。
2. 了解公众心理，掌握奥尔波特对流言的论述。
3. 理解认知公众心理的方法，掌握其中的行为观察法。
4. 掌握五大代表性公众关系。

第一节　公众的含义、特征与分类

一、公众的含义

公众是指与公关主体相互联系、相互作用的对象。马克思说过，“人是社会关系的总和”。自然人在社会中面临着各种各样的社会关系，它们是我们的对象。一个组织，即公关主体，同自然人一样，也需要与各种各样的对象发生联系和作用，这里的对象就是组织的公众，又称公关的客体或公关对象。

二、公众的特征

1. 整体性

在公共关系中，我们讨论公众并非单一某个群体，而是与某一组织有关的整体环境，不能注意一部分公众，而忽视另一部分公众。比如高校，不能仅仅关注学生群体而忽视了教师群体，或仅关注行政人员群体而忽视了教师群体。还比如，对于企业来说，顾客就是“上帝”，但是员工是“上帝”也是正确的。

这里强调公众的整体性特征，并非要求每次公关工作都要做到全面。有的公共关系活动就是针对某一类别的公众开展的，比如企业看望退休职工，就是针对内部员工的公共关系活动；企业与消费者代表座谈，邀请他们参观企业是对消费者的公共关系活动。如果讨论公共关系的常规性工作，就需要考虑公众的整体性特征。

2. 多样性

公众是整体的，也是多样的，是由不同的个人、群体或组织构成的。个人必然可以成为公众，组织也可以成为公众，有时甚至更重要。比如加工制造工业产品的企业，并非直接面对终端消费者，其客户是一些企业。即使是一些面对消费者的企业，往往也并不直接与消费者打交道，而是通过经销商，因而在其顾客中，经销商的意义更重大。

但是对于非自然人公众群体，对其进行公关活动的时候，最终也要转变为人和人之间的交流，即代表公共关系主体的人与代表公共关系客体的人进行交流。

3. 同质性

前述的整体性与多样性，是从公众整体的角度进行阐述的。公众虽然是整体，但与公关主体发生联系的只是其中的一小部分，即具有共同特征的那一部分。比如，企业对员工降薪以度过危机时刻，这时候面对的仅仅是企业员工这群公众，甚至只是某个部门的员工而已。还比如，消费者受到伤害事件，如三鹿奶粉事件，企业面对的最重要公众是消费者，当然后续还得面对政府和媒体等。

4. 变化性

公众的变化性主要体现在公众对象和公众态度的多变两个方面。依据不同的公关事件，公众对象是变化的。降薪事件面对的是员工，消费者伤害事件面对的是消费者。公众态度也是变化的，比如产品售后服务，消费者购买并使用产品，给自己带来了比较大的满足感，对企业及其产品的印象为正面、积极；但出现质量问题之后，印象可能转变为负面、消极；在接受售后服务的过程中，消费者得到的服务意想不到，获得了充分的解决，此时的印象可能又会发生改观。

5. 相关性

公众是非常广泛且复杂的。从最一般意义上来说，万物都是有联系的。组织公众可以包括所有的人和组织，但这样的泛化会使得公关工作无法开展。因此凡不与某一社会组织发生关系的公众，都不是该组织的公众。注重与组织密切相关，表示相关程度较高的才可以成为公众，否则就是“一般大众”。

⊙ 课堂练习与讨论

公众重在与主体发生联系和作用，若没有联系和作用，那么就不能成为组织的公关对象。公众与主体的联系和作用存在强弱及不同重要性。分别以娃哈哈集团（企业）、学校（事业单位）为例，按照重要性顺序说出它们面对的公众有哪些。

三、公众的分类

按照不同的标准，公众有不同的分类方法：①内部公众与外部公众之分，任何一个组织都是由成员构成，成员就是内部公众；组织都需要对外进行公开活动，外部的对象就属于外部公众。②按照重要性排序，可以分为首要公众、次要公众、第三重要公众等。首要公众是组织公关活动的最核心对象，在一个公关活动中会有多种对象，次要公众也要争取。比如学校的招生宣讲活动，首要公众是即将步入大学的高中生，而高中学校可以定为次要公众，高中学校如果对高校进行宣传，那么高校必然会受到积极响应。③还有临时性公众、周期性公众、稳定性公众；顺意公众、逆意公众、中立公众；受欢迎公众、不受欢迎公众、被追求公众；潜在公众、知晓公众、行动性公众等分法。

滁州市琅琊山风景区是国家4A级风景区，因欧阳修的《醉翁亭记》而闻名于世。每年的正月初九，琅琊山风景区都要举办琅琊山庙会，非常热闹，南京、合肥甚至全国各地的游人聚集此地、观光游览。平时，琅琊山风景区对持本地户口的居民免费开放（核心景点除外）。当然，景区每年也吸引了大量的海外游客。据此，以琅琊山风景区为公关主体，分析一下它的游客公众（本质上即消费者）的类别。

第二节　公众心理分析

在此读者需要明白：公众 = 个体 a + 个体 b + 个体 c +…这类似西方经济学论述总需求和总供给，采用个体需求相加、企业供给相加的方法。

一、公众心理与公众行为

1. 社会知觉与公众行为

社会知觉指个人在社会环境中对他人的心理状态、行为动机和意向做出推测和判断的过程，包括三个方面：对人的知觉，对社会事件的知觉，对人际关系的知觉。社会知觉的特征是：认知对象的独特性（既是主体也是对象）；对他人行为的期望会影响到社会知觉；社会知觉过程相比对物体知觉的复杂性。

常见的心理定式会歪曲人们的社会知觉。这包括首因效应：第一次留下的印象往往一直影响后面的知觉；近因效应：新近获得的信息比原来的信息影响更大；晕轮效应：个体依据不完全的信息对知觉对象进行印象和评价；经验效应：个体依据以往的经验进行认知、判断、决策和行为的心理活动方式；移情效应：把对特定对象的情感迁移到与该对象相关的人或事物上。

2. 需要与公众行为

马斯洛提出的需要层次理论概括了人的基本需要，其需要层次包括生理需要、安全需要、社交需要、尊重需要、自我实现需要。这五个层次由低到高递进，一般而言，一个层次得到满足之后会寻求另一个层次需要的满足。公众是由人构成的，因此公众的需要必然影响公众的行为。

公众有明显的生理需要和安全需要，比如古代在饥荒的年代，公众生理需要无法得到满足，导致暴乱，这个时候那些有远见的政治家就会开仓救济百姓，以平息暴乱行为。公众也有安全需要，如公共卫生安全需求。

3. 性格与公众行为

作为个体的人具备各种各样的性格类型。作为公众的群体人也有一部分共同的性格特征。比如，年轻的学生群体是热血沸腾、激进的爱国主义者。只有把握了公众的性格特征，才更容易与公众沟通。

4. 态度与公众行为

态度是人对某因素（人、物、事）全面而稳定的评价，是心理向行为过渡的临界点。公众态度对公众行为有着重要的影响。态度是可以改变的。霍夫兰的说服模型就提到了影响和改变态度的三个因素：说服者的条件——品行修养、人格魅力、说服水准；信息的说服力——信息本身是否被大众接受的功力；问题的排列技巧——哪些先说，哪些后说。

这可以解释为什么代言都需要找明星或其他公众人物，这些公众人物，尤其形象呈现正面的公众人物，其说服者条件充分。在日常生活中会常碰到好消息和坏消息，如何告知别人，即先说哪个后说哪个，可能产生的效果存在差异。

5. 从众与公众行为

所谓从众，即采取与大多数人一致的行为，俗称“随大流”或“羊群效应”。出现这种现象的原因在于，与大家保持一致以实现团体目标；为取得团体中其他成员的好感；维持良好的人际关系现状；不愿意感受到与众不同的压力。公关主体应善于利用这一群体的从众行为特征，善时导、恶时阻。

对一些具备时尚特征商品的营销即可充分利用公众行为的这个特征。比如，杭州幻影智能科技有限公司是一家生产制造智能电动滑板车的知名企业，其产品设计曾获我国设计领域的“红星奖”。在其营销技巧中有这样一条：在高校里雇用大学生，每天在校园里骑行穿梭，这样的宣传相当成功。一方面，在顾客公众对产品尚未了解的时候，直观地出现在消费者面前，使得消费者可以直接看到并感受到；另一方面，首次出现的大学生就是头羊，引导了后面大学生的跟随行为，进而促进商品的销售。

6. 流行心理与公众行为

对流行心理，本教材主要阐述时尚、流言和骚乱，其中流言是重点。时尚是指在社会一定时期内的风行，具有群众性特点，作为公关主体应当能引领时尚。骚乱指某一特定场合或局部范围发生的扰乱和冲击社会正常秩序的群体行为。流言没有确切依据，在社会成员中得到广泛传播，有巨大的煽动性和杀伤力。心理学家 G. 奥尔波特认为，公众对事件的关注程度乘以事件本身的暧昧程度决定了流言的产生和力度。

公众对事件的关注程度是客观的，比如制造日常消费品的雨润与制造重型卡车的华菱星马汽车，对这两家企业，公众的关注度是有差异的。雨润是老百姓餐桌上的食品，企业的一举一动必然受到老百姓的密切关注；而华菱星马汽车制造载重汽车，与老百姓的日常生活密切程度不高，普通百姓的关注度相对较低。故而，公关主体对公众对事件的关注程度无法控制，可谓“命中注定”。当企业面对流言的时候，能努力的就是消除事件的暧昧程度，即透明化。这也验证了一个公关原理——“说真话”。

二、认知公众心理的方法

1. 一般方法

一般可以从静态和动态两个角度进行认知。静态角度，即从公众的相貌、体型、肤色、发型、服饰等静态外部特征因素揭示个体，进而推测总体公众心理特征。动态角度，即通过言语、动作、表情等动态要素揭示个体，进而推测总体公众心理特征。从行动上也可以推断公众心理。

2. 具体方法

认知公众心理的具体方法有很多。调查研究法是最科学的一种方法，通过调查研究获得对公众心理的认知。社会角色分析法是从社会角色的角度划分公众类型，并研究其心理特征。心理定式推断法，一般来说，一定范围内的人群，由于社会历史、文化、政治、经济等因素的综合作用，他们会形成独特的心理特性并保持稳定。此外，行为观察法也是一种非常不错的认知公众心理的方法，通过观察在长期社会生活中形成的习惯和具体事态中的表现来认知公众心理。

例如在快速城市化过程中，部分新建小区种菜、养鸡，甚至还有拖拉机，物业费也无法收取。通过观察可推断出小区居民的心理态势。

3. 影响因素

对公众心理的认知受到很多因素的制约，大体上来说，包括主观和客观两个方面。其中，主观因素包括认知者缺乏愿望和积极性、认知能力有限、认知偏差；客观因素包括公众心理的复杂性（个体都如此，何况公众）、多变性、突发性。

事实上，对个体心理的认知和研究已经非常完善和成熟了，这方面的文献资料也非常多。对群体心理的研究相对较少，公众心理属于群体心理的一种形式。在前述的“需要与公众行为”中，我们曾谈到公众的生理需要和安全需要，请读者尝试认知公众心理。那么类比马斯洛的需求层次理论，公众有没有更高层次的需要呢？若有，可否例证？

三、影响公众心理的意义与方法

1. 影响公众心理的意义

公共关系的最终目标是形象，从心理学意义上来说，也可以这么表述：对公众心理施加影响，达到巩固和改变公众态度的目的。

一方面，巩固公众态度，正如知名品牌娃哈哈、茅台、百事可乐、麦当劳、五粮液、PICC、ICBC等，会常见这些知名大公司的广告。它们之所以还继续进行广告宣传，是因为需要持续对公众心理施加影响来巩固公众的认知和态度。试想如果哪天忽然看不见某大公司的广告了，公众反而会觉得奇怪并忧虑，进而对公司不利。另一方面，改变公众态度，态度的改变当然离不开事实，但也需要从公众心理的角度切入。

2. 影响公众心理的方法

影响公众心理的方法很多，包括劝导法、暗示法、感染法、诱引法等。美国总统大选的民意测验就发挥着劝导、暗示、诱引的作用。2020年6月，美国著名的盖洛普民意测验（Gallup poll），公布了弗洛伊德事件引发全美骚乱后，特朗普的支持率下降到39%，而不支持率达到57%；12月，新的美国盖洛普民意调查发现，美国当选总统拜登的支持率达到55%，不支持率为41%；特朗普的支持率为42%，不支持率为57%。

每当临近美国大选的时候，各种机构、各种民调结果更是层出不穷，眼花缭乱。民意测验真的在摸底吗？其实还发挥着影响公众心理的作用，表现在：借“羊群效应”，让摇摆者确定自己的支持对象；借已知结果，让部分人放弃表达选择，如特朗普的支持率极低，部分支持者可能放弃投票。当然也会有支持者看到拜登较高支持率，放弃投票的情形。

第三节 公众关系分析

一、员工关系

1. 员工关系概述

员工对于组织来说意义十分重大，他们是组织的细胞。组织定义中的2PS，其中之一即person，可以说没有员工就没有组织。在实践中，有“员工就是上帝”的说法，这与“顾客就是上帝”并不矛盾，一个对内，一个对外。因此，员工关系就成为组织公共关系之中重要的关系之一。

组织员工管理的根本目标在于激发员工的贡献。培养员工对组织的认同感、归属感；创造和谐融洽的人事环境。也就是说，良好的员工关系要求把每一个成员纳入组织整体，在团结、协作的气氛中充分激发每一位员工的潜在能力，为企业做贡献。

组织建立良好的员工关系，一方面，物质利益要有保证；另一方面，精神上要有鼓励。从这两个方面入手才有保障，也可以说这两个方面是最根本的方式。除此之外，良好的员工关系有赖于组织对员工的公关活动。

2. 员工关系案例

晋商乔致庸，为解决员工流失，拴住“伙计”的心，曾经实行过“身股”的办法，即“伙计”工作满 4 年，以后每年给“一厘身股”，据说这“一厘身股”年终分得的红利大于“工资”的数倍。在现代企业中广泛实施的股票物质激励与此类似。

我们打开母校主页，随机可见这些新闻事件：学校召开离退休人员新年茶话会；学校领导走访慰问离退休老同志和部分困难职工；学校召开进修教师代表座谈会；学校“八一”前夕走访慰问共建部队等。

前述两个案例，第一个是非公关的方式，即所谓的“本”；第二个是公关的方式，仅给员工物质和精神的鼓励是不充分的，在这个基础上，还需要一系列的公关活动，才能做到完美。

二、顾客关系

1. 顾客关系概述

“顾客就是上帝”，现代营销的核心以顾客需求为中心。顾客是任何一家企业生存和发展的基础。读者可以想象，任何一家企业一旦失去了产品或服务的销售收入，企业的收入状况将会怎样。可以说顾客的“货币选票”永远处于主动地位，决定了企业的命运。当然，单个顾客在企业面前总是渺小的，顾客群体才是企业的主宰。因此，企业的顾客关系就显得异常重要。

如何建立良好的顾客关系呢？首要任务是提供优质的产品或服务及完善的售后服务；收集顾客信息，研究顾客心理，依据顾客信息开展消费教育和消费引导；妥善处理顾客投诉，争取顾客谅解，坚持“顾客永远是对的”原则。

2. 顾客关系案例

南方航空对其南航明珠俱乐部会员级别划分为四个：南航铂金卡、南航金卡、南航银卡和南航明珠卡（由高到低）。其最高等级的南航铂金卡会员，享有诸多权益，如优先经济舱座位、优先候补、优先托运、专属值机柜台、额外行李、贵宾休息室、快速安检、优选座位、优先登机，甚至远机位贵宾车等服务。服务可谓精心，从购票开始直到离开机场，均有细致的安排。当然，这都需要建立在安全的交通服务基础上。（资料来源：南方航空主页）

三、社区关系

1. 社区关系概述

社区（community），是指人们共同生活的一定区域，如村落、城镇、街道等。组织本身和其人员的各项日常活动都依赖于社区，比如交通、水电、邮政等；社区同时为组织提供劳动力和最近的消费者市场。组织在处理社区关系的时候，应该积极主动承担社区义务，关心社区公益活动，美化社区环境，帮助社区发展，维持社区秩序。

2. 社区关系案例

大亚湾核电站，位于广东省深圳市大鹏新区的大鹏半岛，是我国最早的两座核电站之一。作为央企，非常重视社区关系。在大棚，设立大亚湾核电社区基金，累计投入超过600万，主要用于鹏城、岭澳社区以及大坑村等居民区内部道路、小区供排水系统、绿化、老人活动中心等基础设施建设。

四、新闻关系

1. 新闻关系概述

在公共关系中，新闻媒介集主、客体于一身。对于组织公共关系来说，一方面，新闻媒介是客体，是组织重要的公众；另一方面，新闻媒介是企业公共关系的重要工具，企业的信息发布和吸收需要通过新闻媒介来实现，从这个角度来说又是主体。新闻媒介主要包括：报纸、杂志、广播、电视、网络等。但无论什么形式的媒体，都是由记者和编辑采编新闻。从这个角度来说，新闻关系又可以转化为与记者朋友的关系。

2. 新闻关系案例

富兰克林·罗斯福总统是第一个发现广播潜力，并彻底加以利用的美国政治家。1933年3月12日，即罗斯福就职总统后的第八天，他在总统府楼下外宾接待室的壁炉前接受美国广播公司、哥伦比亚广播公司和共同广播公司的联合录音采访，被称为“炉边谈话”。此后，在其任职期间进行过30次炉边谈话。每当重大事件之时，罗斯福用此方式与美国人民进行沟通。这不仅宣传了自己的政策主张，而且鼓舞了美国人民，号召人民支持他的政策。他被公认为美国历史上最会利用新闻媒介的政治家之一。

“成也萧何，败也萧何”，新闻关系也会导致企业的破产。比如曾经的中央电视台广告标王——秦池酒，在其辉煌之时，因为外购川酒进行勾兑被记者曝光而急转直下，最后倒闭。当然企业倒闭的直接因素表面上看是由未妥善处理的新闻关系引起，但根本原因还是在于企业经营的违规。

五、政府关系

1. 政府关系概述

政府关系对于企业来说具有相当的重要性。政府是权力机构，是政策的制定者和执行者；政府是最具社会影响力和最具经济实力的社会组织，对某些企业来说，政府也是其最大客户之一或潜在客户；《宪法》还赋予政府对经济的宏观调控权力。在处理政府关系的时候，企业需要遵循以下基本原则：遵守政府的政策、法令和法规；积极主动地与政府进行信息沟通；努力做到企业利益和社会利益的一致。

2. 政府关系案例

2015 年 11 月，中央扶贫开发工作会议在北京召开，会后发布了《中共中央国务院关于打赢脱贫攻坚战的决定》，拉开了脱贫攻坚大决战的序幕。农业领域四大跨国公司 ABCD 之一的嘉吉公司积极响应，助力脱贫攻坚。嘉吉与国际小母牛组织（Heifer International）的合作伙伴四川海惠助贫服务中心开展“青神可持续生计和社区综合发展”项目，支持农民养殖家禽，帮助建档立卡户增加收入，摆脱贫困。嘉吉公司积极响应政府的政策、号召，做到企业利益与社会利益一致。

❖ 本章小结 ❖

公众是组织存在的理由。企业从顾客公众获得收入，也向公众输出产品或服务。公众是与组织发生联系和作用的对象，具有整体性、多样性、同质性、变化性、相关性等特征。公众有多种类别，最直接的可分为内部（员工）、外部（顾客），且员工、顾客可谓首要公众。组织处理与公众的关系，需要掌握公众心理，因此对公众心理的认知非常重要。比如知觉、需要、性格、态度、从众、流行等都是研究、判断公众心理所必备的。此外，对于任何一个组织来说，尤其是企业，员工关系、顾客关系、社区关系、新闻关系、政府关系都是重要的几类公众关系，具有普遍性。

⌘关键词

公众；整体性；多样性；同质性；变化性；相关性；首因效应；霍夫兰说服模型；羊群效应；流言；员工关系；顾客关系；社区关系；新闻关系；政府关系

⌘练习与思考

1. 公众特征：______、______、______、______、______。
2. 列举三个重要的组织公众关系：______、______、______。
3. 列举一个心理定式，并解释其含义和应用。
4. 解释一下“羊群效应”的含义及其原因。
5. 阐述霍夫兰说服模型的内容。
6. 奥尔波特认为流言的产生和力度是由哪些因素决定的？并论述这对消除流言的启示。
7. “在公共关系中，新闻媒介集主、客体于一身”，解释这句话的含义。

⌘实践与实训 4

从个人心理到公众心理

[性质] 校内研究活动

[主题] **从个人心理到公众心理**

[目标] 学生对公众心理有概念、有认知、有判断即可。

[原理] 公众及公众心理分析。

[操作] 以课后作业的形式布置，教师要求学生模仿马斯洛的需求层次理论：生理、安全、社交、尊重、自我实现需求，能否对应地找到公众的五层次需求或者其他的公众需求；以实际例子的形式来阐述前述的公众需求，古、今、中、外的实例都可以；实例形式，需要学生按照新闻规范描述出来，当然还得附上分析。

教师按照选题，批阅、挑选其中的优秀作品三四篇，由学生做出 PPT，选择一节课的时间，进行分享与教师点评。

总课时：**1 课时**；时间：45 分钟。每位学生分享 10 ～ 15 分钟，预留 5 ～ 10 分钟由教师点评与总结。

[注意] 教师需要提前布置，在布置的时候，需要对学生进行详细的讲解，包括主题的讲解和选题的讲解。

至此，已连续出现三个主题的实践与实训内容，均是校内研究活动，任课教师可以选择一到两个布置，并非全上。

[成果] 保留学生作业，尤其是优秀作品 PPT。

[思考] 公众心理如何认知？如何在以后的工作中应用呢？

[延伸] 教师整理汇集其中优秀的研究成果，汇编文字材料和 PPT 材料，作为以后的研究和教学的素材。

⌘拓展阅读

阅读一位媒体大亨的传记，如《普利策传》((美) 詹姆斯 · 莫瑞斯著，浙江人民出版社，2015 年)、《默多克传》((英) 肖克罗斯著，世界知识出版社，2002 年) 等。

第五章

Chapter5

公共关系中介之沟通

☞ 导入案例

沟通方式选择不当造成百万元损失

沟通的重要性已成为共识，但沟通方式的不恰当选择也会造成显性损失。央广网上海频道报道过，2016 年 9 月 19 日，上海某租赁公司出纳按照“董事长”的指令，加入了一个“工作交流”群，企业“经理”也在群内。“董事长”要求出纳把公司财务也邀请入群，接着“董事长”授意出纳两次共计转账 295 万元。直到当天下午下班时，该出纳偶遇公司真正的经理，才发现自己被假“董事长”欺骗了。

无独有偶，也是在上海，2019 年 11 月 26 日，某楼宇清洁公司财务根据“企业法人”的 QQ 消息通知，分四次转出 392 万元至湖南某公司账户。直到晚上与企业法人电话联系时，财务才获知公司与湖南某公司并无业务，意识到遭遇诈骗。

你在学生时代是否存在畏惧与老师沟通的情况？工作中，积极与领导、同事沟通是有百益而无一害的。前述两个类似的案例，均是缺乏沟通或者沟通方式不当造成的悲剧。一般而言，涉及资金往来的时候，沟通方式不宜采用即时通信方式，宜面询或电话确认。作为指令发出者，为降低员工风险，也应采取当面或电话指令。

资料来源：根据央广网、中国新闻网报道整理而成。

| 学习目标 |

1. 理解沟通的定义、要素、过程等相关内容。

2. 掌握全面沟通管理的含义及三个方面的内容。

3. 掌握沟通、传播与宣传三者之间的异同点。

4. 了解公共关系沟通的五种方式，并对它们进行比较分析。

第一节 沟 通

沟通无处不在，无时不在，永不停息。沟通好了，事半功倍；沟通不好，事倍功半。美国哈佛大学心理学教授丹尼尔·戈尔曼（Daniel Goleman）认为在人的成功要素中，智力因素是重要的，但更为重要的是情感因素（即情商），而沟通是情商的重要内容之一，是一个人情商的重要反映。沟通是人与人之间发生联系的最主要方式，组织之间也需要沟通，而且表现为代表组织的人和人之间的沟通。

一、沟通概述

1. 沟通的含义

沟通，起源于拉丁语“communis”，英文为“communication”，《大英百科全书》将沟通定义为“用任何方法，彼此交换信息。即一个人与另一个人之间用视觉、符号、电话、电报、收音机、电视或其他工具作为媒介，所从事的交换信息的方法”。《韦氏大词典》则解释为“文字、文句或消息之交流，思想或意见之交换”。

国内外学者对沟通也做出了不同的定义，代表性观点如下。

桑德拉·黑贝尔斯认为，沟通是人们分享信息、思想和情感的任何过程。这种过程不仅包括口头语言和书面语言，也包含形体语言、个人的习气和方式、物质环境等赋予信息含义的任何东西。

西蒙认为，沟通可视为任何一种程序，借此程序，组织中的一个成员将其所决定的意见或前提传送给其他有关成员。

魏江认为，沟通就是我们通常所说的信息交流。

齐二石认为，沟通是指可理解的信息或思想在两个或两个以上人群中的传递或交换过程，目的是激励或影响人的思想或行为。

苏勇认为，沟通是信息凭借一定的符号载体，在个人或群体间从发送者到接收者进行传递，并获取理解的过程。

孙建敏认为，沟通是信息的传递、解释以及个人的思维参照系共同发挥作用的过程。

李锡元认为，沟通是发送者凭借一定的媒介将信息发送给既定的对象即接收者，并寻求反馈以达到相互理解的过程。

综上所述，编者认为沟通是为了一个设定的目标，把信息、思想和情感在个人或群体间传递，并获取理解，做出相应反应的过程。这一定义主要强调：①明确的目标。沟通的发起者应具有明确的目标，知道该说些什么，该如何去说，接收者想听什么，能听懂什么。②信息的正确传递。如果发送者知道该说什么，但选择了错误的渠道和媒介，则传递的信息可能会失真，导致无效沟通。③积极的反馈。反馈是指信息接收者把接收的或所理解的信息再返回给发送者，以供发送者核查。由于接收者和发送者具有不同的世界观、偏好，以及外部环境因素的干扰，最终接收的信息和所发出的信息可能完全是两码事。因此，为了达到良好的沟通效果，积极的反馈是必不可少的。

我们常常能够听到这样的声音：声音一：沟通不是太难的事，我们每天不是都在做沟通吗？声音二：沟通不就是简单的对话吗？声音三：我告诉他了，所以我已和他沟通了。声音四：让我们随便沟通一下。

请判断上述说法准确吗？

2. 沟通的分类

沟通可以从不同的角度进行分类，如表 5-1 所示。

表 5-1　沟通的分类

分类标准	沟通类别
沟通者	自我沟通、人际沟通、群体沟通
信息载体	语言沟通、非语言沟通
沟通渠道	正式沟通、非正式沟通
信息流向	上行沟通、下行沟通、交叉沟通、横向沟通
沟通反馈	单向沟通、双向沟通

（1）根据沟通者的不同，沟通可划分为自我沟通、人际沟通、群体沟通。

自我沟通，也叫作内向沟通，是指个人接受外部信息，并在个体内部进行信息处理，采取相应措施的活动。一般而言，自我沟通的具体含义可以包括两个方面：一种理解是自我沟通是人接受外部信息后，在自身的信息处理过程，是包含在其他类型沟通过程中的。另一种更为普遍的理解认为，自我沟通是自己与自己的对话，包括自我认识、自我反思、自我激励、情绪管理、压力管理等一系列的内容。

人际沟通，是指在人与人之间的信息交流过程，其最大的特点是互动性，即人际沟通必须是两个人之间的，有信息的发送者及接收者，同时有传播信息的媒介，并且双方能达成理解上的一致。

群体沟通，是指在三个及以上的个体之间进行的沟通。个体和群体之间以及群体和群体之间的一对多、多对多的正式或非正式沟通，比如会议、演讲、谈判等都属于群体沟通。

（2）根据信息的载体不同，沟通可划分为语言沟通和非语言沟通。

语言沟通，是指以词语符号为载体实现的沟通。在沟通过程中，很多沟通都用来传递口头或书面的信号，如面对面的沟通、电话沟通、小组会议、正式演讲、备忘录、传统信件、传真、员工通信、告示板、组织出版物、录音带和录像带、热线、电子邮件、视频会议等。语言沟通具有快速传递、即时反馈的特点，但沟通信息也存在着失真的可能。

非语言沟通，是指通过某些媒介而不是讲话或文字来传递信息。非语言沟通内涵十分丰富，包括身体语言沟通、副语言、物体的操纵等多种形式。身体语言沟通，是指通过动态的目光、表情、手势等身体运动和姿势、空间距离、衣着打扮等人体形式来传递信息的沟通形式。副语言沟通，是指通过非词语的声音，如重音、声调、停顿、语速等来传递信息的沟通形式。物体操纵即道具沟通，则是指人们通过对物体的运用、环境布置等方式来传递信息的沟通方式。

（3）根据沟通渠道的不同，沟通可划分为正式沟通和非正式沟通。

正式沟通，是指按照组织结构所规定的路线和程序进行的信息传递与交流，如组织间的公函来往、组织内部的文件传达、汇报制度、例会制度等。正式沟通的优点是沟通效果好，有较强的约束力，可使内部各项工作保持一定的权威性。重要的信息和文件、组织的决策等一般都采用正式沟通的渠道传递。其缺点是信息层层传递，沟通速度慢，缺乏灵活性。

非正式沟通，是指运用组织结构以外的渠道所进行的信息传递与交流，如员工之间的私下交谈、朋友聚会时的议论以及小道消息等。非正式沟通的优点是沟通方便，沟通速度快，能够提供一些正式沟通中难以获得的“内幕新闻”，其缺点是沟通难以控制，传递信息不确切，容易失真，而且可能导致小集团、小圈子的滋生，影响组织凝聚力和人心稳定。

（4）根据信息流向的不同，沟通可划分为上行沟通、下行沟通、交叉沟通和横向沟通。

上行沟通，是指下级向上级反映意见，即自下而上的沟通。只有上行沟通渠道畅通，上级才能掌握全面情况，做出符合实际的决策。上行沟通有两种形式：一是层层传递，即依据一定组织原则和组织程序逐级向上反映；二是越级反映，即减少中间层次，让一般员工与最高决策者直接沟通。

下行沟通，是指上级对下级进行的自上而下的信息传递和交流，如发布规章制度，下达各种任务，对一些具体问题提出处理意见等。这是领导者发布命令和指示的过程。有专家认为，这种沟通方式有如下目的：向下属明确组织的目标；传达工作方面的有关指示；加强下属对工作任务的了解；向下属提供工作所需的资料；向下属反馈其工作绩效。

交叉沟通是发生在同时跨工作部门和组织权力层次的员工之间的沟通。当一个总部的财务主管直接与地区的销售经理进行沟通时，交叉沟通就发生了，因为沟通双方不仅居于组织中不同的部门，而且在级别上也差很多。从效率和速度来看，交叉沟通是有益的。

横向沟通，是指在任何层次上发生的同一水平层次的人员之间的交流，也被称为平行沟通。在当今市场动荡多变的环境中，为节省时间和促进协调，组织常需要横向沟通，例如，跨职能团队就需通过这种沟通方式形成互动。横向沟通的主要目的是谋求相互之间的理解和工作中的配合，因此它通常带有协商性。

（5）根据沟通的反馈情况，沟通可划分为单向沟通和双向沟通。

单向沟通，是指信息接收者只接收信息，而不向发送者反馈信息，如发布指示、下达命令、做报告等。其优点是信息传递速度快，信息发送者不会受到信息接收者的影响。其缺点是信息发送者与接收者之间没有交流，接收者无论理解还是不理解都必须执行，容易使接收者产生挫折感和抗拒对立情绪；信息的准确性较差；沟通形式比较严肃呆板。

双向沟通，是指发送者与接收者之间所进行的双向信息传递与交流，如讨论、座谈会、协商、交谈、面谈等。在双向沟通中，发送者和接收者之间的角色不断交换，信息发送者不仅要发出信息，而且需要听取信息接收者的反馈意见，必要时双方还进行多次交流，直到双方理解一致为止。双向沟通的优点是沟通信息准确性较高；接收者有反馈意见的机会，容易产生平等感和参与感，增加其自信心和责任心；有助于增进双方的理解和信任。其缺点是信息传递速度慢，易受干扰，缺乏条理性；在沟通时信息发送者随时会受到接收者的质询、批评和挑剔，因而有较大的心理压力。

3. 沟通过程

一般来说，沟通的根本目标是为了有效地传递一定的信息，即沟通的过程围绕传递的信息所展开，如图 5-1 所示。

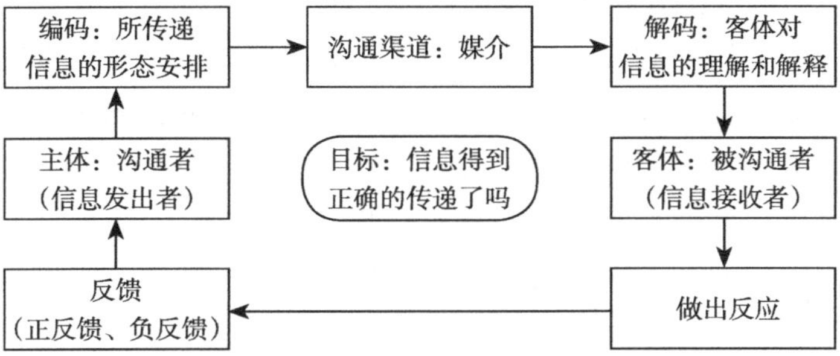

图 5-1　沟通过程

步骤 1：信息发出者首先要明确进行沟通的信息内容，即指通过沟通想寻求的结果是什么。信息发出者发起沟通是由于某些原因，希望信息接收者了解某些事或接收者采取某种行动，故首先要明确进行信息沟通的信息内容。

步骤 2：信息发出者要对信息进行编码，即把信息转换成一种双方都可以理解的符号，如文字、手势等。只有把信息进行编码，才能使信息通过媒介得以传递。同时，为了保证信息的有效传递，转换后的符号应符合适当的媒介，如媒介是书面报告，则符号可选择文字、图表等形式。

步骤 3：信息发出者选择传递媒介，即信息从发出者到接收者所借助的手段，如电话、网络等。

步骤 4：信息接收者根据信息符号传递的媒介，选择相应的接受方式来接受这些信息符号，并对其进行解码，即信息接收者根据自己已有的经验和参考的框架进行解释的过程。在解码的过程中，解码所得的信息与原始信息可能存在差异。

步骤 5：接收者根据解码所得的信息采取行动，如若接收者未采取发出者所希望的正确行动，则说明沟通发生了问题。

步骤 6：信息接收者把自身所理解的信息反馈给发出者，供发出者核查。在信息编码、传递与解码的过程中，会受到外部环境、个人知识水平等多种因素的影响。

4. 沟通的重要性

沟通的重要性可以从个人和组织两个方面来考察。首先，从个人角度看，沟通能力往往决定一个人能否成功。沟通能力是一个内涵非常丰富的概念，它包括一系列广泛的活动技能：从写到说，再到体态语言。尽管每项活动的能力都很重要，但对于大多数人来说，面对面、一对一的沟通在成功中起着最为决定性的作用。其次，从组织角度看，卡梅隆（1988）在对一个正在进行大规模调整的大型制造企业进行调研时，问了这样两个关键问题：①在组织调整实施过程中遇到的最大问题是什么？②在你过去进行组织调整的成功经验中，最关键的因素是什么？得到的答案是——沟通。被访问人员中，所有的人都赞同多沟通总是优于少沟通，并认为与员工多进行沟通也利大于弊。因此，沟通技能的学习既是个体自我提升的重要途径，也是组织效率和绩效提升的有效途径。

对于组织而言，沟通的作用主要体现在以下两个方面。

（1）对组织内部。沟通对发挥组织内部各职能部门的作用至关重要，有效的沟通能把组织众多的管理职能整合成一个整体；企业中信息沟通的目的是引起变化，即按有利于企业的发展方向去影响人们的行动。而不良的沟通往往也是一些潜在和深层问题的征兆。比如，计划不善可能使人不知道公司的经营方向；同样，组织结构复杂可能使组织关系和信息传递不够畅通；含糊不清的工作业绩标准也可能使员工不明确组织究竟对他们有何期望。

（2）对组织外部。沟通使企业与外部环境相联系。通过沟通，组织能够了解顾客的需要、供应商的状况、股东的要求、政府的规定以及企业所在社区所关心的事物。任何一个组织都要通过信息的沟通使自己变成一个开放的系统，并与外界环境交互作用。企业需要有关价格、竞争、技术、财务，以及有关商业循环和政府活动等方面的信息，为企业拟订有关产品研制、生产数量、产品质量、市场战略、各种生产要素间的组合以及为企业内各项决策提供基础资料。

二、沟通三要素

1. 沟通主体

沟通主体是指有目的地对沟通对象施加影响的个人或组织。沟通主体可以选择和决定沟通客体、沟通渠道、沟通环境，在沟通过程中处于主导地位。作为沟通的主体，为了不断提高主体的沟通意识和沟通技能，需要明确三个问题：我是谁？我在什么地方？我能给沟通客体什么？

（1）我是谁？沟通者分析“我是谁”的过程，就是自我认知的过程。自我认知是人际关系、社会互动的基础，自我认知可以激发人的自尊心、自信心以及荣誉感，有助于个体自觉认识他人，认识人际关系，增强自我控制和自我调节，改善沟通效果。

（2）我在什么地方？分析“我在什么地方”的过程，就是自我定位的过程。自我定位与自我认知密切相关。自我认知的目的在于通过外部环境与自省来了解自身，而自我定位的目的在于根据外部情况，结合自我认知分析，确定对外反馈的态度。

沟通者自我背景测试的内容包括：你在组织中的地位、可获得的资源、组织传统和价值观、人际关系网络、领导者的利益和偏见、沟通渠道、竞争者的经营现状、文化环境等。

（3）我能给沟通客体什么？分析“我能给沟通客体什么”的过程，就是了解沟通者在受众心中的可信度的过程。所谓可信度就是你让对方感觉到自己是值得为大家所信任的，自己的主意、建议或者观点是值得大家接受的，沟通者的可信度分析就是沟通者在制定策略时分析受众对自己的看法，从受众的需求角度对自己在对方心目中的可信度进行规划的过程。沟通者的可信度是影响沟通者与受众沟通方式的重要因素。

2. 沟通客体

沟通客体又称沟通对象，即信息的接收者，包括个体沟通客体和团体沟通客体。沟通客体是沟通过程的出发点和落脚点，因而在沟通过程中具有积极的能动作用。对沟通客体进行分析时，需要明确三个问题：他们是谁？他们了解什么？他们感觉如何？

（1）他们是谁？分析这个问题的目的在于解决“以谁为中心进行沟通”，在很多沟通场合中，沟通者可能拥有或考虑到会拥有多个不同的受众（群）。一般来说，沟通中的受众包括五类。

主要听众，即那些直接从沟通者处获得口头或书面信息的人或团体。他们可以决定是否接受你的提议，是否按照你的提议行动，各种信息只有传递给主要听众才能达到预期的目的。

次要听众，即那些间接获得信息，或通过道听途说，或受到信息波及的人或团体。他们可能会对你的提议发表意见，或在你的提议得到批准后负责具体实施。

守门人，即沟通者和最终受众之间的“桥梁受众”，他们有权阻止你的信息传递给其他对象，因而他们也有权决定你的信息是否能够传递给主要对象。守门人分析在于是否必须通过这些人来传达信息。如果是，则分析他们是否会因为某些理由而改变信息或封锁信息。

意见领袖，即受众中有强大影响力的、非正式的人或团体。他们可能没有权力阻止传递信息，但他们可能因为拥有政治地位、社会地位和经济实力，而对信息的实施产生巨大影响。

关键决策者，即最后且可能是最重要的，可以影响整个沟通结果的关键决策者。如果这一关键决策者存在，则要依据他们的判断标准调整信息内容。

（2）他们了解什么？在明确受众的类型后，应进一步分析："在特定的沟通过程中，受众已经了解，但仍需进一步了解的是什么？"其中，特别需要解决以下三个问题。

第一，受众对背景资料的了解情况，即分析有多少背景资料是受众需要了解的。

第二，受众对新信息的需求，即分析对沟通的主题，受众需要了解什么新的信息。

第三，受众的期望和偏好，即分析在沟通风格和渠道方面，受众更偏向于哪一方面。

（3）他们感觉如何？分析受众的感觉，就是要掌握受众会如何想。为使沟通者对其与受众的沟通过程中可能产生的情感反应有一定了解，需要解决以下问题。

第一，受众对你的信息感兴趣程度如何。

第二，你所要求的行动对受众来说是否容易做到。

3. 沟通载体和信息

沟通载体是由发送者选择的、用来传递信息的媒介物。不同的信息内容要求使用不同的沟通载体，如政府工作报告就不宜通过口头形式，而应采用正式文件作为载体。由于各种载体都各有利弊，因此，选用恰当的载体对有效的沟通十分重要。但是，在各种方式的沟通中，影响力最大的仍然是面对面的原始沟通方式。面对面沟通时，除了语词本身的信息外，还有沟通者整体心理状态的信息。这些信息使得发送者和接收者可以产生情绪上的相互感染。

沟通信息是指沟通主体要分享的具体内容，这些内容通过语言和非语言两种符号来表达。关于信息这一要素，要考虑的问题包括：针对特定的听众，提供什么信息可实现沟通的目的，考虑他们需要多少信息，他们可能会产生何种疑惑，你的建议将会对他们产生何种利益，怎样使你的信息具有说服力并被接收者牢记在心，以及怎样最有说服力地组织你的观点。

三、全面沟通管理

参照全面质量管理（TQM），我们提出了类似的概念：全面沟通管理（total communication management），即以沟通效果为中心，通过全范围、全面参与和全过程沟通的方式，达到持续提高沟通的目的效果，将信息编码、解码、反馈等活动构建成有效的沟通体系。通过对全面沟通管理内涵的分析，可以看出要做到真正的全面沟通管理，必须抓住"三全"，即全范围、全员参与、全过程。

1. 全范围沟通管理

从系统分析的角度来看，组织中每个部门或人员都是在特定的条件下，为组织总目标的一个子系统。参与沟通的不同主体，一方面为了总目标而共同合作，另一方面按照不同分工而做出不同反应，由于所处的地位不同，可能会产生一定的冲突。但为了实现沟通的整体最佳，就必须站在全局的角度，建立完善的协同机制。尤其是沟通的发起者，应站在全方位的角度来采取有效策略，以应对沟通各方的行动，协调各主体的关系和利益。

2. 全面参与沟通管理

全面参与是指组织的所有成员都应该参与到沟通中来，做到“组织沟通，全员参与”，相互交流是全面沟通管理理念强调的前提。因此，在组织的全面沟通管理中要充分调动组织中每一个成员的积极性和主动性，鼓励成员与成员之间、成员与组织之间进行有益沟通。同时，所有成员也应该认识到，沟通虽然只是组织活动的一部分，但也需要发挥全体成员的积极作用。从组织的最高领导、部门负责人，到基层的一线员工，凡是与组织活动有关系的成员，都应是全面沟通管理的重要组成部分。

3. 全过程沟通管理

全过程是指在沟通的各个环节都要始终贯穿沟通理念。在沟通的整个过程中，涉及多个环节，每个环节都应以沟通目标为出发点，明确该环节的目的，需要进行有效的管理。沟通过程是一个整体系统，不能把各个环节独立开来。在沟通的每个环节，都应严格检查沟通效果，只有未失真的信息才能进入下一个环节，直到信息到达最终接收者那里。通过每个环节沟通水平的提升最终达到整个沟通水平的提高，从而形成一个良性的沟通机制。

第二节 宣传、传播与沟通

对公共关系中介有很多种表述，爱德华·伯内斯曾经写过著作《宣传》(*Propaganda*)。在我国，公共关系学学科和专业大多置于新闻传播类专业体系之中，比如复旦大学、中国人民大学等。因此，对公关中介大多使用传播，其英文词汇选取communication，但在管理学体系中，有专门的《管理沟通》课程。在工商管理体系中，更注重沟通。

一、宣传、传播与沟通的含义

1. 宣传

宣传（propaganda 或 give publicity)，是为了专门服务特定议题讯息的表现手法。在西方语境下，宣传原本的含义是“散播哲学的论点或见解”，但现在最常被放在政治环境中使用，特别是指政府或政治团体支持的运作，比如我国党的组织中就有专门的宣传部门，负责宣传事宜。

即使用在政治环境中，宣传的本质信息共享也不会变。政治组织将自身的价值观、政策等信息与对象共享，以达到对象与政治组织保持一致的目的。在宣传活动中，较少关注反馈，或者反馈的形式有异，这属于政治学的范畴了，不在公共关系学的讨论范畴。当信息共享需要用于企业时，通常就不再称为宣传了。

2. 传播

传播，一般取用 communication，事实上，在本书中认为 transmit 或 broadcast 更贴切。传播的中文很形象，包括传和播：传是信息的传送；播是信息的散布。概括来说，传播就是信息流动，当然包括了信息的传递、接受、反馈等。信息是传播的内容。传播的根本目的是传递信息于对象，当然也可以理解为信息的共享。

传播是新闻传播学的专业术语。传播学是研究人类如何运用符号进行社会信息交流的学科，研究人类一切传播行为和传播过程发生、发展的规律以及传播与人和社会的关系的学问，是研究社会信息系统及其运行规律的科学。其中，以大众传播为主要研究内容。传播已经开始重视反馈，但在大众传播阶段，反馈难以有效地实现。

3. 沟通

信息共享进入沟通阶段，因社会环境发生了巨大变革。一方面，无论宣传或传播都存在不对称，体现在宣传或传播中，受众一般是被动的，而且与主体存在地位差异，是被动的接受者。但人们在不断追求地位平等的交流，宣传或传播无法达到；另一方面，在新的沟通技术环境下，反馈更容易实现，比如网络媒体是对传统媒体的颠覆，使得以前无法实现或难以实现的反馈成为可能。以上两个方面的要求，使得沟通成为当代信息共享的主流模式。

沟通是主体为了设定的目标，把信息、思想或情感向客体（即对象，可以是个人或群体）传递，并获取理解，做出相应反应的过程。在沟通过程中，主体、客体可互换角色，而且反馈非常及时迅速。

综上所述，在这里把信息从主体到客体的共享划分为三个阶段：宣传、传播、沟通。在新环境下，沟通最符合当代信息共享的特征，最能全面概述现代信息共享的要求。

二、宣传、传播与沟通比较

1. 共同点

首先，信息（符号）。三者的本质都为信息共享，人际交流也是信息共享。但信息共享不是目的，而是达到目的的途径。比如新名词“共享经济”（shared economy），本质就是搭建平台，共享信息。同样，在宣传和传播及沟通中，均追求信息共享，但是信息共享之后均有着不同的目标和追求。具体差异见下一节。

⊙ **共享经济**

某人有一辆车，每天开车上下班，但仅其一人使用，车上其他座位大多数情况下空着。如果上下班能找到同路的人，一方面，自己赚点外快，另一方面也可以帮别人解决通勤问题。大家同乘一车，就是共享经济，就此而言，既经济了自己，又经济了别人。如何找到同乘的人？比如优步（Uber）就是这样一家交通网络公司的鼻祖，其总部位于美国加州旧金山，以移动应用程序链接乘客和司机，提供租车及实时共乘的服务。国内也涌现出一系列类似的软件和企业。读者可以去了解优步，同时可考察 Airbnb 公司，以深入了解共享经济。

其次，具备三要素，即主体、客体、渠道。主体一般为各类型组织，是信息供给者，组织需要把自身的信息散布出去。客体一般为公众，是信息的需求者，当然主体也在意客体的信息反馈。渠道是基础，即使最基本的人和人之间的面对面沟通也是渠道，渠道发展到今天多种多样。在渠道中，流动的为信息。三要素组合在一起共同形成一个完整的过程，三者缺一不可，如图 5-2 所示。

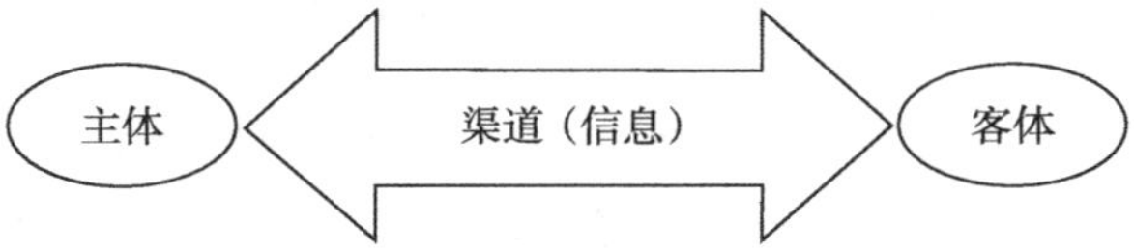

图 5-2 信息共享三要素

最后，追求反馈。虽然反馈的形式多种多样，但是在宣传和传播及沟通过程中，都重视反馈。在宣传中，反馈可能更多的是公众的默认、知晓；在传播中，反馈难以量化，尤其对于大众传播而言，只能通过其他的方式进行倒推。比如企业的广告，其反馈只能通过销售量来倒推，但是销售量受到的影响因素太多，因此难以精确反馈。但在沟通中，反馈相对较容易进行和获取。

2. 不同点

首先，效果差异。宣传和传播，虽然也是把信息与公众进行共享，但无法做到细致化、精确化。从某个角度来说，属于粗放式。但沟通可以规避这样的缺点，反馈贯穿始终，现实中不一定做到，但目标是细致、明确、精确的。

其次，反馈的程度不一样。相对而言，在宣传和传播中，客体对主体的反馈远不及主体对客体的主动。而在沟通中，主体、客体之间的交流是对等的，甚至可以互为主体、客体。这样的信息共享更彻底。

总而言之，沟通更符合当代信息共享的要求和特点。不仅强调了沟通双方的平等地位，而且重视反馈，进而产生良好的实际效果。

第三节 公共关系沟通

一、书面沟通

某公司总经理给新来的总经理助理曹小姐布置了一个任务，要求她向各部门下发岗位职责空白表格，并要求当天下午两点之前上交总经理办公室。总经理问曹小姐是否明白意思，她说完全明白，于是就去执行。

结果到了下午规定时间，技术部没有按时上交。总经理问曹小姐：你向技术部怎么传达的？曹小姐说，完全按正确的意思传达。总经理又问为什么技术部没上交？曹小姐说技术部就是没上交，不知道为什么。

总经理把曹小姐和技术部都召集到总经办会议室。技术部负责人回答说，当时他没有听到曹小姐传达关于上交时间的要求。而曹小姐说，自己确实传达了，为什么公司12个部门就技术部没听清楚？技术部负责人说，确实没有听到。

到底是曹小姐没传达，还是技术部没听到？没有书面的东西，就无法说清楚。

从上述案例可以看出书面沟通在日常工作中的重要性。然而，在实践中，人们对书面沟通的认识是不同的。有的领导认为，有秘书撰写公文，自己就不用动手了。如果实在需要自己出面，可以利用标准格式信函，或直接打电话。还有的人认为自己是搞专业的，而不是从事写作。事实上，上述的观点都具有片面性。无论是组织部门之间互相协调，还是组织和外部互相沟通，都存在书面沟通的必要性。

所谓书面沟通，是指人们为了达到信息的准确、清晰、完整等要求，以书面或电子为载体，运用文字、图表等进行的信息传递，如组织在处理日常事务时经常使用的信函、计划书、各类报告、合同协议等都是重要的书面沟通方式。书面沟通在人们的生活和工作过程中扮演着重要角色，其发挥的作用是其他沟通形式所不可替代的。

为了达到书面沟通的预期效果，在进行书面沟通时应遵循以下原则。

（1）目的明确。从书写的角度来看，书面沟通的主要目的包括提出问题、分析问题、给出定义、提供解释、说明情况和说服他人，因此，书写者必须明确自己如何展开文件内容，需要传达什么信息、将信息传达给谁以及希望获得怎样的结果。

（2）信息传递正确、完整。正确书写是书面沟通的重要原则，也就是说，写出的文章材料要真实、可靠，观点要正确无误，语言要恰如其分。尤其要明了书写的意图，正确传递信息，完整表达思想、观点。这样就有必要反复检查、思考，不断填补重要的事项。

（3）内容表达简洁。书面沟通在正确传递信息的同时，应力求简洁。“简洁”与“完整”似乎是一对矛盾，这其实是一个度的把握问题。“完整”是为了表达沟通的重要方面，但并不意味着要把所有的事实、观点都罗列在纸上。可以通过排序的方法，把不太重要的事项删除，也可以进行总结，把琐碎的、没有太大价值的文字精简掉，使得文章言简意赅。

（4）书写格式清晰。在正确表达的基础上，应该力求清晰。清晰的文章能引起读者的兴趣，更能使读者正确领会作者的意图。要做到清晰，除了要选用符合文章的样式外，还应注意文章的整体布局，包括标题、大小写、字体、页边距等，尤其是要留下适当的空白，若是把所有的文字都挤在一起，则很难阅读；如果是手写的，则不能潦草，因为这不仅影响到阅读速度，还影响到读者对文章的理解。

了解与掌握写作的程序及相关技巧，是写好沟通文本的前提。一般而言，写作可遵循准备、书写和修正三个阶段，如图 5-3 所示。其中，书写的“4C”要求，即正确（correct），指信息真实可靠、正确无误；清晰（clear），指注重文书的样式、布局等；完整（complete），指完整地表达观点、阐述事实；简洁（concise），指言简意赅。

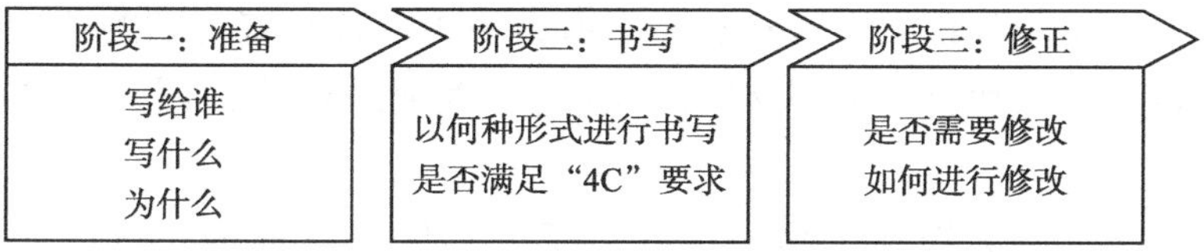

图 5-3　沟通文书写作三步法

二、口头沟通

在《战国策》中，有名篇《触龙说赵太后》，充分体现了口头沟通的意义。

赵太后新用事，秦急攻之。赵氏求救于齐，齐曰：“必以长安君为质，兵乃出。”太后不肯，大臣强谏。太后明谓左右：“有复言令长安君为质者，老妇必唾其面。”

左师触龙言：愿见太后。太后盛气而揖之。入而徐趋，至而自谢，曰：“老臣病足，曾不能疾走，不得见久矣。窃自恕，而恐太后玉体之有所郄也，故愿望见太后。”太后曰：“老妇恃辇而行。”曰：“日食饮得无衰乎？”曰：“恃粥耳。”曰：“老臣今者殊不欲食，乃自强步，日三四里，少益耆食，和于身。”太后曰：“老妇不能。”太后之色少解。

左师公曰：“老臣贱息舒祺，最少，不肖；而臣衰，窃爱怜之。愿令得补黑衣之数，以卫王宫。没死以闻。”太后曰：“敬诺。年几何矣？”对曰：“十五岁矣。虽少，愿及未填沟壑而托之。”太后曰：“丈夫亦爱怜其少子乎？”对曰：“甚于妇人。”太后笑曰：“妇人异甚。”对曰：“老臣窃以为媪之爱燕后贤于长安君。”曰：“君过矣！不若长安君之甚。”左师公曰：“父母之爱子，则为之计深远。媪之送燕后也，持其踵，为之泣，念悲其远也，亦哀之矣。已行，非弗思也，祭祀必祝之，祝曰：‘必勿使反。’岂非计久长，有子孙相继为王也哉？”太后曰：“然。”

左师公曰：“今三世以前，至于赵之为赵，赵王之子孙侯者，其继有在者乎？”曰：“无有。”曰：“微独赵，诸侯有在者乎？”曰：“老妇不闻也。”“此其近者祸及身，远者及其子孙。岂人主之子孙则必不善哉？位尊而无功，奉厚而无劳，而挟重器多也。今媪尊长安君之位，而封之以膏腴之地，多予之重器，而不及今令有功于国，一旦山陵崩，长安君何以自托于赵？老臣以媪为长安君计短也，故以为其爱不若燕后。”太后曰：“诺，恣君之所使之。”

于是为长安君约车百乘，质于齐，齐兵乃出。

从上述故事中，我们可以看出触龙令人叫绝的沟通，给我们留下了许多教益和启发。显然，出色的口头沟通会起到事半功倍的效果。在组织的日常经营管理过程中，沟通可以有不同的方式，如书面工具、交谈、电话、会议等，选择何种方式应视具体情况而定。在某些情况下，我们不得不使用口头沟通，如你想看见、听见和感受他人口头和非口头的反馈；你想进行面试或工作总结；你想沟通更加私人化……

所谓口头沟通，是指在沟通过程中，借助口头语言开展信息的传递。它与其他沟通方式有着一定的区别，主要表现在以下特征。

（1）有声性。口头沟通主要依靠语言，依靠字的字音和整句话的节奏快慢及各种特殊的语调来传达信息。因此，口头沟通是由语音表现的音节、词、句构成的语言沟通系统。

（2）情境性。在口头沟通过程中，许多意思不仅可以言传，而且可以借助情境意会，有时说话者只要说出个别词语就能替代全句，甚至一种面部表情或沉默不语都能使接收者理解说话者的意思。

（3）多变性。口头沟通要受到环境、气氛、场合、心理等众多因素的影响，因此，在对话、磋商以及演讲中常有可能出现意想不到的情况，这就要求讲话者必须善于随机应变。

（4）失真性。由于每个人都以自己的偏好接收和理解信息，并以自己的方式解释信息，当信息传递到终点时，其内容往往与初始时有了很大变化。因此，口头沟通在传递信息的过程中存在较大失真的可能性。

⊙ 课堂小游戏

听指令画图

每位同学拿出一张白纸，老师依次发出下列指令：①请先在白纸上画一点；②从该点出发往右画一条 2 厘米的直线；③距离该点上方 5 厘米画一个 1/3 的圆；④从该 1/3 圆的圆心延伸往左下方 45° 的方向画 5 厘米的直线；⑤将步骤 1 中的点与圆心连成一条直线。

请大家展示自己所画的图形，与其他同学的是否一样？重复上述指令，唯一不同的是这次同学们可以提问，老师可以回答，结果又是怎样呢？

三、会议沟通

会议在组织的日常工作中起着十分重要的作用，很多决策都通过会议进行，也是沟通信息的主要手段。有资料表明，领导者用于参加各种会议的时间占其工作总时间的 1/3 之多。然而，会议也存在许多问题，如繁多、冗长、流于形式。因此，会议组织以及沟通技巧成为信息成功传递的必备要求。

所谓会议沟通，是指为了达到特定的目的，以会议形式进行的一种沟通方式。其目的主要有：①交流信息。通过会议，沟通者可以将有关信息传达给其他人员，同时，可以从他们那里及时得到反馈并获得其他的信息。②提供指导。会议组织者通过把大家组织起来进行培训，以提高他们某个方面或某些方面的技能。③解决问题。会议可以帮助澄清误会，处理各种冲突并利用他人的知识和技巧来解决问题。④做出决策。会议可以帮助营造民主的气氛，给与会者提供共同参与和讨论的机会，最终做出正确决策。

会议沟通通常适用于以下几种情形。

（1）组织需要统一思想或行动时（如项目建设思路的讨论、项目计划的讨论等）。

（2）组织需要当事人清楚、认可和接受时（如项目考核制度发布前的讨论、项目考勤制度发布前的讨论等）。

（3）传达重要信息时（如项目里程碑、项目总结活动等）。

（4）澄清一些谣传信息时（这些谣传信息将会对团队产生较大影响）。

（5）讨论复杂问题的解决方案时（如针对复杂的技术问题，讨论已收集到的解决方案等）。

同时，为了保证会议沟通的成功性，需要对会议进行有效的组织，即会前准备工作、会中控制工作和会后工作。

（1）会前准备工作。这一阶段是整个会议沟通的首要环节，只有准备充分与妥当，才能保证会议沟通的顺利进行。这一阶段的工作主要包括：明确会议目标、安排会议议程、准备会议资料、分发预览资料、确定会议主持人、确定会议人员、布置会议场所等。

（2）会中控制工作。会议是否能得以顺利进行，很大程度上依赖于主持人对会议节奏和方向的把握。具体而言，会中控制大致可以按以下步骤进行。

1）宣布会议的主题和目的。

2）根据会议议程顺序提出每个项目，然后征求与会者的意见。

3）给每个与会者表述自己意见的机会。

4）控制讨论过程，如果发生与议题无关或深入到不必要的细节上时，应及时引导到议题本身。

5）如果会议上出现各种不同的见解，主持人应根据自己的理解将各种观点加以概括。

6）遵守预定的时间，不要拖延。

7）在每个问题讨论结束后加以概括，以便实现共识或做出决策。

8）在会议结束时，对已取得的结果进行概括。对部分问题如确有必要做进一步讨论，可以安排在下一次会议进行讨论。

9）确定下次会议议题和时间。

（3）会后工作。为了贯彻会议精神，执行会议决议，可将会议记录或会议简报下发给与会者及其他有关人员。会议记录应准确，会议中所形成的决策要突出承担任务的责任人姓名、时间及验收标准，并表明下次会议的日期和时间。同时，根据会议精神，会议组织者还需对执行工作进行监督和检查。

四、危机沟通

一位名叫基泰丝的美国记者来到日本东京的奥达克余百货公司。她买了一台索尼唱机，准备作为见面礼送给住在东京的婆婆。售货员彬彬有礼，特地按照这个已经挑好的品牌到仓库取出货，并交给这位美国顾客。

回到住所，基泰丝开机试用时，却发现该机没有装内件，因而根本无法使用。她不由得火冒三丈，准备第二天一早就去奥达克余公司交涉，并迅速写好了一篇新闻稿，题目是“微笑背后隐藏的杀机”。

第二天一早，基泰丝在动身之前，忽然收到奥达克余公司打来的道歉电话。50 分钟以后，一辆汽车赶到她的住处，从车上跳下奥达克余公司的副经理和提着大皮箱的职员。两人一进客厅便俯首鞠躬，表示特来请罪。除了送来一台新的合格的唱机外，又加送蛋糕一盒、毛巾一套和著名唱片一张。接着，副经理又打开记事簿，宣读了一份备忘录。

在这个备忘录里，记载着公司通宵达旦地纠正这一失误的全部经过：

（1）昨天下午 4:30 清点商品时，售货员发现错将一个空心货样卖给了顾客。

（2）她立即报告公司警卫迅速寻找，但为时已晚。

（3）上报经理，经理接到报告后，马上召集有关人员商议。

（4）根据顾客的名字和她留下的一张“美国快递公司”的名称，奥达克余公司连夜开始了一连串无异于大海捞针的行动：向东京各大宾馆查询，没有结果；再打电话问纽约“美国快递公司”总部，深夜接到回电，得知顾客在美国的父母的电话号码；接着又打电话去美国，得知顾客在东京婆家的电话号码。终于弄清了这位顾客在东京期间的住址和电话，这期间的紧急电话，合计 35 次！

这一切使基泰丝深受感动，她立即重写了新闻稿，题目叫作“35 次紧急电话”。

上述案例是具有代表性的成功危机沟通案例，并因此被美国公共关系协会推举为世界性公共关系范例。奥达克余公司在不到 20 小时的时间内，能够将一起由于自身失误而引发的危机妥善地处理，应当说得力于强烈的公关危机意识和及时的沟通举措。

所谓危机沟通是指个体或组织为了防止危机的发生，减轻危机造成的损失或尽快从危机中得到恢复而进行的沟通过程。在当今市场经济高速发展的进程中，企业面临风险是必然的，危机沟通是处理潜在危机或已发生危机的有效途径。如果沟通妥当，不仅可以降低企业危机的冲击，并存在化危机为转机甚至商机的可能；如果不进行危机沟通，小危机则可能变成大危机，对组织造成重创，甚至使组织就此消亡。英国危机公关专家里杰斯特提出关于危机处理时的沟通“三 T”原则。

原则一：以我为主提供情况（tell your own tale）。

企业如果针对媒体的信息沟通渠道超过一个，那么随时有可能因为主渠道之外那些渠道的一个微小的错误而使企业陷入被动。在企业危机发生之后的24小时内，媒体的实时监控更容易造成信息泄露，尤其在互联网空前发达的今天，所有信息都有可能在最短的时间内到达任何一个角落。这时企业内部高层领导唯一可做、也必须做的一点就是：企业内部所有针对媒体的信息沟通渠道只能保留一个，这个渠道或者是CEO，或者是指定的新闻发言人，以指定的新闻发言人最为恰当。

原则二：提供全部情况（tell it all）。

有关企业危机的第一篇报道出炉后的24小时内，会爆出无数的带有臆想色彩的信息。如果这时的企业领导者比媒体晚一步了解更多的信息或者事实真相，那么媒体危机公关将非常吃力。但不管你是否了解得比媒体多，这时作为新闻发言人，你所能做的就是提供你所了解的全部事实，并且必须强调你所确认的事实和观点。不过对那些暂时还无法回答的猜测和疑问，必须真诚地说："我们暂时还没有确认你说的这些情况是否属实，不过我们会很快调查清楚，并给大家一个准确的答复。"

原则三：尽快提供情况（tell it fast）。

在危机出现后的24小时内是应对的最佳时机，也被称为危机处理的"黄金24小时"。不仅仅因为媒体的猜测会在这个时间里大量涌现，如果拖延，对企业的损失将呈几何级数放大。最极端的一个例子就是埃克森石油公司，该公司的一艘油轮于1989年3月24日在威廉王子海峡发生泄漏，作为最高领导人的董事长劳伦斯·G. 莱尔却在一周内未向媒体做任何解释。这个危机最终让埃克森公司用了7年时间才解决，其代价是25亿美元之巨！

在整个危机爆发前至爆发后，组织领导者都应积极与组织内外部进行有效沟通，即沟通贯穿整个危机发生与形成过程中，如图5-4所示。同时，组织领导者应及时采取一系列应对策略。

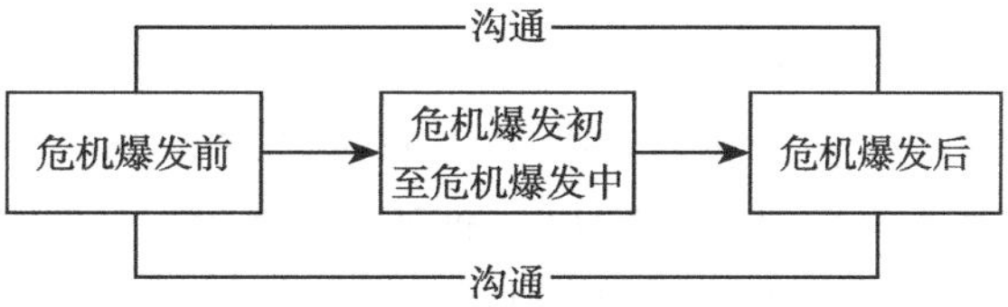

图5-4　危机沟通模型

五、跨文化沟通

有一艘轮船航行在大海上，开了一半路程时，轮船出现了故障，船长要求大家弃船逃生，转移到救生艇上。他到船舱里向游客解释了轮船目前遇到的状况，要求大家马上跳到救生艇上，但是等他解释完毕后，居然没有一个人愿意这样做。

船长十分生气，懊恼地回到甲板上。副船长见他一个人出来了，感到十分奇怪，了解情况以后，他自告奋勇向船长请命去说服这些游客。5分钟后，这些游客都自愿跳到了救生艇上。船长感到十分奇怪，问副船长是怎样完成这件事的。

副船长对船长说，"我对他们几个不同国家的人说了不同的话。我对英国人说，这是一件很有绅士风度的事；我对德国人说，这是命令；我对法国人说，这是一件很浪漫的事；我对美国人说，你是被保了险的……"

从上述案例，我们可以看出成功的沟通不仅需要具备良好的语言沟通能力，而且需要了解不同文化之间的差异，针对不同文化背景的沟通对象，采取不同的沟通方法与方式。随着经济全球化进程的不断深入，跨国交往活动日益频繁，不同文化背景人员的跨文化交流正激烈地碰撞。因此，跨文化沟通能力的掌握已成为一种必备技能，对于跨国经营或活动的组织来说尤为重要。

所谓跨文化沟通，是指发生在不同文化背景的人们之间的沟通。文化在很大程度上影响和决定了人们如何将信息编码，如何赋予信息意义，以及是否可以发出、接收、解释各种信息。在跨文化沟通中，由于信息的发送者和信息的接收者为不同文化的成员，在一种文化中的编码，要在另一种文化中解码，因此，整个沟通过程都受到文化的深刻影响。

在存在跨文化沟通的组织中，语言、价值观等多种差异都会给沟通增加难度，使信息在传递过程中失真。总体来说，跨文化沟通中的障碍主要存在以下四种。

1. 语言障碍

在跨文化沟通中，语言文字的相通或相歧，往往是由不同文化的共同性和差异性所造成的。当说者和听者之间的语言不一致时，就会产生沟通困难。语言文字是人们交流、传递信息和思想的产物，也是人们进行交际沟通的工具。忽视了语言文字的差异，可能遭遇意想不到的失败。

2. 非语言障碍

沟通的手段不限于语言，非语言沟通同样可以帮助我们传达信息和思想。出于不同国家的惯例差异，非语言沟通也会造成跨文化沟通中的障碍。如在美国，经理办公室中上下级的讨论可能以一种非常放松的方式进行：可能喝着咖啡，也可能把一只脚搁在旁边的空椅子上。但在中东，脚底对着人则是粗鲁无礼的。

3. 价值观障碍

在跨文化沟通中，来自不同文化背景的人价值观不同，其行为方式和态度也不同，容易造成一定的冲突。而企业的任何决策都会受到管理人员和其他人员价值观的影响。比如，在年龄观念上，东方尊重长者，而西方重视青年；在自我观念上，东方主张“无我”，从众心理严重，而西方强调“自我”，竞争欲望强烈；在成就观念上，东方侧重守业，展现出集体精神，而西方追求创业，个人利益为先。

4. 信仰与行为障碍

不同文化背景的人群在信仰与行为方面有差异，这是无法回避的客观现实，沟通时产生障碍甚至冲突大到什么程度，则取决于沟通双方对另一方信仰与行为的了解与接受程度。全球范围内不同文化背景的人们，只有通过对其他文化的理解与尊重，才能有效地进行沟通。

为解决上述跨文化沟通的障碍，应采取有效的应对措施，主要有以下几点。

（1）正视差异，求同存异。在跨文化沟通过程中，由于不同文化背景的沟通主体按照各自的文化习惯处事，跨文化冲突不可避免，而冲突背后付出的代价是巨大的。冲突往往带给人们不适的心理感觉，人们往往不愿正视冲突，甚至逃避冲突。其结果是不但冲突得不到解决，而且个人目标也难以实现。所以，应对跨文化沟通，我们要正视文化冲突的客观存在，做到相互尊重，心平气和地进行协商调解，以“求同存异”的理念去解决冲突问题，在需要的时候做出适当让步，尽快平息文化冲突。随着国际经营环境的变化以及劳动力多样化的发展，要在跨文化沟通过程中做到求同存异，首先要能准确地判断文化冲突产生的原因，洞悉文化的差异。其次，在明确冲突源、个人偏好和环境的前提下，选择合适的跨文化沟通的方法和途径，最终找到沟通谈判的方案。

（2）取长补短，兼收并蓄。由于沟通对象的文化背景不同，差异的价值观念和思维方式会给跨文化沟通带来障碍，但是，也能提供给大家自由交流、相互学习、取长补短、共同进步的机会。任何策略都离不开具有较高跨文化沟通素质的人，他们需要具备以下特征：既懂得宣传自身的文化优点，能够较好地掌握外语，又懂得怎样去赞美其他文化，碰到文化差异就当了解当地的风土人情，而且具有较高的跨文化沟通技巧。最关键的还在于能敏锐地意识到文化差异，在积极面对挑战时能有效应对，这也是对沟通者的要求。

（3）兼顾多元，差别管理。在进行跨文化沟通活动中，由于文化的多元化会导致方法和途径的多样化，而文化差异性会提高跨文化沟通的难度，识别文化差异是有效沟通的前提。随着经济全球化的加快，文化多元化现象越来越明显。在同一企业内部，可能有来自世界各地的员工，在国际商务活动中，一个企业可能会同时与不同国家打交道。在这样的背景下，差别化管理将是跨文化沟通中一个有效的途径，理解文化差异的关键也需要培训学习平台。差别化管理首先要求管理者为所有不同文化背景的沟通双方提供平等的机会和公平的意愿，而不考虑他们在性别、种族、年龄和其他特征方面的差异；其次要根据所处的社会主流和非主流文化的特点，考虑双方的文化偏好，选择相应的沟通方式和方法；最后注意遵守法律和制度，按照既定的、为大家所公认的规则行事，避免因疏忽法律规定而出现投诉行为。对短期内无法适应“文化差异”带来的巨大冲击，也可以考虑接触比较中性的、与自己的文化达成一定共识的第三方作为中间方进行协调与沟通。

❖ 本章小结 ❖

公共关系三要素之一的中介或桥梁，即沟通。完整的沟通包括三个要素，分别是沟通主体、沟通渠道、沟通客体。在沟通中，特别强调的是沟通的反馈。反馈的有效也基于现代沟通条件和沟通环境的变化。正是由于沟通的重要性，需要全面沟通管理，这包括全范围、全面参与、全过程三个方面。

宣传、传播、沟通三者是逐渐发展的，呈现递进的过程。目前，有着各自的应用领域。但最适合作为公关桥梁的是沟通，反馈在沟通中更容易实现。书面沟通、口头沟通、会议沟通、危机沟通、跨文化沟通，这是日常生活中常见的五种沟通方式，有着各自的特点和要求。掌握它们非常重要，在日常生活中非常常见，更直接地影响了沟通效果。

⌘关键词

沟通；沟通主体；沟通客体；沟通渠道；全面沟通管理；传播；宣传；书面沟通；口头沟通；会议沟通；危机沟通；三T原则；跨文化沟通

⌘练习与思考

1. 沟通三要素：______、______、______。
2. 请阐述全面沟通管理。
3. 请阐述沟通、传播与宣传三者之间的异同点。
4. 常见的沟通方式，说出三种：______、______、______。
5. 危机沟通的“三T原则”：______、______、______。
6. 请介绍一次你所经历的成功沟通，形式不限。

⌘实践与实训5

家乡特色产品的书面语介绍

[性质] 模拟操作

[主题] **公共关系文书的写作（传播语言）**

[目标] 通过每位同学分享自己家乡的特色产品，加深对书面沟通的认识。同时，掌握传播语言的特点，学会传播语言的写作，提升书面沟通的撰写技能。

[原理] 沟通与书面沟通的基本原理。

[操作] 在操作上，可以按照课后作业、教师评阅、课堂分享三步骤进行。

首先，在本章教学内容完成之后，由任课教师布置课后作业（包括对公关文书的深入学习和传播语言的了解），要求学生在本周周末之前完成并由学习委员提交任课教师；其次，任课教师在接到作业之后，在下周课程开始之前需要完成评阅，尤其挑选出其中典型的作业（可以是优秀作业，也可以是典型待提高的作业）3～5份，并通知学生课堂分享；最后，在下周课程开始之际，进行优秀作业的课堂分享与教师点评。

总课时：**1课时**；时间：45分钟。学生的分享控制在30分钟之内；教师点评与同学提问控制在15分钟。

[注意] 为保证时效性，教师在两次课之间的间隙（一般1周）需要全力以赴，尤其评阅和指导分享及点评。教师需要根据课程教学安排，比如评阅学生作业数、上课时

间等，安排好三步骤的时间节点。

[成果] 对优秀作业，注意保留，尤其文字材料。

[延伸] 教师注意收集其中特色产品的优秀的文字材料。一方面，对丰富课堂教学有益；另一方面，也是增长学生知识的素材。

⌘拓展阅读

请阅读管理学课程中的教材《管理沟通》，不指定参考书，可向同学借阅或到图书馆借阅，以进一步加深对沟通的理解。

第六章

Chapter6

公共关系目标之形象

☞ 导入案例

“好客山东”的效应及示范跟随

“江北水城，运河聊城；孙子故里，滨州；中国太阳城，魅力德州；水浒故地，水泊梁山；中华泰山，天下泰安；山水沂蒙，山城临沂；好客山东，欢迎您。”；“阳光海岸，水运之都，日照；亚沙会举办城市，海阳；张裕百年地下大酒窖；奥帆之都，多彩青岛；岛藏风云，海运天下，刘公岛；走遍四海，还是威海；好客山东，欢迎您。”

这两段文字正是“好客山东”的广告词，文案创意突出，笔者犹记当时初见广告时，即燃起赴山东观光的热情。“好客山东”是山东省旅游局自 2007 年开始大力打造的地方旅游品牌，先后在央视、山东卫视和凤凰卫视、香港翡翠台、台湾东森台等电视媒体投入大量广告宣传资金，对全省特色城市和单位展开全面推介。在投放时间和栏目上也做了精心考虑。根据旅游产品消费者特点，最终选择《朝闻天下》《海峡两岸》与《走遍中国》等节目进行重点投放。文案的创意、栏目的选择有力提升了山东旅游形象。

山东省旅游业总收入，从 2007 年的 1 653.6 亿元，到 2013 年的 5 183.9 亿元，再到 2019 年的 11 087.3 亿元，翻了 6.7 倍，迈上了万亿产值台阶，占 GDP 的 15.6%，成为国民经济的支柱产业。山东省旅游业总收入的快速增长，离不开“好客山东”地方旅游品牌的贡献。

不仅如此，在“好客山东”文案的带动下，全国各省级行政区纷纷追随，如河北、江西、安徽的旅游广告，列举如下。

河北，“游世园美景，看工业文明，揽海岛风情，寻古迹人文，英雄城市唐山，想不到的美。享滑雪激情，赏民俗古韵，品汤泉乐趣，大好河山张家口。常常想起念念不忘的那个地方，正定。冬游承德，魅力冰雪。守敬故里，太行山最绿的地方，邢台。京畿福地，乐享河北。”

江西，“天下英雄城，南昌；音律之源，湾里；汤显祖故里，抚州；中国莲乡，广昌；世界桔都，南丰；千年乡愁，乐安；觉者天堂，大觉山；江西风景独好；庐山天下悠，庐山；三清天下秀，三清山；龙虎天下绝，龙虎山；大山大水，九江；千年瓷都，景德镇；梦里老家，婺源；候鸟天堂，鄱阳湖；江西风景独好。”

安徽，“绿金淮北；药都亳州；书画宿州；珠城蚌埠；生态阜阳；山水淮南；美好安徽，迎客天下；美丽合肥；醉美滁州；红色六安；诗城马鞍山；神奇天柱山。”

资料来源：山东省统计局统计年鉴，好客山东网。

| 学习目标 |

1. 掌握公共关系形象的含义及其特征。
2. 了解公共关系形象的价值意义及其功能。
3. 掌握公共关系形象的构成，知晓政府形象的构成。
4. 掌握形象塑造与形象管理的概念和关系。
5. 了解公共关系形象塑造的基本方法。

第一节　公共关系形象概述

一、公共关系形象的含义

形象是社会组织的整体特征和社会公众对组织的总体评价。公共关系形象，实际上就是公共关系的行为主体——社会组织的形象，又称为组织形象或公众形象。具体表现为社会公众对组织机构或个人的全部看法、评价和整套要求及标准。值得注意的是，公关形象表现为公众的评价，但并不是说它可以和公众评价画等号。只有公众评价中所包含的相对稳定趋势和特征，才反映组织的形象状况。

具体包括两个方面：首先，社会组织展现给社会公众的各种感性的、行为的、整体的形象——组织可控（组织的硬件和软件）；其次，是公众对社会组织的总体印象和评价——组织不可控但可引导，由前者决定且重要性要高于前者。

二、公共关系形象的特征

公共关系形象虽然没有固定的模式，但在实施公关形象塑造时又有一些共性特征值得遵循。一般来说，在理解公共关系形象要领时，应注意以下五个特征。

1. 整体性

形象既是组织本身的整体特征，也是公众对组织的总体评价。组织整体特征一般包括：组织的机构、设施、环境、建筑、管理、技术等。公众对组织的总体评价也是多方面的。这就要求看形象不能只看局部，要能看到整体；当然还应当在整体中，善于发现重点，抓重点。

2. 客观性

组织形象的客观性体现在两个方面：首先，形象是组织的各种要素、风格特征及其活动过程在公众心中的综合反映，要素、风格等是客观的。其次，组织形象塑造过程也是客观的，组织做到什么程度就反映出什么程度的形象。形象不会背离组织塑造的过程。比如产品质量，企业做到什么程度都反映在消费者的体验中，最后表现在消费者对企业的形象中。

3. 主观性

形象的主观性特征是公众对组织的印象和评价。具体来说，形象会受到公众自身的价值取向、思想观念、思维方式、知识结构、道德标准、审美情趣、性格差异等主观因素的影响。这表现在两个方面：第一，同一社会组织在不同的社会公众那里有不同的形象；第二，公众心中的组织形象和组织实际状况之间存在差异。可见如下两个事例。

对母校，有人形象地说过："母校是那个自己骂了千百遍却不许别人骂一句的地方。"这说明了形象的主观性，母校在校友和非校友的眼里是不一样的。同样，梅奥诊所（Mayo Clinic），很多人第一次听到这个名字之后，可能觉得是一家很普通的国外社区诊所。殊不知，梅奥诊所常常占据美国最佳医院的第一位。

4. 相对性

形象既然是公众对组织的总体评价，就存在一个相对性，包括时间上的自我比较和空间上组织之间的比较。时间上的自我比较体现在组织成长过程中，形象不是绝对不变的，而是相对变化的。如同波浪，有时起，也有时会落。空间上组织之间的比较，是说组织之间的形象状态存在差异，有的企业排在其他企业的前面，虽领先但并非绝对，伴随着时间的推移也可能会落后。

形象的相对性意义重大，正因为形象是相对的，组织形象才是可变动的、可塑造的。这能促进社会组织不断改进自己的形象，以期在相对的比较过程中获得优势。如果形象不具备相对性特征，那么形象管理就没有存在的必要了。

5. 稳定性

稳定性意味着组织形象一旦形成就具有一定的稳定性，会存在和持续一定的时间，新形象的建立和塑造要经历一个较长的过程。所以，短期的公众反应并不能代表组织的真正形象。

笔者每每想到月饼的时候，自然就想起南京冠生园食品有限公司，该企业曾经将过期的月饼馅料回收再利用。因为该公司的严重错误，给部分消费者造成了刻板印象，可能会需要非常久的时间才能改变。当然稳定也不是绝对的，正如前述相对性特征，但是打破稳定需要企业更多的努力。

三、公共关系形象的价值意义与功能

树立组织良好形象是一种多层次的管理活动，每一个层次的公共关系活动都有其相对独立的作用，但同时又彼此联系、相互渗透，共同发挥着公共关系的整体性作用，这种整体性作用就是公共关系活动的基本功能。公共关系形象的功能主要表现在树立形象、协调关系、全员教育、优化环境四个方面。前两个功能是公共关系对组织的直接功能，后两个则是间接功能。

1. 公共关系形象对组织的直接功能

（1）树立企业形象。企业形象是企业的总体表现与特征及其在公众中的反映与评价。其内容主要包括产品形象、员工形象、服务形象、环境形象、组织风貌等各种要素。然而企业形象的塑造是一项复杂的系统工程，需要遵循科学的原则，主要包括有效性原则、总体性原则、符号化原则。

（2）协调关系网络。公共关系形象作为企业与公众沟通的先行，发挥着协调沟通的重要功能。现代社会中，企业面临着复杂多变的关系，面对众多的公共群体，企业必须谨慎地处理各种社会关系和利益关系。

协调关系网络一般包括两个方面。

1）企业内部的协调沟通。对企业内部的协调主要可以从三个方面着手。

第一，建立沟通渠道，促进企业内部的信息交流。

第二，培养企业各个职能部门之间的协作意识。

第三，建设企业文化，培养员工共同的价值观和道德取向，增强员工对企业的向心力和凝聚力。

2）企业与外部的协调沟通。对企业外部关系的协调工作也可以从三个方面着手。

第一，及时做好沟通联络工作，积极寻求企业和公众的共同点，谋求企业与外部的良好合作关系。

第二，与社会公众建立广泛的联系，增进企业和公众之间的相互了解，使企业与公众建立起真诚有效的密切合作关系。

第三，运用公共关系的各种沟通协调手段广交朋友，广结人缘，消除敌意，创造一个“人和”的环境。

2. 公共关系形象对个人和社会的间接功能

（1）提高个人素质。

1）公共关系形象促使个人观念更新。公共关系是塑造企业形象的艺术，企业的形象与个人的形象是分不开的。从公共关系形象主体的角度来看，它灌输给每一个人有关形象的意识，在注重企业形象的同时也必须注重个人的形象；从公共关系形象客体的角度来看，公共关系形象强调“公众至上”，以尊重公众的意愿，满足公众的需求为己任，培养人们强烈的尊重意识；从公共关系形象主、客体相互作用角度来看，公共关系形象谋求组织与公众之间的合作，表现出强烈的合作意识。

2）公共关系形象有助于个人能力的提高。为了树立企业的形象，公关部常以独特新颖、出奇制胜的专题活动吸引公众，这种创造性的活动需要富有创造能力的人才能胜任，在工作中培养了人的创造能力；其次，公共关系活动常要和各种人、各种矛盾打交道，要处理各种突发事件，要适应不断变化的公众和环境，从而促进了个人交际能力、自我调节能力、应变能力的提高。

（2）优化社会环境。公共关系活动作为联系组织与公众之间的桥梁，可以促进社会环境优化，主要体现在对社会互动环境和社会心理环境的优化上。

1）优化社会互动环境。社会互动是指社会的横向发展，指社会上人与人、群体与群体之间的交往和相互作用，主要通过沟通社会信息、协调社会行为和净化社会风气来实现。

2）优化社会心理环境。从社会学、心理学角度分析，任何个人都有合群的需要、情感的需要、交往的需要，若这些需要得不到满足，则易导致个人心理失调。优化公共关系形象恰好能提供给社会一些良好的关系氛围，用真诚、广泛的社会交往使人们摆脱孤独和隔阂，使社会心理环境得到优化。

第二节 公共关系形象构成

一、公共关系形象构成概述

形象是一个整体。在这个整体中，形象由不同的部分组成。

1. 按照形象彰显程度

按照组织形象彰显程度，可分为内涵方面和外显方面。内涵方面，是组织形象的软件，主要包括组织的精神风貌、凝聚力、实力、办事效率，组织对服务对象的选择和对风格的选择。外显方面，是组织形象的硬件，包括建筑、装潢、技术、卫生、环保、办公、工厂等。

组织形象的内涵和外显关系密切。一般来说，内涵是外显的支柱和根据，决定了外显的特征和风格；外显则是内涵的直接体现，比较直观和形象。

2. 按照形象评价程度

按照组织形象评价程度，可分为知名度和美誉度。知名度是一个组织被公众知晓、了解的程度，是组织名气的大小；美誉度是一个组织被公众信任、赞许的程度，是组织名声的好坏。两者时常不统一，知名度高不一定美誉度好；知名度低有时却美誉度很好。我们的追求是两者的正向统一。

3. 按照组织形象的构成

按照组织形象的构成，主要有产品形象、管理形象、人员形象、环境形象、文化形象、标识形象等内容组成，而且不同的主体，形象的组成部分也稍显差异。

二、企业形象构成

为企业策划形象，首先要了解形象是由哪些具体要素构成的。企业形象是一个完整的系统，它由形象的各个子系统有机构成。其中任何一个形象子系统出现问题，都会对整个企业形象构成影响。因此，企业形象的策划与管理是一个系统工程，需要从不同的方面去塑造和维护企业形象。不同的企业由不同的形象构成，同一类企业其形象子系统也会有不同的特点。就企业形象的共性而言，企业形象的构成大致包括以下八个方面（见图 6-1）。

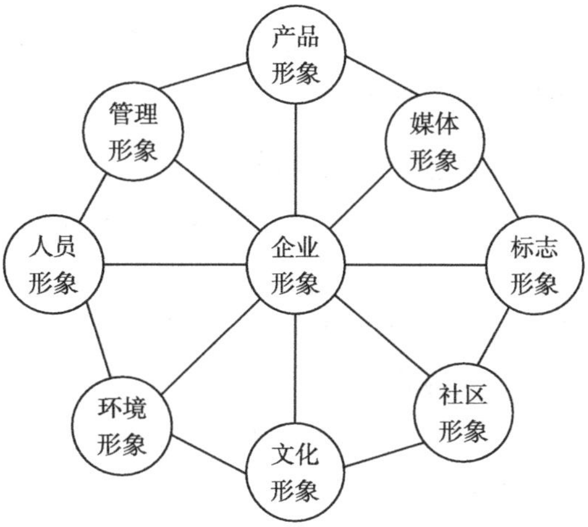

图 6-1 企业形象诸要素及其简要关系

1. 企业的产品形象

企业的产品形象，即公众对企业的产品所形成的认知和评价。产品是企业形象的物质载体，是公众对企业进行认知与判断的主要依据，通过产品体现出来的企业形象最为直观，公众直接通过产品了解一家企业，企业也是直接运用产品去争取公众，产品形象是整个企业形象的客观基础。产品形象的基本要素包括质量、性能、款式、包装、品牌、商标等。不同的组织有不同的产品形式，比如包装食品、餐馆菜肴、宾馆客房、银行服务、电视台节目、学校教育、政府公共服务等，这些都是产品的具体形态，在消费者那里都有其特定的形象。

2. 企业的管理形象

企业的管理形象，即公众对企业的管理行为所形成的认知和评价，更多地反映了服务形象。通过企业的管理行为展现的形象是全面的、整体的，包括企业的管理体制、方针政策、规章制度、办事程序、工作效率、服务态度、企业信誉、技术实力、公关能力等，综合地反映着一个企业的管理形象。结合企业的特点，针对公众的需要，完善企业的服务管理，增加服务的种类，扩大服务的范围，延长服务的时间，挖掘服务的深度，改善服务的态度，提高服务的效率等，对树立企业形象相当重要。

3. 企业的人员形象

企业的人员形象，即公众对企业员工所形成的认知和评价。企业员工是最活跃的形象载体，通过企业成员所展现出来的企业形象，包括人员的品行、素质、作风、能力、行为、仪表等具体因素。企业领导人的形象、管理群体的形象、全体员工的形象都是企业形象的缩影和化身。

我们到银行办理相关业务的时候，在银行见到的银行员工，无论男女，无论高级职员还是普通职员，都要着正装，对顾客彬彬有礼。这就是典型的企业人员形象。当然，不同的企业需要不同的人员形象，比如IT企业给外界展示的人员形象可能与银行的人员形象存在差异。

4. 企业的环境形象

企业的环境形象，即公众对企业的内外环境所形成的认知和评价。环境对企业起着烘托、装饰的作用，通过企业内部及外部环境设施所展现的形象，包括企业的门面、招牌、厂容店貌、展览室、会客室、办公室、生产场地，以及橱窗和指示牌等均属于企业环境形象内容。

仍以银行为例，银行一般为顾客提供良好的服务环境。考究的装潢、空调、等候区、视频信息、报刊信息、大堂导引等，这些都给顾客塑造了一个良好的服务环境，树立了银行的企业形象。

5. 企业的文化形象

企业的文化形象，即公众对企业文化所形成的认知和评价。通过企业文化系列要素展现出来的形象，构成企业形象的软件部分。企业的特定文化制约着企业形象的个性，标志着企业形象的特定风格。企业文化包括企业的价值观念和管理理念、企业的历史与传统、企业的榜样人物和标志性事件、企业的职业意识与职业道德、企业的礼仪与行为规范，以及企业的口号与厂歌等，这些鲜明地体现着一个企业的形象内涵。

6. 企业的社区形象

企业的社区形象，即公众对企业的社区活动形成的认知和评价。社区是企业生存和发展的根基，与企业在空间上紧密地联系在一起，企业的各种社会关系通过社区形成和延伸，企业的社区形象首先表现为社区的认知程度和评价状况。一个企业如果不能得到社区公众的认同，就很难在社会上获得良好的名声。因此，企业需要对社区的经济发展、劳动就业、文化教育、社区福利、慈善事业、环境保护等承担必要的社会责任和义务，树立一个“合格公民”的社区形象。

7. 企业的标志形象

企业的标志形象，即公众对企业的标志所形成的认知和评价。标志本身就是企业形象的标志，能够帮助公众识别和记忆企业的形象。通过标志和识别系统所展现的企业形象，包括企业的名称、产品的品牌、广告代言人、宣传的主题词、典型音乐、标准字体、标准色彩、包装的风格等。这些视觉形象或听觉形象的基本要素是企业形象识别系统的基本构件。

例如，在每家麦当劳餐厅的外面，都有显著的向外凸出的黄色“M”标志，使得路人一眼即可识别。

8. 企业的媒体形象

企业的媒体形象即公众对企业在大众媒体上宣传报道所形成的认知和评价。在现代信息社会和大众传播时代，人们对外界的认知和判断越来越依靠各种传媒，大众媒体是公众认知企业的重要渠道，通过电视、广播、报纸、杂志以及网络上的宣传、广告，公众能够了解到某一企业的政策、行为、产品、人物或事件等，从而形成关于该企业的认知和评价。也就是说，公众对企业的认知与评价，很大程度上受媒体宣传的引导。企业必须高度重视和谨慎处理自己的媒体形象，包括宣传的对象、内容、渠道、方法、时间、地点的选择和设计，都可以纳入传播管理的范畴。

以上企业形象的各个要素，可以进一步分为形象的内涵和外显两个方面。比如质量和性能是产品形象的内涵，外观和包装是产品形象的外显；素质、能力是人员形象的内涵，作风、仪表是人员形象的外显；历史传统、价值观念、职业意识是文化形象的内涵，口号、厂歌、厂旗、制服是文化形象的外显；情调、风格、含义是标志形象的内涵，品牌、商标等文字、图案设计是标志形象的外显等。

对于政府形象的构成，读者能否按照企业形象的构成，进行类似的总结和分析呢？然后，讨论如何着力提高政府形象。

第三节　从形象塑造到形象管理

一、形象塑造与形象管理

把公共关系的目标界定为形象塑造，是片面的。其一，形象本身是一个综合性的概念，是组织在公众中的印象（客观）和评价（主观）。塑造或树立形象不足以对组织形象事业进行全面性概括，比如公众的主观评价属于公众的心理层面，组织无法塑造。其二，塑造形象过于局限。形象事业是一个链条，从计划、组织、领导、控制、创新等方面都需涉及，塑造形象属于其中一环。这就需要一个更准确且更全面的概念来概括组织的形象事业。

雷克斯·哈罗博士对公共关系所下的定义为：公共关系是一种特殊的管理职能。他看到了公关的本质是组织职能之一，虽有列举职能的具体任务，但没上升到管理角度进行概括。以企业为例，其组织职能就包括很多种，比如人力资源、财务管理、生产与运作、营销等。公关就类似于组织的人力资源、财务管理、生产与运作、营销等职能。

公关职能，尤其是企业公关职能在当代社会愈发重要。一方面，企业需要形象，因为当前的企业竞争发生了转变，不再局限于产品、价格等方面，形象这种软因素更加重要。另一方面，企业也有能力对形象进行管理，企业的本质就是盈利，只要对企业组织有利，企业就会在人力、财力、物力等方面进行支持。

根据企业已有的职能——人力资源、生产与运作、财务、营销等，我们参照提出形象管理，而形象管理高度概括了公共关系的最高目标和内容体系，内涵比传播管理、形象塑造、关系协调都要丰富。综上所述，形象管理合适地概括了公共关系的本质与目标。

二、形象塑造

企业形象塑造，可以从内在活力、外观标识、诚信服务三个角度进行。

1. 公共关系内在活力的塑造

（1）加强双向沟通，实现信息共享。信息沟通是指信息在沟通主体之间，通过语言、文字、图形以及感情、态度等形式的传递。现实人际关系的紧张往往源于误会，而大多数误会又是由于人们彼此之间缺乏有效的沟通。员工作为企业的一分子，如果对企业的情况不了解，特别是对与自己切身利益相关的信息知之甚少，便会产生猜疑、烦恼、对抗的心理和行为，从而造成人们之间的隔阂、争斗和内耗。实行信息共享，既是为了形成良好的人际关系，也是为了求得员工在认识上和行为上与企业的根本目标保持一致。

企业内部的信息沟通是多流向的，可分为纵向信息传递、横向信息传递、立体交叉式信息传递。纵向信息传递是指企业内部上下级之间的双向信息交流，即通常所说的“上情下达”和“下情上传”。横向信息传递是指企业内部各部门、各层级之间的平行信息交流。横向信息交流可以沟通各部门之间的信息，拓宽管理人员的视野，支持彼此的工作。立体交叉式信息传递是指企业各界人员，不分上级和下属，都以群体一分子的平等身份进行交往。这是一种开放式的交往，它可以打破部门的界限、职务的隔阂，在企业中从上到下创造一种相互理解、相互信任的和谐气氛，使企业充满活力、富有朝气，从而达到“人和”的境界。

（2）建树企业文化，增强企业内聚力。企业文化是指企业及其员工所具有的一整套价值观念体系。它包括相互联系、相互依存的两个方面：就“软”的一面来看，是指员工的思想意识、精神风貌和价值观念；就“硬”的一面来看，是指决定企业价值观念的各种具体活动，如技术活动、福利活动和娱乐活动等。企业文化是一种无形的管理方式，它可以使人们改变原来只从个人角度建立的思想意识，树立一种以企业为中心的共同价值观念，从而在潜意识中对企业产生一种强烈的向心力，培养良好的集体意识。具有强烈集体意识的企业成员会对企业所承担的社会职责和企业目标有深刻的理解，从而自觉地约束个人的行为，使自己的言行与企业整体联系在一起。这样，企业的各项工作就能有机地联系起来，合力运转。

（3）掌握用人之道，加强企业的向心力。企业的员工是“社会人”，而不是“经济人”，他们生活在复杂的社会机体中，除了要求满足经济方面的需求，还受到环境、企业及家庭的影响，追求友谊和爱情，要求生活得充实、愉快，渴望实现自身价值和受人尊重。因此，凡卓越的企业都非常注重满足员工的精神需求。

聚力必聚心，聚心必先尊重人。因此，处理好雇员关系，必须从确立个体价值入手，使团体中的每个成员都能在团体的环境中充分展示自己的个性，追求和实现个人的价值。这样才能增强每一个成员的向心力，通过许许多多的个体活动去追求和实现企业的整体目标。

（4）创造家庭气氛，协调与非正式团体的关系。企业的成功不仅有赖于管理水平的高低，同时有赖于情感维系作用的强弱。现代企业非常重视建立家庭情感，将浓厚的人情味注入企业管理之中。培养融洽的家庭气氛，即对员工在生产过程以外的时间，从生活的各个方面给予积极的关心，使员工感到置身于企业之中，犹如在家里一样，有一种安全感、舒畅感和归属感。

企业中一般还存在非正式团体，如同乡会、同学会、兴趣团体等。非正式团体是自由、松散的人际活动圈子，是以感情为纽带、以共同利益的追求为目的而自发聚合形成的。因此，相比自上而下正规化的企业系统，其联系交往更亲密、更有效、更富弹性。非正式团体在企业管理和公关工作中一方面具有积极作用，可以发挥沟通意见、稳定情绪、互帮互学的效应；另一方面有不可忽视的负面作用，容易传播流言蜚语，带来“哥们儿义气”，削弱正式团体的控制力与影响力。因此，要发挥非正式团体积极的作用，避免消极的影响，就要靠公关人员的引导、协调和疏通。

公共关系人员与非正式团体打交道，首先，要重视意见领袖的作用，因为意见领袖在非正式团体中有一定的号召力和影响力，他们的言谈往往会获得他人的尊重和信任。充分重视意见领袖的引导作用，使他们的行为趋向与企业保持协调一致，成为正式企业的有效补充。其次，要避免非正式团体的消极和破坏作用，就必须加强同非正式团体成员的感情联系。信服而非压制。压制只能使他们产生对立情绪，甚至转变为对抗关系。只有利用情感交流和信息沟通，才能形成良好的工作情绪和气氛，形成和睦的人际关系。最后，要注意防止企业内部的流言。流言的传播会对正式企业的信息传播造成干扰和破坏，从而影响企业的统一和一致。

2. 公共关系外观标志的塑造

对组织外观标志的塑造，可见本书第十二章的第三节“公共关系 CI 形象策划”。

3. 公共关系诚信服务的塑造

消费者关系即企业与本企业产品和服务的购买者、消费者之间的关系，在现代社会，泛指一切物质产品和文化产品及服务的供应者、生产者与购买者、消费者之间的广泛联系。在激烈的市场竞争中，越来越多的企业努力探寻有效的经营途径，忠诚地以服务顾客为准则，确定以顾客为导向的经营哲学。因此，让顾客满意（customer satisfaction, CS）活动兴起，成为 20 世纪 90 年代公共关系的热点。美国学者的调查表明，每有一名通过口头或书面形式直接向公司提出投诉的顾客，就有约 26 名保持沉默的顾客。这 26 名顾客每个人都会对另外 10 名亲朋好友造成消极影响，而这 10 名亲朋好友中，约 33% 的人会再把这个坏消息传递给另外 20 个人。换言之，只要有 1 名顾客不满意，就会导致 26+（26 × 10）+（26 × 10 × 33% × 20），即 2 002 个人不满意。

顾客至上的经营意识，其核心是使顾客满意。顾客满意集中表现在顾客重复购买的次数，这种重复购买不仅仅体现在由顾客满意而产生的个体直线效应上，更重要的是避免由 1 名顾客的不满意而产生 2002 名顾客不满意的群体网状效应上。顾客就是“上帝”，顾客就是效益，谁拥有顾客，谁就拥有发展的机会。

（1）塑造为顾客服务的形象。当今世界上经营卓著的企业，不论它们从事的是机械制造业还是高技术产业，或者是生产汉堡包的食品业和迪士尼乐园那样的游乐场所，都以服务业自居，努力塑造为公众提供优质服务的形象，以争取社会各界的信任和支持。

（2）提供优质的配套服务。在现代人的消费心理中，产品本身的使用价值固然重要，但产品所体现的审美价值和附加价值将是左右其购买行为的最终因素。顾客购买产品，实质上是在购买他从产品中期望得到的一系列利益和满足。美国市场营销学家里维特教授说过：“未来竞争的关键，不在于工厂生产什么产品，而在于其产品所提供的附加价值：包装、服务、广告、用户咨询、购买信贷、及时交货和人们以价值来衡量的一切东西。”因此，良好的消费者关系在于把对顾客的诚意贯穿于售前和售后服务的整个运营中。

卡特彼勒是一个专门生产建筑机械的公司，该公司在经营中不仅坚持严格的产品质量管理，而且坚持“销售真正始于售后”。它在世界许多地区都设立了维修站和零配件中心，接到用户电话后 24 小时内，它都会将零配件送到工地，如需要该公司的技术人员，也可同时赶到。公司规定，如果不能在 24 小时内抵达工地，免收所有维修费用。为了保证做到这一点，该公司为在美国的 93 家经销商和海外的 137 家经销商专门设立了一个配件中心，并在 10 个国家设有 23 处配件仓库，每个仓库负责一个特定区域的零配件供应。在这些仓库里，经常有 20 万种可供两个月使用的零配件存货。虽然该公司的产品普遍比竞争者的同类产品价格高 10% ～ 15%，但用户仍然愿意购买卡特彼勒公司的产品，其奥秘正是“优质的产品加完善的服务”。

（3）对消费者实行科学管理。对消费者实行科学管理，把松散的消费者调动起来，使他们改变消费习惯，形成积极、自觉、科学的消费意识，使他们成为企业产品的主要消费者。这种方法被称作消费者系列化，如同蓄水养鱼。通过消费教育、消费引导和完善的销售服务，培养企业稳定的顾客队伍和市场关系。

消费教育的形式很多，主要包括：为顾客和公众编辑发行指导性手册和刊物，举办操作表演会或实物展览会，帮助用户、顾客认识和熟悉新产品的性能、技术等；举办培训班，培训销售人员和顾客掌握使用和保养产品的知识；向报纸、杂志、广播、电视等提供有关新产品的介绍资料；开设咨询服务中心回答公众的问题等。

广东格兰仕公司在数年前就已开发生产出了质量可与世界名牌产品相比，而价格仅为其一半的微波炉，但它并没有急于抢占市场，而是首先投入了巨大的人力、财力，并运用传媒的力量在全国范围内对微波炉的使用特性、产品优势及维护、保养知识做细致、系统的介绍。格兰仕公司编制了500多例微波炉菜谱，仔细介绍微波炉的烹调技法，还派出“格兰仕小姐”到各地市场做现场演示，甚至通过听众热线、咨询电话等形式与顾客做深层次的沟通，使微波炉这一新产品很快为人们所熟悉和接受。通过这些措施，格兰仕微波炉不仅在国内市场的占有率稳步上升，还远销50多个国家和地区。

（4）与消费者保持通畅的信息渠道。企业要与消费者建立良好的关系，就必须与消费者保持通畅的信息交流，以了解和掌握顾客的消费心理、消费习惯、消费需求，做好市场预测。沟通信息的基本手段有：进行舆论调查，利用信息反馈，把有关的反映和信息及时地报告给企业的有关部门，并协同其他部门，进行全方位的公共关系活动。

（5）及时妥善处理顾客投诉。消费者同企业发生冲突、纠纷和隔阂是常见的事情。如在流通领域，消费者认为企业在销售产品时，以次充好，以假冒真，刊登名实不符的广告；在服务性企业，消费者认为服务人员态度粗鲁，服务设施与收费标准不符等。这些现象都侵犯了消费者的权益，消费者或直接投诉企业或诉之于司法机关或通过新闻媒介披露，于是就发生了企业同消费者关系的纠纷。

在处理消费者同企业的纠纷时，首先要做到善于倾听消费者的意见。情绪激愤的投诉者往往会采取偏激的态度、尖锐的措辞，公关人员应平心静气地听取顾客投诉，尽量让他们倾吐不满、宣泄郁闷，这样会起到“降温”和“灭火”的作用。

三、形象管理

在形象塑造的基础上进行形象管理。公关形象塑造把组织形象提高到一个新的高度，在这个基础上再进行形象的计划、组织、领导、控制、创新等基本的公关形象管理活动，能够进一步提升组织形象。

❖ 本章小结 ❖

公共关系形象是指一定的组织或个人在社会公众心目中相对稳定的地位和整体印象，表现为社会公众对组织机构或个人的全部看法、评价、要求及标准。公关形象具有整体性、客观性、主观性、相对性及稳定性等特征。公关形象意义重大，尤其对企业组织在树立形象、协调关系、全员教育、优化环境等方面具有不可替代的作用。

公共关系的形象构成是个多维的系统，就企业形象构成而言，大致包括企业的产品、管理、人员、环境、组织、标志、媒介、社区等八个方面；政府形象也可以类似出这些方面。对形象的构成进行划分，有助于组织更加自觉地维护并改善自己的形象。

公共关系的形象塑造与形象管理是不一样的两个概念。如前所述，形象管理是公共关系的本质。形象管理的范畴要远远大于形象塑造，囊括了形象塑造。当前，对形象塑造的研究更多，可从三个层面着力塑造：首先，公共关系内在活力的塑造——打造和衷共济、共同奋进的团结集体；其次，公共关系外观标识的塑造——实施企业独具特色的CI战略；最后，公共关系诚信服务的塑造——丰富以“顾客满意”为核心的诚信服务体系。

⌘关键词

公共关系形象；形象特征；整体性；稳定性；相对性；主观性；客观性；形象塑造；形象管理；内在活力；外观标志；诚信服务

⌘练习与思考

1. 简述公共关系形象的含义。
2. 公共关系形象特征：______、______、______、______、______。
3. 阐述公共关系形象的价值意义。
4. 企业形象的构成：______、______、______、______、______。
5. 政府形象的构成：______、______、______、______、______。
6. 形象塑造______形象管理（请填写数学符号 <、>、=），并阐述企业如何进行形象管理，例证更具说服力。
7. 请思考为什么要阐述公共关系形象特征，以及这些特征在进行形象管理时的具体意义。

⌘实践与实训 6

企业或高校形象调查

[性质] 见习活动

[主题] **组织形象调查**

[目标] 通过对组织形象进行的调查活动，掌握组织形象的状态、组织形象的构成，学会对如何改善组织形象提供建设性建议。

[原理] 组织形象的含义、特征、意义、构成及形象塑造举措。

[操作] 在操作上，可以按照企业、高校进行选择或两者同时进行。

首先，在本章教学内容完成之后，学生分组，组别规模稍大。有较多主题分工：组织形象状态、组织的员工形象、组织的外部（顾客、媒体、社区等，根据重要性排序可选择一两个）形象、产品形象、组织内部环境形象、组织标志形象等。每个子主题两三人，包括组长，每组大约 15 ～ 20 人规模。

其次，学生按组别进行调查和汇总，得出调查报告。对同一组织形象调查的调查报告，由学生进行交叉互评。

在见习活动中，教师承担主持人和辅导者的角色。如果是调研高校，尤其是本校，教师工作量相对较轻；若调查企业，教师需要提前与企业进行联系和沟通，带队进入企业参观与咨询。

总课时：**4 课时**；主要是带队见习，至少需要耗费师生总计半天的时间。

[注意] 依据调查对象，对子主题的确定非常重要，另外需要教会学生查找资料的方法；教师还需要制定出调查报告的标准格式。

[成果] 批阅调查报告并获得优秀的报告，注意保留。

[延伸] 对优秀形象调查报告，尤其是高校的形象调查报告，在时机成熟的时候，可与同类高校的同主题下的实践教学活动进行互动。

⌘拓展阅读

阅读王奕俊、张茂林主编的广告学专业教材《企业形象策划与管理》(中国建筑工业出版社，2008 年)，进一步了解和掌握企业形象及 CI。

第七章
Chapter7

公共关系职能与作用

☞ 导入案例

信息就是金钱

罗斯柴尔德家族（Rothschild Family）是欧洲乃至世界著名的家族，早在第一次世界大战前，罗斯柴尔德家族就已经崛起于欧洲。1815 年 6 月 18 日，拿破仑的法国军队和反法联军在滑铁卢展开决战。如果拿破仑的大军胜利，法国就会成为欧洲的主宰，英国国债的价格就将大跌；相反，如果拿破仑大败，则英国主导欧洲，英国国债就会大涨特涨。

当天黄昏时分，反法联军控制了战场的主动权，此时法军败局已定。这个时候，一个名叫罗斯伍兹的商业情报员悄悄撤离了战场，快马奔向布鲁塞尔，然后又转到一个港口。深夜时分，他跳上了一艘有特别通行证的快船。6 月 19 日清晨，他在英国的弗克斯顿上岸，并通过罗斯柴尔德家族早就培育成熟的信鸽，向伦敦的老板内森·罗斯柴尔德送上最新的战报。

内森的商业才能在这个时候淋漓尽致地展现出来。一般人在了解战况之后的做法可能是立即买进债券，但内森·罗斯柴尔德并没有这么干，而是先出售，制造虚假信息，压低价格再低价买进。

到了 6 月 21 日晚上，英国军队在滑铁卢取得胜利的消息才传到伦敦。而此时的罗斯柴尔德家族却因持有大量的英国国债，已成了英国政府最大的债权人。有人估算，其家族在滑铁卢战役中赚到的钱超过了拿破仑打十年战争的收获。

这个故事至今都让人叹为观止，不得不佩服内森·罗斯柴尔德的才华。虽然历史学家对这个故事持怀疑态度，但是罗斯柴尔德家族在欧洲建立了自己的情报收集和快递系统，而且这个情报系统的效率、速度和准确度都达到令人惊叹的程度，远远超过了当时任何官方信息网络的速度，这是不争的事实。作为商人，罗斯柴尔德家族建立如此高效的系统目的只有一个：为盈利服务。当时的世界首富家族深刻明白了信息的价值。

时至今日，公共关系也与信息密切相关。公共关系的工作内容包括：收集信息、加工信息、传播信息。从这个角度来说，公共关系是建立在信息基础之上的。

资料来源：百度百科，罗斯柴尔德家族。

| 学习目标 |

1. 掌握公共关系的基本职能。
2. 理解并掌握公共关系的作用。

第一节 公共关系职能

职能指组织或机构所起的作用与功能，公共关系职能指公共关系对组织、对个人以及对社会所起的作用与功能。一个事物能发挥多大的职能体现了它多大的社会价值和社会意义。公共关系主要包括：树立信誉、信息服务、咨询建议、联络协调和危机管理这五大职能。

一、树立信誉

我国有句俗语“人无信则不立”，其含义是人作为社会个体，在社会中必须具备信誉，否则无法立足。信誉可谓人立足于世的基础。在我国悠久灿烂文明中，诚实守信一直是我们引以为傲的传统美德。

同样，对于组织来说，信誉是组织的生命。对于企业而言，信誉是其最好的无形资产。一方面，信誉构成品牌价值的重要组成部分；另一方面，良好的企业信誉能够直接刺激消费者需求，进而对营销产生直接作用。

1. 信誉的含义与构成

树立信誉属于公关总纲性质的职能。信是诚实守信，誉是名誉、声誉。信誉指的是遵守约定而取得声誉。信誉属于形象范畴，是形象的重要组成部分，甚至具有一定的否决权。信誉是企业在市场上的地位、影响力，构成形象的基础。

组织的信誉度包括知名度和美誉度两个方面。知名度体现为公众对组织的了解程度，它衡量企业影响范围的大小；美誉度体现为公众对组织的肯定和赞许程度，它衡量企业在公众心中的地位以及名声的好坏。两者有时候并不能保持一致，如图 7-1 所示。

图 7-1 中的第一象限是组织所追求的，即Ⅰ或Ⅱ；在其他象限，组织需要做相应的

努力。但在现实中存在一种现象，企业唯知名度为上，而忽视非常重要的美誉度，这是不可取的。

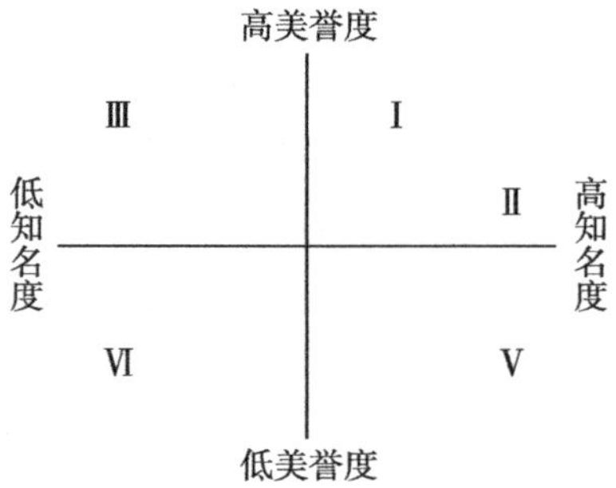

图 7-1 组织知名度与美誉度纬度

企业的信誉还可以包括商品信誉、品牌信誉等内容。两者的关系相辅相成。商品信誉是基础，企业信誉则是更高层面。受制于商品生命周期的特点，企业更多地关注企业信誉。

2. 树立信誉

树立信誉并非一蹴而就的事情，企业必须做到以下两个方面。

首先，提供优质的产品或服务。事实上，这是企业的立足之本。

其次，树立信誉需要坚持整体性和长期性的原则。对于企业来说，整体性体现在流程，从售前、售中直到售后，均要坚持信誉第一。尤其不可虎头蛇尾，在售后服务上打折扣，因为感动消费者的往往就是售后服务。整体性还体现在各部门，比如对消费者以“上帝”待之；同样员工也是“上帝”。长期性体现在企业需要做长久的沟通努力，而非一朝一夕。同时，对长久树立起来的信誉要倍加珍惜，切不可毁于一旦。

3. 损害信誉案例

汽车业存在一些巨大的公司，这些大公司的年产量和销售都能达到千万的级别，它们都是“世界 500 强企业”中数一数二的公司。但汽车业从来就不是安静的行业，总是存在一系列的问题，比如 2015 年的“大众排放门”。

2015 年 9 月 18 日，美国环境保护署指控大众汽车所售部分柴油车安装了专门应对尾气排放检测的软件，可以识别汽车是否处于被检测状态，继而在车检时秘密启动，从而使汽车能够在车检时以“高环保标准”过关，而在平时行驶时，这些汽车却大量排放污染物，最大可达美国法定标准的 40 倍。根据美国《清洁空气法》，每辆违规排放的汽车可能会被处以最高 3.75 万美元的罚款，总额可高达 180 亿美元。

大众汽车的丑闻让整个世界为之震惊，预计涉及的 1 100 万辆汽车将召回。大众公司也为此第一时间准备了 65 亿欧元，但实际预算可能比这个数字大很多，瑞士信贷给出的估计是：大众要解决这次事件，预计花费将在 860 亿美元左右，而超越英国石油公司在墨西哥湾漏油事故中所导致的 538 亿美元税前费用。

事实上，大众公司尾气排放的造假事故，不仅对大众公司是巨大的损害，而且对德国制造业的整体信誉造成了严重损害。虽然大众汽车的质量依旧得到多方位的肯定，但是其品牌价值大打折扣，品牌内涵也存在了一个永远抹不去的污点。

二、信息服务

毛泽东曾经说过，“没有调查就没有发言权⊖”。这句话告诉我们，只有在充分收集信息的基础上，才可以做出正确的决策。信息工作是公关工作的前提和基础。没有足够且准确的信息，公关工作就如同“巧妇难为无米之炊”，难以开展有效的工作。

公关意义上的信息服务，就是收集信息为我所用。收集信息为我所用是信息工作的重要特征和根本目标。而且在公共关系领域，信息工作是公关的一个基础服务，树立信誉、咨询建议、联络协调、危机预防等公关职能都建立在其基础之上。公关组织通过选择有价值的信息，将之传递给公众，能够树立企业的正面形象，能够扩大组织的知名度，能够获得公众的关心，也能够解答公众心中的疑惑，还能够与公众形成互动，增强组织的公众基础。

1. 信息服务的内容

信息服务的内容广泛，可以是经济、文化、科技、生活、娱乐、旅游、影视、政策法规等。信息服务可以是主动地提供服务，也可以表现为被动地提供服务；信息服务可以单向地传递信息，也可以相互传递；信息服务可以以口头、文本的传统方式进行传递，也可以运用电子、网络等现代方式进行传递。

2. 公共关系信息管理

公共关系信息管理可以划分为三个步骤：采集信息、加工信息、传递信息。其中，采集信息和加工信息是基础，传递信息是目的，最终都是要为传递信息服务。

（1）采集信息。一般来说，采集信息的种类和方法是公关从业者需要关注的，这影响到信息工作的质量。

按照不同的标准，采集信息的种类有不同的划分。按组织生存环境分类，可分为内源信息和外源信息；按信息来源，可分为一手信息和二手信息。一般来说，一手信息可靠，但成本高；二手信息成本低，但可靠性和可比性较差。按信息收集分类，可分为基本信息和创造性信息。基本信息是指可以直接得到的信息；创造性信息是指需要用间接方法去挖掘才能得到的信息，比如分析饮料的成分后得到配方信息。按信息内容分类，可分为组织形象信息、产品形象信息、公众需求信息、竞争者信息、环境信息等。

采集信息的方法多种多样，企业往往综合采用，可以有政府公开信息、媒体信息、科研机构信息、图书馆信息、行业协会信息、证券交易所资料、剪报信息、商品展销会信息、人际关系信息收集等。

我国建立了完善的政府信息公开制度，2007 年颁布的《中华人民共和国政府信息

⊖《毛泽东选集》第 3 卷，第 791 页。

公开条例》有着十分重要的意义，正如其第一条所述：为了保障公民、法人和其他组织依法获取政府信息的权利，提高政府工作的透明度，促进依法行政，充分发挥政府信息对人民群众生产、生活和经济社会活动的服务作用，制定本条例。据此，各级政府建设有专门的政府信息公开网，将相应政府信息通过网站公开。这对组织来说是获取信息的非常重要方式。

（2）加工信息。公共关系人员不仅要大量收集信息，更重要的是要能够将采集的信息及时加工成有用的信息为组织服务。加工信息主要是指对收集上来的初步信息进行去伪存真、去粗存精、由表及里、由浅及深的过程，其主要目的是整理出有价值的信息，促使信息增值，帮助组织成长。加工信息的过程主要为以下四个步骤。

1）信息的筛选。此过程主要是从原始资料中筛选出虚假信息和无用信息，保留有价值且能满足组织需求的信息。

2）信息的分类。筛选出有价值的信息之后，要按照组织的各部门的需要，分门别类地对信息进行存储，以方便日后的检索与使用。

3）信息的分析。信息分类之后，要由专业人员运用各种分析方法与技术，对信息进行研究，进行深入分析，得出相关结论。

4）信息的总结。在详细地分析信息之后，可以对信息形成一个总结，从而形成有价值的新信息。

（3）传递信息。传递信息是采集信息和加工信息的目的，公关的最终目的就是能够将信息准确地传递给公众，解除公众疑惑，塑造组织的良好形象。就企业来说，传递信息的方式有以下几种：

1）语言交流。通过开展记者招待会、参观访问等方式，实现企业与公众面对面的直接交流，使公众充分了解本企业所提供的优质服务与企业文化，加强公众对企业的支持。

2）印刷品交流。通过印刷企业刊物、企业纪念册、纪念台历等印刷品，让公众熟知本企业的发展现状、企业文化等，加强和公众的交流与沟通。

3）视听交流。主要利用大众媒体，如网络、电视等，来宣传本企业的产品与服务。

4）产品交流。通过产品的优良质量、特色包装等方式，让公众直接感受本企业提供的产品服务特色，吸引公众的注意。

三、咨询建议

迪尔凯姆的社会分工理论告诉我们，当今社会是一个高度分工的社会，人们无法做到每件事都样样精通，彼此之间形成了高度相互依赖、相互联系的整体。对一些组织自身不擅长的事务，只能依靠专业咨询机构来处理。公关团队作为专业的公关组织，凭其自身的专业知识和技能，可以为组织相关部门起到咨询建议的作用。

1. 咨询建议的含义

咨询建议指的是公关部门或公关专业公司向组织决策层、管理部门或被咨询的对象提供各种公共关系方面的建议及意见，达到改善或提升组织形象的目标。如前所述，“术业有专攻”，咨询建议可以更好地发挥公关在企业形象管理方面的作用，尤其是在公关教育并未在工商管理专业普及的背景下。

2. 咨询建议的内容

公关咨询的内容非常广泛，以下从组织形象、组织发展、社会舆论及公众心理四个方面进行阐述。

（1）组织形象。组织形象关乎大众对组织的整体性看法。它包含组织的各个方面，如企业文化、企业地位、员工素质、产品质量等。组织形象的好坏直接关系大众对组织的认可程度，即使诸如组织的名称等也应当予以重视。公关组织凭借其专业优势，可以对组织形象提供良好的咨询。

（2）组织发展。组织发展关乎组织的前进方向，体现在组织战略、结构和过程上的改进。公关组织通过收集市场信息，能够很好地为组织的最高管理层提供咨询服务，一方面，促使组织内部结构调整，改革组织内部结构；另一方面，促使组织灵活应对瞬息万变的市场状况，更好地服务顾客群体。

（3）社会舆论。社会舆论关乎大众对组织的意见与反映，有利的舆论可以对组织产生意想不到的贡献。公关组织通过收集信息，能够分清当前组织在公众中的舆论现状，而且能够为决策者提供引导舆论的有力方式。

（4）公众心理。公众心理关乎公众对组织的看法。要想获得公众的支持，必须得到公众的心理认可。因此，公关组织通过与公众沟通，能够很好地揭示公众心理的发生、发展及其变化规律，为组织决策者提供取得公众支持的策略。

咨询建议的经典例子：顾问向餐饮业经营者提出建议，在服务生上衣口袋里装把勺子，因为顾问发现有 1/3 的餐桌在就餐过程中会发生一次勺子掉在地上的情况。此时，呼叫服务生、服务生去取勺子、再送过来，这是一个漫长的过程，甚至在忙碌的情况下，服务生还会忘记，进而引起顾客的不满。如果要求服务生口袋里随时装把勺子，那么问题就会迎刃而解，而且提高了效率。

事实上，公关咨询建议一般在企业发生危机的时候，公关部为企业高层提供危机解决方面的具体建议；公关公司也可以为企业的形象管理提供相关解决方案。

四、联络协调

1. 联络协调的含义

联络是社会组织通过各种手段与其公众联系交往，为组织广结人缘、结交朋友，建立广泛的纵横联系，从而在各个方面产生相互影响的过程。联络是从外部入手。协调是在沟通的基础上，经过调整，达到组织与公众互惠互利的和谐发展，协调更多地从组织内部入手。

联络协调分别从组织外部、内部与其公众进行沟通，加强组织的公众形象管理工作，促进良好形象的树立。

2. 联络协调的类型

组织的联络有很多种类型，包括：①物质联络和精神联络。物质联络指生产活动与产品活动的交换；精神联络是感情、思想观念的交流，能够促进组织和公众互相理解。②直接联络和间接联络。直接联络是指组织的代表与公众面对面的接触与联系。间接联络指通过一定的媒介与社会公众交往，如通过电话、广播、报刊等。③横向联络和纵向联络，横向联络是与组织同一层次的社会公众的交往，如企业间等。纵向联络是与组织不同层次之间的社会交往，如组织与主管部门。联络三要素包括联络主体、联络对象、联络手段。

协调最主要是指协调内部关系，包括：①协调组织领导和员工的关系。在一个社会组织中，如果领导和职工的关系搞不好，就会破坏组织的凝聚力，影响组织的正常运行，进而影响组织的发展。因此，公关人员要努力做好这方面的协调工作，创造团结和谐的组织条件和气氛，使整个组织的领导、员工互相协作、共同奋斗。②协调组织内各部门间的关系。组织的各管理部门，如生产、销售、人力资源、财务等部门，只有互相支持，互相配合，才能达到最佳的管理效果。③协调还包括处理各种矛盾。这里所说的纠纷不仅包括内部，还包括外部，比如与其顾客、供应商、中介组织等的矛盾。

五、危机管理

公关关系的第五个职能是危机管理。公关危机大师史蒂文·芬克（Steven Fink）曾经说过，危机像死亡和纳税一样不可避免。在面对不可避免的危机时，公关组织和公关人员必不可少。因此，危机管理是公关的重要职能之一。

1. 危机的含义与特点

危机主要指的是对组织的生存、发展、利益、形象等产生不利影响的事故或事件所带来的不稳定状态。为应对事故和事件带来的不利影响，组织必然需要在短时间内采取决策以及公关手段，来达成危机事件的处理，从而使组织回归正常稳定发展状态。

对危机，我们还需要明晰以下两个含义：危机并非已经发生的事件，更可能是潜伏的危害性事件；危机并非造成巨大损失的事件，更可能是微小的伤害性事件。从这两个角度来说，组织的危机管理更是日常性工作。

危机一般具备这样一些特征：①必然性。当今世界，市场环境千变万化、变幻莫测，资源的有限性及信息不对称等原因，往往使得组织面临各种自然的、非自然的危机。②突发性。危机往往是一种即将质变或者质变已经发生，但不稳定的状态，这种质变往往是突发的，是量变达到一定基础上突然发生的一种状态，体现在不可测性和偶然性。③破坏性。危机带来的这种不稳定状态，组织必然要聚集一定的人力、物力、财力进行处理，因此会造成组织资源的流失与付出；同时，危机带来的不稳定状态，还会造成组织内部的恐慌，引发外界对组织的质疑，如果危机处理不善，会对组织的形象与信誉造成冲击。④关注性。危机给公众造成伤害，必然引起公众的高度关注。危机时刻，组织的言行举动都曝光在媒体的聚光灯下，受到监督。

2. 危机管理

本书主要从危机的预防角度进行阐述。

（1）危机意识的培养。危机管理的一个重要误区是：只有大企业才需要进行危机管理，小企业不需要。殊不知，危机是不可避免的，每个企业都会面临危机，所以为了最大限度地减轻危机带来的损失，每个企业都要树立危机意识。这样才能预防危机，危机降临时刻才会淡定面对。

（2）危机管理体制的建立。只有危机意识的培养是不足的，还需要危机管理体制的建立。这样在面对危机的时候，组织的资源就调动起来了，确保危机能够及时有效地消除。这包括危机预防制度的建立、危机处理小组的建立、危机时刻组织资源的配置等方面的内容。

（3）危机行动的演练。危机的一个重要特性是突发性，为避免突发事件带来的骚乱和风险，我们可以提前进行相关活动的演练。这如同日常生活中常见的消防演习。

事实上，危机管理的内容非常丰富。这部分内容属抛砖引玉。更多的内容，读者可见本书第十三章“公共关系危机管理”。

六、企业公共关系部门所行使的职能

对企业公共关系部门所行使的职能，上海师范大学公共关系学系主任叶茂康曾经撰文，指出以下七个方面的具体职能。

（1）积极组织和开展有关调查工作，监测舆论环境，分析各种信息，为企业发展战略和相关工作计划的制订提供依据。

（2）对企业形象的定位、设计等事关企业形象整体建设方面的问题进行统筹考虑，并向决策层提出切实可行的建议方案。

（3）作为企业的新闻发言人，或是新闻发言人的支持部门，深入把握企业情况，及时向社会公众提供企业的各种信息。

（4）制订整体传播计划，通过策划和实施各种新闻发布活动或公共关系专题活动，有效地传播企业或品牌的良好形象。

（5）积极、主动地与那些企业运营有关的社会公众进行沟通，并协调和拓展这些关系，为企业发展营造一个良好环境。

（6）协助企业决策层建立科学、务实的危机管理机制，并负责日常危机信息的收集以及危机预警（防范）方面的工作。

（7）具体应对并妥善处理企业随时有可能面临的各种突发性的危机事件，切实维护企业或品牌的社会声誉和良好形象。

读者可以尝试概括，树立信誉、信息服务、咨询建议、联络协调和危机管理这五个方面职能，在里面均可以找到。

七、与公共关系职能相关的活动

如前所述，公共关系职能主要体现在五个方面，即树立信誉、信息服务、咨询建议、联络协调、危机管理。任何职能的实现都需要具体的活动执行来展开，与公共关系职能相关的活动具体有：交际、宣传与新闻、广告、营销与推广、公共事务、游说、开发、议题处理、危机处理等。

第二节 公共关系作用

一、对组织的作用

1. 组织发展环境监测

所谓监测环境，是指观察和预测影响组织目标实现的公众情况和各种社会环境的情况，使组织对环境的发展变化保持清醒的头脑和敏锐的感觉以及灵敏的反应，从而保证科学地塑造组织形象，实现组织目标。具体包括以下几点。

（1）监测政府决策趋势。在现代社会，任何组织都需要和政府部门打交道，都需要了解政府的法律、法令、法规以及政治、经济、文化、外交等方面的政策，还会受到党派势力力量消长的影响和政局稳定性的影响。这就要求公关部门密切关注政策环境，随时掌握政府决策动态和方向，及早预测与组织有关的各种现行政策可能发生的变化，以及这种变化带来的机遇和挑战，以使组织提前准备应对之策。

（2）监测社会环境变化趋势。社会环境是人们在长期的社会实践中积累起来的全部精神财富，包括民族传统、风俗习惯、伦理道德、价值观念、文化水准和宗教信仰等相对比较稳定的因素，此外，还包括自然环境、经济环境、科技环境等变化相对较快的因素。这些因素都会对组织产生或强或弱的影响，组织必须密切关注社会环境的发展动态，以使组织能根据环境变化主动出击，获得更大的发展空间。

（3）监测竞争对手的发展动态。“知彼知己，百战不殆。”洞察竞争对手的状态，借鉴竞争对手的成功经验和失败教训，分析竞争对手的优劣所在，预测竞争对手的未来走向，同样是公共关系的作用领域。

2. 引导舆论

当公众对组织缺乏认识和了解时，组织应主动地宣传、介绍，促进公众的认知和了解。当一个组织及产品有了基本的公众印象及良好的评价之后，组织应继续努力，强化这种良好的舆论态势，使组织形象深入公众心中。当公众对组织的评价游离不定、好坏莫辨时，组织应谨慎地发挥引导作用，使舆论尽可能向有利于组织的方向发展。当组织形象受损时，组织应该根据不同情形采取相应措施。如果是因组织自身失误危害了公众利益，就应该本着实事求是、有错即改的态度，坦率认错，尽快采取补救措施，将损失减少到最低限度，并把组织处理事故的过程以及整改措施及时告知公众，求得公众谅解，以期重获支持和信赖。如果是因为公众误解，应及时向公众澄清事实真相，消除误会。

3. 沟通内外

由于作为公共关系主体的组织和公共关系对象的公众处于不同地位，它们之间必然会存在利益的差异和矛盾。又由于它们在信息的掌握上总是不对称，因此摩擦在所难免。这就要求组织充分运用公共关系，努力减少摩擦，协调内外关系。

当组织和公众利益出现分歧和矛盾时，组织既不能牺牲公众利益，也不要一味地牺牲自己的利益，而应通过平等的对话、协商，使双方能达成共识，努力在双方利益得到维护的前提下，实现利益平衡下的新合作。

二、对个人的作用

公共关系不仅对组织产生作用，对个人也会发挥作用，体现在以下几个方面。

1. 有利于个人形象的塑造

在现实生活中，存在做大事者不拘小节的观点，忽视个人形象的塑造，不注重仪表仪礼，给他人留下了不好的第一印象，阻碍了他人与自己的进一步交往。公共关系以树立形象为目标，强调形象的重要性。

公共关系具体应用到个人身上，要求人们注重仪表仪容、打扮得体、谈吐风趣优雅等，营造出美好的形象，给他人留下深刻的印象，促进与他人关系的发展。同时，公共关系也有利于观念的树立：①注重个人形象的观念；②尊重他人的观念；③合作观念。

2. 有利于个人能力的提高

美国著名成功学家卡内基指出：一个人事业的成功，只有 15% 是由他的专业技术决定的，另外 85% 则要靠人际关系。人际关系类似于组织与组织之间的关系。公共关系以沟通为手段，把组织与组织联结在一起，对人际关系也有一定的启示。同时，组织之间的沟通最终要归结为代表组织的个人之间的沟通。因此，公共关系对个人能力的提高有显著的意义。

具体包括：①交际能力，在从事公关活动时，公关人员的交际能力和水平往往会对公关活动效果产生很大影响，有时甚至是决定性的。②自我调节能力，在公共关系活动中，公关人员常常要和不同的组织和个人打交道，经常会面临各种突发事件，其自身的心理状态也会随时发生变化。③应变能力，公共关系是一门实践性很强的工作，而现实中的公众和环境都是比较复杂的，并且会时刻发生变化，根据变化的环境做出正确决策是公关人员的必修课。

三、对社会的作用

1. 净化社会风气，调控社会行为

改革开放以来，我国经济快速发展，综合国力快速上升，国际影响力与日俱增，人民生活水平大幅度提高，经济建设取得了举世瞩目的成就。然而，这并不能掩盖一些令人担忧的社会风气问题：拜金主义、人情冷漠、信任缺失、社会精神空虚等。公共关系注重组织和个人形象，注重信誉的树立，倡导人与人之间的和谐沟通，有利于净化社会风气，规范人们的社会行为。

以追求交流、协作、互惠互利为特色的公关意识和以运用公平、公正、公开的手段为特征的公关活动，会促使人际交往和社会经济生活中那种你死我活的生存斗争、势不两立的激烈对抗逐渐趋于缓和，也使得那种暗箱操作、权钱交易、权色交易、钱色交易等丑恶行为越来越受到社会舆论的谴责。通过公平、公开、互惠互利的公共关系活动，组织已经完全可以达到目标，人们当然没有必要再去用那些不正当的手段和有违法律与道德的手段。这样，公共关系就在无形中起到了净化社会风气、调控社会行为的作用。

2. 消除心理障碍，优化心理环境

现代社会的一个突出现象是：人们在享受高度物质文明的同时，精神方面的失落感却越来越强。如同有了汽车、飞机、高铁等，人们的地理距离越来越近，但人们之间的心理距离并没有缩短。有人说，现代社会对我们最大的威胁不是战争，而是越来越严重的心理障碍。

按照马斯洛的需要层次理论，每个人都有情感的需要、交往的需要。如果这些需要得不到满足，就会导致人的心理失衡，甚至形成社会问题。而公共关系恰好可以提供给社会一种良好的关系氛围，它可以用真诚广泛的社会交往、双向交流的沟通，帮助人们摆脱孤独、恐惧、忧虑和隔阂，帮助人们提高心理适应能力和心理承受能力，从而营造一种良好的社会心理环境。

正如美国黑人运动领袖马丁·路德·金所说，人之所以会互相仇视，是因为他们之间害怕；他们之所以害怕，是因为他们互相不了解；他们之所以互相不了解，是因为他们互相不能交流；他们之所以互相不能交流，是因为彼此隔离。因此，接触、对话、交流这些公共关系的基本观念，是优化社会心理环境的绝妙良药。

3. 繁荣社会经济，增进整体效益

公共关系使得人们的社会行为更加规范，减少了社会风险发生的成本概率，降低了社会管理成本。同时，使得企业化信誉为品牌，化公共关系为宣传手段，繁荣了企业的经济效益和社会效益，促进了社会经济的繁荣。公共关系还使得国家在国际上的声誉提高，降低了国际交流成本，有利于增强整个国家的经济发展。

此外，公共关系活动的进行还可以促进现代社会中信息的共享和交流，大大降低市

场交易成本，使经济活动变得更为规范和有序，使社会资源得到更为有效的利用。

4. 促进民主政治，倡导社会文明

公共关系促进了政府信息的进一步公开，使得行政办公更加透明廉洁，加快了我国社会主义民主政治的进程；政府积极塑造正面形象，倡导文明和谐环境，树典型，有利于社会主义精神文明建设。

事实上，公共关系是民主政治的产物，公共关系的不断发展又会反过来促进民主政治的发展。公共关系强调“公众至上”，主张社会组织的一切行为都应立足于满足社会成员的各种需要，热忱为他们提供各种优质服务。这种观念的培养和树立及其在整个社会的不断普及，会使管理人员和政府公务员形成公仆意识，使他们自觉深入民众之中，关心公众欲望，倾听公众声音，解决他们的实际问题。当社会成员看到自己的意见得到重视，自己的权利得到尊重，又会唤起他们对社会事务、国家事务的主动参与意识，这样就会在社会中形成一种积极、健康的政治环境，这将大大有利于社会主义核心价值观的自觉践行。

最后，公共关系对个人、组织产生良好作用的同时，会叠加并再次促进对社会发挥作用。

美国印第安纳大学礼来家族慈善学院报告，美国人有比较好的捐赠传统，2019 年美国人共捐出善款 4 496.4 亿美元，比 2018 年增长了 4.2%，其中 69% 的善款来自个人捐赠者。如果算上遗产捐赠，那么个人捐赠占全部善款的 79%，余下 17% 来自基金会捐赠，5% 来自企业捐赠。

事实上，通过前述数据可以看出，虽然在美国超级富豪积极捐赠（大多通过基金会），但个人仍然是社会捐赠的主体。个人意识的觉醒，离不开公关的作用。个人的力量汇聚，又再次对整个社会发挥作用。

资料来源：印第安纳大学慈善学院，《2020 年美国慈善捐赠报告》。

❖ 本章小结 ❖

公共关系的职能与作用体现了公共关系的重要意义。具体而言，公共关系具有树立信誉、信息服务、咨询建议、联络协调和危机管理这五个方面的职能。这五个方面的职能，以信息服务为基础。树立信誉、信息服务、咨询建议、联络协调、危机管理，任何一个方面对组织来说都是非常重要的。同时，公共关系对个人、企业、社会都有积极意义。公共关系首先对微观主体发挥作用，然后共同促进社会的进步和发展。

⌘关键词

公共关系职能；公共关系作用；树立信誉；信息服务；咨询建议；联络协调；危机管理；知名度；美誉度；为我所用；采集信息；加工信息；传播信息

⌘练习与思考

1. 公共关系职能有：______、______、______、______、______。
2. 信誉度包括两个纬度：______、______。
3. 公共关系信息管理的步骤：______、______、______。
4. 公共关系信息的基本原则：______。
5. 企业公共关系部门行使的职能包括哪些？
6. 请论述公共关系的作用。

⌘实践与实训 7

企业公共关系职能的承担者

[性质] 校外调查活动

[主题] **企业公共关系职能的承担者**

[目标] 通过对企业公共关系职能承担者的调查活动，加深对公共关系主体和公共关系职能的了解，掌握组织形象的重要性，掌握组织形象承担者的构成。

[原理] 公共关系主体理论，公共关系职能理论，组织形象承担者。

[操作] 本次实践教学，具体分三步：联系企业、访问企业、归来总结。

首先，教师在教学活动开始之前，就需要提前与企业联系确认，主要围绕公共关系职能。如果企业有公关部，那直接与公关部对接；如果企业未设公关部，教师需提前做好对接计划，将公关职能划分，与企业相关的部门提前沟通并进行对接。

其次，学生根据教师的教学安排，访问企业的公关部或相关的职能部门，围绕公关职能（树立信誉、信息服务、咨询建议、联络协调、危机管理）进行咨询和交流，主要是围绕某一公关职能，调研职能部门所做的具体事务及其产生的效果。

最后，得出该公司的公共关系职能承担者的体系。

总课时：**4 课时**；主要是带队见习，至少需要耗费师生半天的时间。

[注意] 事实上，企业若设立了公关部，其具体事务可能分散于各个职能部门；即使企业未设公关部，其公共关系职能也会客观存在于各个职能部门中。任课教师要做好对接。

[成果] 保留优秀调查报告。

[延伸] 对优秀调查报告，可扩展成为以后教学的基本素材。

⌘拓展阅读

阅读美国学者詹姆斯·库泽斯（James Kouzes）的著作《信誉》（*Credibility*），了解信誉对组织、个人、领导者的作用。

第八章

Chapter8

政府公共关系

☞ **导入案例**

国家的记忆——国家公祭日

2020年12月13日，南京大屠杀死难者国家公祭仪式在南京举行，中央政治局委员、中央书记处书记陈希发表讲话，全国人大常委会副委员长沈跃跃主持公祭仪式，国务委员王勇、全国政协副主席郑建邦和中央军委委员、军委政治工作部主任苗华出席。2020年的活动是全国人民代表大会常务委员会自设立南京大屠杀死难者国家公祭日决定后的第七个国家公祭仪式。

根据《南京市人民政府关于南京大屠杀死难者国家公祭仪式有关事项的通告》，国家公祭日的10:01～10:02鸣响防空警报。警报鸣响期间，全市主城区范围内道路上（不含高速公路、绕城公路、高架、隧道）行驶的机动车（正在执行紧急任务的特种车辆除外）应当停驶鸣笛致哀，火车、船舶同时鸣笛致哀，道路上的行人、公共场所的所有人员（正在从事特种生产作业的人员除外）也同时就地默哀，致哀1分钟后恢复正常。

1937年12月13日，侵华日军占领南京后，对南京城内的老百姓进行惨绝人寰、罄竹难书的大屠杀，30多万手无寸铁的平民遇难。为了缅怀历史、抚慰民心、维护和平，十二届全国人大常委会第七次会议经表决通过设立南京大屠杀死难者国家公祭日。习近平总书记出席2014年在南京举行的首次南京大屠杀死难者国家公祭仪式。

资料来源：国家公祭网（http://www.cngongji.cn/）和南京市政府信息公开网。

| 学习目标 |

1. 掌握政府公共关系的内涵、特点和必要性。
2. 了解政府的执政目标和政府公共关系所要实现的目标。
3. 把握政府公共关系的具体工作内容。
4. 了解政府公共关系的方式和操作途径。
5. 能够学会分析政府公关案例。

第一节 政府公共关系概述

随着行政环境的不断变化，政府公共关系越来越重要。政府公共关系的态势直接影响到行政效率和公信力。

一、政府公共关系的含义

政府，有狭义和广义之分。就狭义而言，政府仅指国家政权机构中的行政机关，从该层面上讲，当代中国政府包括国务院和地方各级人民政府。就广义而言，政府是指行使国家公共权力的全部机构，包括立法、行政、司法机关以及国家元首等，按照广义的理解，当代中国政府应包括全国人民代表大会和地方各级人民代表大会、中华人民共和国国家主席、国务院和地方各级人民政府、最高人民法院和地方各级人民法院、最高人民检察院和地方各级人民检察院、国家军事机关等。此为政府公关主体。

政府公共关系，是指政府通过与各界公众的双向沟通，树立政府形象，争取公众对政府工作理解和支持。政府公共关系活动作为一项公共管理活动，有自己特殊的主体和客体。对这些主、客体的界定有利于政府更好地落实自己的职能，明确自己的责任，更好地服务公共管理的对象。政府公共关系的主体有政府及其组成机关、政府组成部门的工作人员、政党，还有立法机关、司法机关等。政府公共关系的客体包括内部民众（包括自然人、法人等）、外国政府、外国民众等。现代社会，包括国家政府机构在内的任何组织都处在一个极其复杂的公关网络中，政府公共关系是公共关系学的原理在政府形象管理工作中的运用。

二、政府公共关系的必要性

1. 历史上阶级社会矛盾转化的需求是政府公关的最大必要

人类社会在发展的过程中，上层建筑和经济基础是矛盾的统一体，经济基础决定着上层建筑，当上层建筑与经济基础不适应的时候，社会矛盾就很容易产生，这时候就需要政府进行一定的公共关系活动来调节这种矛盾，社会才能不断进步。因此，上层建筑和经济基础之间社会矛盾转化的需求是政府公关的最大必要。另外，作为社会个体人的本质发展对不同社会制度下的政府也有着不同的要求。

在奴隶社会，奴隶主占有生产资料并完全占有奴隶；奴隶主和奴隶是赤裸裸的剥削和被剥削的关系，奴隶毫无人身自由，完全在奴隶主的强制下劳动；奴隶劳动创造的产品全部归奴隶主占有和支配，奴隶主只给奴隶最低限度的生活资料。可见，奴隶社会奴隶和奴隶主之间矛盾转化的需求是奴隶制国家处理公共关系的最大必要。

在封建社会，其主要社会矛盾是农民阶级和地主阶级之间的矛盾。地主阶级对农民在经济上进行残酷剥削，并进行政治压迫，迫使农民多次举行起义，以反抗地主阶级的统治。我国历史上的农民起义和农民战争的规模之大，是世界历史上所罕见的。每一次较大的农民起义和农民战争，都打击了当时的封建统治，农民阶级和地主阶级之间社会矛盾转化的需求是封建时代政府处理公共关系的最大必要。

在资本主义社会，生产社会化和资本主义的私人占有之间的矛盾是资本主义的基本矛盾。因为这些社会化的生产资料和产品不是归那些真正生产这些产品的劳动者所有，而是归资本家所有。这是产生资本主义社会一切矛盾和冲突的根源，尤其表现为无产阶级和资产阶级的对立。因此，产业工人和资本家之间社会矛盾转化的需求是资产阶级政府处理公共关系的最大必要。

2. 当今时代政府公共关系的必要性

改革开放以来，随着我国政府服务与管理环境的变化，政府公共关系的必要性也充分体现。正如美国著名的公共关系专家卡特里普和森特所认为的：其一，政府有义务向它的人民报告自己的决策和行为；其二，有效的行政管理需要公众的参与、支持。对于我国而言，政府职能转变、树立政府形象和民主政治都需要公共关系。

（1）政府职能转变需要政府公共关系。政府在一定社会经济发展时期，所肩负的职能是不一样的，一般都涉及政治、经济、社会、文化和生态等领域。政府的职能要么滞后，要么超前于社会经济的发展现状，因此选择适宜的政府职能策略是我们执政党所追求的，可以肯定地说，政府职能转变也是持续的。在政府的职能转变前后，如何让政府机构人员准确把握？如何让相关社会组织接纳？如何让公众理解？如何让国际社会认同？这些问题的解决都离不开政府公共关系活动。

（2）树立政府形象需要政府公共关系。首先，政府做好公关工作，有利于提高政府在国内公众中的形象。组织的形象问题在现代社会越来越重要，一个组织有了良好的形象才能得到支持和信赖，才能使组织工作顺利推进，并使组织目标得以实现。政府部门可以通过公共关系的传播渠道，把政府部门全心全意为人民服务和亲民的良好形象传递给广大社会公众，以取得社会公众对政府部门工作的大力支持，同时增强政府的号召力和凝聚力。

其次，做好政府公关工作，有利于提高政府的国际形象。毫无疑问，政府的国际形象非常重要，做好公关是提升国际形象不可或缺的重要方式。积极开展政府的跨国公共关系有利于对外开放并紧跟全球化趋势。在对外开放的格局中，国家要建立和发展同外部世界的联系和合作，而要达到相互了解以至信任的目的，就必须发挥政府国际公关的职能作用。对外交往是一个主权国家不可回避的国际事务，与相关国家在政治、经济、文化等领域的沟通与合作，都会受政府形象的影响。

3. 政府公共关系之对外公关的必要性

在政府公共关系客体中，外国公众是一个不可小觑的群体。在经济全球化、国际政治复杂化的今天，一些国家的命运或利益往往掌握在别国的手中，因为社会公众的态度在一定程度上左右政府的对外政策，甚至是政府对外政策的产生基础。我们不难想象，没有哪个致力于长期稳定的政府是不关注本国公众的态度、情感和利益的，所以政府对国外的公关就应该从外国普通公众开始，想方设法打造一个国家在他国公众心目中的良好形象。

政府公共关系对一个国家的长期繁荣稳定起到不可忽视的作用。弱国无外交，这看似夸张的论断其实暴露了小国在对外公共关系中的窘迫。政府公共关系在处理不同国家间的意识形态分歧方面具有重要作用。我们需要进一步加强政府的国际公共关系，使西方民众对我国的历史记忆、价值体系与信仰逻辑更加符合我国的实际，不断架起中西方沟通的桥梁，彻底化解中西方民众之间的心结和误区，为实现“中国梦”而创造良好的国际环境。

三、政府公共关系的特点

公共关系处理的是一个组织与它的内外部公众之间的关系。组织是公共关系的主体，公共关系实质上是一种组织行为。政府是一种特殊的社会组织，因此，政府公共关系是一种特殊类型的公共关系。这决定了它除了具有一般公共关系的基本属性和特征外，还具有一系列新特点。这些特点主要表现在以下五个方面。

1. 政府公共关系主体的权威性和特殊性

任何一个合法政府的存在都使其具有超乎于其他社会组织之上的属性。政府可以制定公共政策、颁布法令，并强制它所管辖范围内的人民群众和其他社会组织去执行它的决定。这是其他社会组织所不具备的。政府单向垂直的领导模式，很容易滋生超越其他社会组织和社会公众的特权意识，不像企业在市场压力下会主动与公众进行双向沟通。随着时代的变迁，执政党所建立的政府越来越多地接受着执政的考验，为了进一步巩固执政党的地位，因此，有必要提升政府公共关系的自觉性。

政府作为公共关系主体，有一个从中央到地方的完整组织架构体系，其规模之大、管理范围之广、管理的社会公共事务和机关内部事务之多，客观上需要一定的权威机制作为保障。例如，从居民的衣、食、住、行到社会的经济、文化、教育、科技、国防、外交和生态环境等，几乎方方面面都可纳入政府行政管辖范围。同时，政府是上层建筑的核心，是对政治、经济、军事、文化等各种事务运筹、指挥调度的中心，对社会的各种资源的调配和使用有着其他组织无与伦比的优越条件。这既是政府主体权威性的必然，也是该种主体特殊性的体现。只有加强权威机制建设才能充分体现政府主体的权威性，否则，政府就不能在纷繁复杂的事务处理中游刃自如。与此同时，还要关注政府公共关系主体的特殊性，因为该主体在处理公共关系活动中要始终围绕政府的职能，当政府职能转变时，政府公共关系活动的内容和指向都要做相应的调整。

2. 政府公共关系的目标具有独特性

政府公共关系以追求社会发展的综合效益为目标，其目标具有明显的社会独特性。政府机构开展公共关系工作的目的不是为了自身组织或社会局部利益的得失，而是为了国家、社会整体利益的充分实现。为了巩固执政党的地位，更好地促进国民经济的发展，增加民众的生活福祉，有效开发和利用各种社会资源，加强社会各领域、各部门的协调运转，政府公共关系需要得到重视，也为有效发挥政府的管理职能创造了条件。社会整体利益和根本利益的实现程度，也是检验政府公共关系工作成败的根本标准，可见，政府公共关系的目标具有综合效益的独特性。

社会组织分为营利性组织和非营利性组织，政府作为一种独特的社会组织属于后者。因此，政府的主要活动是为社会公众服务，它本身不直接参与生产经营。政府必须运用各种公共关系手段，开展各种公共关系活动，以树立一种“创新、务实、廉洁、高效、民主”的政府形象。社会主义政府是人民民主专政的政府，接受着人民的授权去管理社会，其行政工作人员必须树立“民为邦本”的思想，维持与公众的血肉感情，培养廉洁奉公的高尚情操，强化执法如山的法制观念，发扬求真、务实、民主、高效的工作作风，处处体现全心全意为人民服务的主导思想。只有这样，政府才能获得公众的赞誉。

3. 政府公共关系的公众具有广泛性和复杂性

与其他组织不同，政府机构的服务对象具有广泛性，从广义上讲涉及全体社会公众，包括社会的各个阶层、各个民族、各个党派、各种团体和社会组织等各种社会力量，而不仅是某一方面或某一领域的特殊群体。此外，由于政府承担并履行着外交、国防等涉外职能，它还必须面对国际组织和外国民众。政府决策的任何微小变化都会在社会上产生广泛影响，给社会生活带来或大或小的震动。

政府服务的客体还具有其他社会组织服务对象不可比拟的复杂性。政府公共关系的工作对象，既包括政府组织内部的工作人员，又包括本级辖区内的组织和民众，还有辖区外的组织和民众；既有各类普通社会群体，又有特殊类别群体，如少数民族、华人华侨、妇幼病残、灾民遗孤等；既有自然人，又包括“法人”。这些公众，既有共同关注的社会公共利益，又有各自不同的特殊利益诉求。因此，对政府制定的有关政策和法规，不同的利益群体会有不同反应。不同群体的期望诉求不同，他们与政府的关系也相当复杂，这都体现了政府所面对的公众在利益结构上呈现出相当的复杂性。

4. 政府公共关系传播的特殊性

政府公共关系传播的特殊性主要体现在传播主体、传播内容、传播渠道和传播方式等方面。政府公共关系传播的主体主要指以政府为代表的各级各类组织，这些组织在一定区域范围内是唯一的，体现了组织的特殊性，所以在政府公共关系传播中扮演着义不容辞的职责；政府公共关系传播的内容涉及政治、经济、社会、科技及文化等领域，内容上包罗万象；在传播渠道上，政府一般具有舆论控制能力，在我国主要体现在对传统媒体——广播、电视、报纸、杂志等的所有权控制上。在传播方式上，政府可以通过制定有关的方针政策，也可以借助条例、行政法规、规章、办法和方案，甚至是国际公约和联合宣言等方式。

5. 政府公共关系效益的社会性

政府公共关系所追求的效益是综合的，能体现很强的社会性，也就是说政府公共关系关注的主要是社会效益，而不是经济效益。合理、及时地开展政府公共关系，其社会综合效益会显现在整个社会生态系统中。以企业为代表的社会组织，公共关系沟通目标一般只是为本单位的生存发展。政府公共关系则不然，它所传播沟通的内容涉及每个社会公民的切身权益，涉及人和自然如何协调发展，涉及广大人民群众如何发挥民主权利并参与管理国家，涉及国家政治生活的类别、性质和状态，涉及整个社会的稳定、繁荣与发展等问题。

政府公共关系的五个方面特点，非常容易记忆。读者可以这样把握：公共关系三要素＋目标和结果。这五个关键词就可以把整个体系都拎起来。

第二节　政府公共关系目标

政府公共关系活动离不开制定活动的目标，追溯起来还要从政府目标谈起。

一、政府目标

政府目标是指一个主权国家在执政党领导下的基本价值诉求。当前，包括我国在内的许多国家都在进行服务型政府建设。服务型政府是以人为本的政府，根据我国的国体和政体，政府的权力来自人民，政府必须服务于人民，接受人民的监督。政府怎样提供服务、提供什么样的服务以及什么时候提供服务都是由人民来决定的。政府出台的每一项政策，制定的每一个措施，都应该尊重人民意愿，体现人民要求，为人民利益服务；衡量政府一切工作的尺度，都要看人民群众高兴不高兴、满意不满意、赞成不赞成。只有时刻把人民群众利益放在首位的政府，才是服务型政府。从转变政府职能，深化行政管理改革的意义上说，服务型政府是我国行政管理改革的目标选择。也只有在服务型政府的领导下，才能又好又快地发展经济，实现科学发展、和谐发展，最终更多地增加民众的福祉，并将逐步提升政府威信和公信力。

二、政府公共关系目标

政府公共关系目标根据其范围，可以分总体目标和具体目标两个方面。

1. 政府公共关系的总体目标

围绕服务型政府的建设，我们认为促进公众的认知是政府公共关系的首要目标；其次是塑造政府的良好形象，提高政府的美誉度；最终目标是提高社会效益，其价值追求表现为公共取向。

2. 政府公共关系的具体目标

政府公共关系目标还在于降低行政成本，提高行政效率。政府公共关系活动更有利于实现政府的职能转变，当然这是建立在政府良好形象基础之上的。

构建和谐社会是政府公共关系的目标，它要求政府组织在实现这一目标的过程中，加强政府公共关系，营造和谐的行政环境，拓宽公众政治参与的渠道，防范政府组织风险和危机，增强政府的感召力，提高政府协调社会矛盾的能力，巩固执政根基。

总之，把中国特色的政府公共关系作为塑造我国政府形象的社会活动，已成为我国各级政府日常工作的重要组成部分。为确保政府公关目标的实现，必须正确地运用恰当的手段，才能真正塑造出“廉洁、勤政、务实、高效”的良好政府形象。

第三节 政府公共关系工作内容

政府公共关系工作总是要围绕政府公共关系目标，由于政府公共关系目标的多向性和综合性，政府公共关系活动的实际运作涉及的工作内容很多，以下举三个例子。

一、政府信息工作

政府公共关系活动的一个重要内容就是做好信息工作，对政府有用的信息经过收集、加工、存贮、传递，为政府管理提供各种有力的信息支持，促使政府与其管理对象之间的信息交流更畅通，关系也就相应更加和谐。为此，政府需要建立健全信息管理制度，不仅涉及自然资源、生产、消费、进出口等数据，还应囊括出生、求学、就业、卫生、交通、出入境管理等信息，特别是对政府财务预算实施要透明化管理。要想把信息工作做好，就要保证必要的信息工作人员，保障信息通道的畅通。

做好政府公共关系活动中的信息工作，必须以信息的收集和传播为主要抓手。收集信息属于基础性工作，因为法律、法规、政策等的制定，都需要建立在信息充分的基础上。收集信息时往往需要多方主体的参与，因而就必须发挥政府公共关系的作用。现代社会是一个错综复杂、迅速发展的社会，这使得政府的工作也处于多变的动态环境中。政府各职能部门和公共关系人员在开展公共关系活动时，应注意广泛收集有关社会、政治、经济、技术、文化、生态等方面的信息和情报，监测外部环境的变化，分析和预测有关形势和趋势，及时向政府决策层提供信息源。

发布信息是做好政府公共关系活动的关键。如何发布法律、法规、政策、决策等与公众利益相关的信息；如何完善政府信息传播的途径，给予民众充分的知情权；如何向国际社会传递一个国家的对外政策和主张；如何采取恰当的信息发布方式，让民众认可信息的真实性和可靠性。所有这些问题的解决都关乎政府的形象塑造和行政效率的提升。

2019 年 11 月 8 日，国务院发布《国务院关于开展第七次全国人口普查的通知》(国发〔2019〕24 号)，国务院决定于 2020 年开展第七次全国人口普查，普查标准时点是 2020 年 11 月 1 日零时。根据《全国人口普查条例》第八条规定，我国人口普查每 10 年进行一次，尾数逢 0 的年份为普查年度。国务院提前足足一年开展普查工作通知，足见国家人口基础数据的重要性。

二、政府廉政建设

政府是否廉洁往往是公众对政府关注的焦点。政府公共关系的首要任务就是利用各种公共关系手段来提高政府的美誉度，而政府要在民众心目中树立良好的形象，离不开一个清正廉洁的政府。廉政建设是政府公共关系的有力支撑。公共关系的一个基本准则就是“公众需要被告知”，即把相关信息通过大众媒介向社会公开传播，这样有利于公众对政府的监督，并促进国家机构的廉政建设，而廉政建设措施的有力实行和成果的取得，也会使政府公共关系顺利地开展。如果从公共关系的侧重点来看，廉政建设侧重于制度、政纪、法规等硬性建设，而公共关系侧重于思想、言谈和心理等柔性建设。所以把政府廉政建设作为公关活动的突破口，也就收获了刚柔并济的互助成效。

当前，党和政府在反腐倡廉行动中更是重拳出击，任何人贪污腐败都会受到法律的严惩。“八项规定”以来，党中央的行动得到了广大人民群众的大力支持，提升了执政党的公信力和形象，也无疑是最有效的政府公关活动。

三、政府危机处理

当一个地方突遇像地震、水灾等自然灾害或人为的一些重大事件时，政府反应的速度、处置的方式、信息公开的程度和真实性等，都会影响政府的形象。

以 SARS 危机为例，我国政府开始积极主动应对，并主要做了以下工作：成立危机处理小组，组织领导应急工作，并调集相关防治力量，落实相应措施；指定新闻发言人，及时通报有关疫情，以掌握舆论主动权；安抚受害者，奖励有功者，惩罚渎职者。可见危机事件的处理也检验政府执行力，是政府公关活动的重要实践内容。

当然政府公共关系工作内容远远不止信息工作、廉政建设、危机处理三个方面。政府活动中，但凡与形象密切相关的均可归为政府公共关系活动。

第四节　政府公共关系的方式和途径

政府公共关系采取什么样的方式直接影响到公共关系活动的成本和效果，为了更好地开展政府公共关系，寻求有效的实施途径至关重要。

一、政府公共关系的方式

根据政府公共关系借用的媒体和表现形式，探讨政府公共关系的方式有助于策划公关活动。

1. 利用新闻媒介

（1）记者招待会。记者招待会一般在发生重大且具有一定影响的事件时，向新闻界公布信息，借助新闻媒体向公众传递信息。每次记者招待会都会有一个名字，这个名字会反映在关于记者招待会的一切表现形式上，包括请柬、会议资料、会场布置、纪念品等。记者招待会也是政府向社会公开发布信息，给予社会正能量，或向社会宣扬真善美，揭露假恶丑的事实。例如，每年 3 月的两会期间，都会安排一场总理答记者问的记者招待会，在该招待会上，通过记者与总理的互动，我们可以了解到政府的一些方针、政策的动向，还可领悟到国家对一些重大国内和国际问题的态度。这正是政府公共关系活动的有效表达方式。

（2）广播电视讲话。广播电视讲话是指政府相关部门安排相关人员利用语言的或非语言的符号，借助听觉性的媒介（广播）或视觉性的媒介（电视）与社会受众交流。由政府特地安排的广播电视讲话所涉及的内容体现了一种庄重性、权威性和公开性。例如，在一些重要日子来临之际，国家或职能部门的主要领导都会借助广播电视讲话来总结成功的经验和应该吸取的教训，并布置将来的工作，以昭示美好的未来。再如，当一些重要的法律、法规或政策出台的时候，相关部门也会组织专家通过广播电视节目形式来宣传并解读。通过这种方式，政府公共关系活动影响的受众范围较广，节约了政府公关的成本，并能及时在民众间形成共识。

（3）散发宣传资料。每个政府部门的成员都是政府的形象代表，每个组织成员都是政府对外宣传引导的窗口。因此，要做好对外的宣传引导，必须先做好对内部成员的宣传引导。另外，政府相关部门还会把有关事项印制成传单或画册，借助广场、车站码头等人流量大的地方，通过散发宣传单告知民众，以期得到社会民众的认知和重视。这种政府公共关系的活动方式能当面解决民众的疑惑，能够树立政府勤政为民的形象，甚至会缓和一些政府和民众之间的心理矛盾。

（4）政府公告。公告，是指政府、团体对重大事件当众正式公布或者公开宣告。国务院 2012 年 4 月 16 日发布、2012 年 7 月 1 日起施行的《党政机关公文处理工作条例》，对公告的使用表述为，“适用于向国内外宣布重要事项或者法定事项”。其中包含两方面的内容：一是向国内外宣布重要事项，公布依据政策、法令采取的重大行动等；二是向国内外宣布法定事项，公布依据法律规定告知国内外的有关重要规定和重大行动等，如宣布某项法规或规章，宣布国家领导人选举结果，等等。可见通过公告进行的政府公共关系活动形式体现了发文权力的限制性、发布范围的广泛性、题材的重大性、内容和传播方式的新闻性等。

（5）政府公益广告。政府公益广告是指政府或政府部门以付费的方式对社会公开发布的广告，如法庭判决、交通管理、税务征收、环境保护、计划生育等类型的公告。不付费的政府公告不属于公益广告。

通过政府公益广告进行的政府公共关系活动，首先体现了公共服务性，现代政府的角色定位于公共服务提供者，政府公益广告的内容是“公共服务商品”，突出的是政府的公共服务职能。策划政府公益广告内容时，应以公共利益为导向，根据公民的要求及时传播相关信息，回应度要高，为公民提供参与管理的途径，宣传以人为本的理念和政府问责制度，强调透明性，在内容上和形式上要以公民满意为标准。

其次，体现了权威性。这主要表现在政府公益广告的制定者、颁发者、内容以及信息表达方式诸方面。政府公益广告的制定者和颁发者是国家机关，它们代表全体人民履行职责、管理社会、制定法律，具权威性。

再次，体现了宏观性。政府公益广告的宣传内容涉及的是一个地区甚至国家，而不像企业广告那样只注重企业自身的需要，其根本目的在于维护和促进整个社会经济文化的可持续发展，具有时空上的宏观性特点。

最后，体现了理性化。如果说企业广告可以注重感性化、鼓动性的话，那么政府公益广告则讲究理性化，用词须严密，篇章结构须严谨，逻辑性强。

2. 组织社会协商对话

（1）直接协调对话。在政府公共关系活动中，为了工作的需要，协调沟通政府内部的各种关系是一种很实用的公关方式。首先，表现在协调沟通政府内部领导者和一般公职人员的关系。例如，政府公共关系人员积极主动地在政府领导者与下属之间铺路搭桥，建立沟通渠道，及时解决下属中存在的一些具体问题和困难，加强彼此间的联系和信任，融洽双方的关系；帮助领导者了解和掌握员工中的思想动态，注意收集下属中较有影响的言论信息，便于领导者发挥下属的聪明才智，集思广益地进行指挥和决策；积极宣传介绍政府的方针、政策，传达领导者的意见，解释一切可能发生的误会，使下属对领导的苦衷、难处表示理解。

其次，协调沟通政府内部一般公职人员相互间的关系。政府内部的人际关系，既包括领导者之间、领导者与被领导者之间的关系，也包括一般职员相互间的关系。要协调好关系，政府公共关系人员还要经常不断地了解公职人员心里在想什么，生活和工作上有哪些实际困难，出现了什么问题等，同他们做知心朋友，并在此基础上，晓之以理、动之以情地对他们进行思想教育，以增强政府的凝聚力和向心力。

最后，协调沟通政府内部各部门之间的关系。在现代社会中，各级政府要有效地执行党的路线、方针和政策，完成国家下达的各项任务，就必须使政府内部各部门协调一致、相互支持、积极配合地开展工作。如果各职能部门都从本部门的利益出发，就会出现相互推诿、办事拖拉的现象，甚至出现这样或那样的摩擦，造成各部门之间的关系不协调。因此，要求政府公共关系人员要能斡旋其中，明确各自的职责任务，同时要排除误解，缓和冲突，通过沟通渠道，加强各部门之间的联系，营造一种相互信任、相互谅解的团结合作气氛，使各部门成为高效能的办事机构。

在政府公共关系活动中，不但要协调沟通政府内部的各种关系，还要协调沟通政府外部的各种关系。在复杂的社会现实中，由于各种原因，政府的工作计划或具体的工作方案，常常会发生与当时整个社会的政治经济环境不相吻合或与外界公众的需要相悖的情况，从而出现政府与公众、外界组织或外部环境不协调的现象。政府公共关系人员应当与领导者及其他管理部门共同发挥“双向沟通”的特长。一方面，经常向政府领导者和各职能部门介绍和反映外部公众或外部组织的要求，使政府制订的计划、方案，既与国家的大政方针相适合，又与外界公众、外界组织的要求相适合；另一方面，经常向外界公众和组织宣传政府的有关动向，使广大公众和有关部门尽可能了解、信任政府，并支持政府的工作，从而协调好政府内外的各种关系。

（2）会议和报告会。召开会议是政府公共关系活动常用的方式。根据会议的频次，有例行会议，也有针对紧急事务的临时会议；根据参会人员的特征，有组织内部人员的全体会议，也有根据实情召开局部人员的会议；根据会议的内容，有专题会议，也有综合事务会议；根据会议的报告人和受众的空间距离，有面对面现场会议，也有电视电话远程会议。总之，政府部门无论召开什么样的会议，都是以传达一定的会议精神为目的，并有利于政府公共事务的开展。

报告会是指利用专门集会所提供的讲台和场所来宣讲的一种会议形式，具体类别有先进事迹报告会、专家报告会、投资报告会、学术报告会等。报告会的主题一般比较明确，所报告的内容具有较强的公开性和宣传性，甚至有一定的示范性和研讨性。政府用报告会的形式进行政府公共关系活动，体现了政府对宣讲和报告内容的重视，让受众可以提升自我，并受到鼓舞。

（3）信访。信访，是指公民、法人或者其他组织采用书信、电子邮件、传真、电话、走访等形式，向县级以上各级人民政府工作部门反映情况，提出建议、意见或者投诉请求，并依法申请有关行政机关处理的活动。信访是我国特有的一种沟通形式，政府采用该形式来处理国内群众和境外人士来信来访事项，能及时收集来信来访中提出的重要建议、意见和问题，相关部门或领导通过对信访信息的综合分析，能协调督导解决重要信访问题，这在一定程度上能安抚民心，缓和社会矛盾，有利于和谐社会的构建。

3. 其他重要方式

政府公共关系借用的媒介和表现的形式还有其他重要方式。例如，通过举办展销会来展示当代物质文明建设的成就，世博会就是一个各国政府向世界展示本国文明发展的重要契机。当前，各地政府部门所主办的不同主题的商品展销会对提升主办方形象，加强商品的流通和市场信息的交流都起到重大的作用。

政府组织的参观考察也是政府公共关系活动的重要方式，可使参与各方互相切磋和交流，并能汲取对方的成功经验，提升政府的服务水准和管理社会公共事务的能力。

政府在特殊的日子经过周密安排组织庆典活动，可以振奋群众的精神，传播一定的正能量，增强民众对政府的信心，并提升政府的形象。有些庆典活动也是文化礼仪的继承和传播的有效形式，如中国人民抗日战争暨世界反法西斯战争胜利纪念、国庆大典、公祭轩辕黄帝典礼等。

二、政府公共关系的实现途径

构建和谐社会，共筑“中国梦”，实现中华民族的伟大复兴是当前政府公共关系的大目标，这就要求政府组织在实现这一目标的过程中，必须转变政府的观念，营造适合政府公关职能发挥的良好环境，选择信息传播的有效途径，创造良好的社会舆论氛围以及设立公关职能机构等。为此，我们认为改善政府公共关系的实现途径主要如下。

1. 适时转变政府的观念

政府公共关系是紧紧围绕政府目标所设计的活动，而政府目标常常是一定社会经济发展时期的产物，因而改革和完善政府公共关系的实现途径就需要政府把握当前国内和国际的实际，转变传统的理念，观念的扭转和创新是做好一切公关活动的前提。

政府观念转变的基础是对当前实际的准确把握。例如在国内，改革行政体制和机制就是一个重要任务，体制改革促进了横向和纵向关系的发展，使组织的社会关系日益复杂，给组织社会关系状态和行为方式带来了新的变化。因此，不仅需要应用政府公共关系加强组织的社会沟通和协调，更需要转变政府的观念去指导政府公共关系活动的开展。

对外开放政策是我们国家的一项长期政策，因此，需要加强中国与外部世界的双向沟通，尤其是在当今全球经济一体化的大背景下，一方面要了解世界，另一方面要向世界推介中国；为适应对外开放的需要，需要树立公关意识和加强公关管理；对外开放需要按国际惯例和标准办事，特别是我国已积极加入了许多国际组织，都要按照国际组织的规则操作国际事务。因此，适时转变政府的观念是确保政府公共关系在国际社会顺利推进的前提。

2. 营造适合政府公共关系发挥的良好环境

政府公共关系活动发挥的成效在很大程度上还取决于政府部门的内外部环境，无论是对硬件还是对软件都有一定的要求。

（1）硬件方面。为更好地促进政府公共关系活动的开展，必须加强政府公共关系的硬件建设。诸如进行公共关系工作所必需的现代化信息收集、处理和传播设施等。这些设施的先进与否，会直接影响到信息的准确性和及时性，也会影响到信息传播的范围等。

（2）软件方面。加强对政府公共关系的研究，有助于政府公共关系活动的开展。特别是深入研究适应现代政府公共行政的政府公关的原理、原则及效应作用等。各级政府在提高行政人员整体公关素质的同时，要培养和造就一批适应改革开放和社会主义市场经济的高素质政府公共关系人才。

3. 选择信息传播的有效途径

完善政府信息传播的途径，给予传播对象充分的知情权，确保信息不失真。政府公共关系活动的一个重要职能就是要确保信息传播的顺畅。因此，选择信息传播的有效途径至关重要。不同的传播途径给政府公共关系活动带来的成本是不一样的，信息传播的效果也不一样。为此，我们不但要把握信息的特征，还要掌握信息传播对象的范围和特征，做到合理、科学选择，使信息传播的投入产出比达到最大化。

4. 在政府部门内设立公关职能机构

我国的改革开放和市场经济的发展需要安定团结的政治局面，因此需要加强社会的公共关系工作，增强政府和公众之间的双向沟通，增强领导者和被领导者之间的了解、理解、信任和合作，形成和谐的社会气氛。在政府机构中设立公共关系职能部门是适应社会主义市场经济的需要，是适应政府职能转变并有效发挥公共管理职能的需要，是加强与人民群众联系的需要，也是政府观念转变的重要标志。

第五节　政府公共关系案例

政府公共关系案例是公共关系理论和实践的融合，以下具有代表性的个案供读者分析，可以进一步提高认识问题的能力，进而能客观评判政府在一些事件中采取的措施。

一、政府对外公共关系：中俄互办“国家年”

中国和俄罗斯为促进双方的交流与合作，于 2006 年在中国举办了“俄罗斯年”，而后于 2007 年在俄罗斯举办了“中国年”。

2006 年在中国举办“俄罗斯年”期间，俄罗斯在中国举办了 200 多项“俄罗斯年”活动，这些活动涵盖了政治、经贸、文化、教育、卫生、体育、传媒、科技、军事和地方交往等，中俄两国合作的各领域，主要包括 8 个国家级大型活动项目和近 200 个其他项目。8 个国家级大项目是：两国元首互致贺电，宣布“俄罗斯年”开始；中方媒体采访普京总统、弗拉德科夫总理、俄方组委会主席梅德韦杰夫第一副总理和拉夫罗夫外长；“俄罗斯年”开幕式；中俄经济工商界高峰论坛；俄罗斯国家展、中俄投资促进周、“俄罗斯文化节”开幕式、中俄建交 57 周年庆祝活动；中俄立法机构（中国全国人大与俄联邦委员会）领导人圆桌会议；俄西伯利亚、西北和远东联邦区在中国举行推介活动；“俄罗斯年”闭幕式。

2007年在俄罗斯举办“中国年”期间，双方在政治、经贸、文化、科技、军事、传媒、地方交往等领域举办近200项活动，其中包括10多个国家级大项目，如3月在莫斯科举办的中国国家展给俄罗斯人留下了深刻印象。这是迄今为止中国在国外举办的规模最大、涉及领域最广的国家级展会，有来自中国31个省、自治区、直辖市及香港和澳门特别行政区的约200家单位参展。展出内容涉及能源、机械制造、汽车、家电、轻纺、信息技术、农业、旅游、高科技和服务贸易等30多个国民经济行业，包括1.5万多种产品。另外，中国各部门还在俄举办了包括能源、运输、金融、通信、农业和环保等领域的27项专题活动。中国许多省、市、自治区和单位还前来俄罗斯举办推介会等活动。

中俄互办“国家年”的成效：很显然，通过这一活动交流，能够跨越文化隔阂，甚至消除一些误解，增进两国人民的友谊，开拓更多的合作空间。同时，向国际社会显示了我们一贯奉行的和平共处五项基本原则。

读者能否理解“两国元首互致贺电，宣布‘俄罗斯年’开始”，为什么可以成为八大国家级活动之一？

二、地方政府公关：以天津市政府为例

20世纪80年代，天津市市政建设跟不上，人民群众生活存在许多实际困难，久而久之，市民都总结出顺口溜：“坐车没有走路快，自来水腌咸菜，临建拆得没有搭得快”，可见群众对当地政府意见很大。而后，市政府决心为群众办实事，一件一件地解决落实，说到做到，样样兑现。1983年，天津市政府首先为市民办了10件实事，从1984年开始每年坚持为城乡人民办20年实事，到1989年已办了130件。例如，新建、改建了3 000万平方米的住宅，相当于新中国成立以来前30年建房总数的3倍，使一半以上的家庭改善了居住条件和居住环境；花两年时间完成了民用气化工程，民用炊事煤气化的普及率高居全国之冠；花1年零4个月，完成了震惊中外的引滦入津工程，一扫天津人喝咸水的历史；新铺城市道路2 137千米，建起由10来座立交桥、中环线和外环线构成的“三环十四射”的城交道路网络等。广大人民群众对市政府、市领导的满意程度达92%～99.4%，形成心齐气顺、政通人和的社会政治局面。

三、国有企业公关：大亚湾核电站的综合公关

之所以把大亚湾核电站的综合公关置于政府公关之下，一方面在于，大亚湾核电站为国有企业；另一方面在于，大亚湾核电站的有些公关行为离不开政府部门的支持。

广东大亚湾核电站位于深圳市东部的大亚湾畔，距中国香港特别行政区直线距离约52千米。1986年，正当大亚湾核电站工程各项前期准备工作如火如荼地进行之际，4

月 26 日，苏联切尔诺贝利核电站发生了震惊世界的核事故。许多公众开始怀疑甚至反对建造大亚湾核电站，核电站建设陷入公共关系危机。

在这样的背景下，公司果断决定组建公共关系处。大亚湾核电站经历了无数次风风雨雨的考验，公共关系工作也在不断发展和前进。公关工作已从最初以接待参观为主，逐步发展为融科普宣传、树立形象、信息处理、资料编辑、挂靠参观、摄影录像、新闻发布等多功能为一体的公关架构，并于 1995 年年初正式启用了设施完善、环境优美、占地 1 700 平方米的公众信息中心。

大亚湾核电站应对公共关系危机的对策表现在以下七个方面。

1. 普及核电知识

通过在香港特别行政区、广州、深圳及北京等地进行一系列展览和宣传，广泛地普及了核电知识，让公众了解了核能的发电原理、核电发展概况及大亚湾核电站与切尔诺贝利核电站的区别，使公众认识到核电是一种安全可靠、清洁的能源。此外，大亚湾核电站通过直接接触社会各界人士，以及由他们带动的“辐射效应”，为核电获得社会公众广泛支持，建立良好的社会大环境奠定了基础。

2. 做好对港公关工作

大亚湾核电站推出了对港公共关系工作的一系列相关政策，主动请新华社香港分社给予指导，并主动汇报核电站的建设和生产运行情况；与其合作伙伴——香港核电投资有限公司公关部建立了热线联系渠道，做到及时沟通，正面引导，减少误差。双方定期举行公关协调会，通报公共关系工作情况，分析当前形势和任务，制定相应的策略、措施和双方合作的内容。同时，广东核电合营有限公司邀请香港各界知名人士，于 1988 年成立了广东大亚湾核电站安全咨询委员会。

3. 先于公众舆论，避免误导

公司每年定期举办两次记者招待会。通过新闻媒介，让公众及时了解大亚湾核电站工程建设和生产运行等情况。此外，公司还重视和新闻媒介之间的关系，保持与内地和香港 10 多家主要报社、电台、电视台的密切工作关系，对工程建设中的活动和生产运行期间阶段性业绩，以新闻稿形式发送有关新闻机构。先于公众舆论，是公关宣传工作的一条宝贵经验。先于公众舆论增加了对社会的透明度，增强了公众的信任感，也避免了因传媒误导而引起的负面影响。

4. 组织公众参观，树立核电良好形象

核电站共组织了中外参观近万批次，约 19 万人次。对于每一批来访者，都认真做好接待工作，详细介绍世界核能的发展情况、核能的发电原理、核电的安全保障措施，以及大亚湾核电站的管理水平、运行业绩、环境保护和环境监控等情况。消除误会，莫过于身临其境。

5. 搞好重要接待，沐浴关怀春风

党中央、国务院、全国人大、全国政协等领导人经常来核电站视察指导，发表重要讲话，核电站接待来访领导360余人次。

6. 密切周边关系，支持社区建设

核电支持地方发展，地方支持核电建设，双方关系融洽。公司经常与周边三镇领导举办座谈会，并深入群众，增进理解，消除疑虑。公司还利用新年、春节等节假日组织与周边镇村开展联谊活动，以利于相互沟通、相互了解、相互支持。在取得良好经济效益的同时，大亚湾核电站不忘关心公益事业，为周边地区办好事、办实事，资助兴建了大鹏敬老院、文化大楼，赞助教育资金，兴建高等级公路，绿化荒山，美化环境，等等，并配合地方政府组织了各种培训班（如英语学习班、电脑学习班等），在提高地方整体文化素质方面做出了应有的贡献。

7. 注意收集积累信息，扩大宣传范围

公关处还积累了大量的影像资料，拍摄各类接待活动照片2万余张，工程建设与生产运行照片4万余张，并制作了核安全科普宣传和公司简介的录像片。大亚湾核电站作为我国第一座大型核电站，受到国内外传媒的普遍关注，公关处订阅海内外报刊20余种，由专人阅览剪辑，并发展为半月刊，已出版24期之多。10多年制作各类宣传资料30多种，共计50余万册，其中半数以上配有英文版，派发对象除国内人士外，还有法国、英国、美国、比利时、日本等国家和地区的参观者。

❖ 本章小结 ❖

政府是公共关系的三大主体之一，现在有很多学者专门研究政府公共关系。政府公共关系有其存在的必要性：一方面，矛盾的转化要求政府需要注意其形象；另一方面，当今时代，无论对内，还是对外，都离不开公共关系的维护。政府公关也有其特殊性，体现在目标、公共关系三要素及结果等五个方面的特征。政府公共关系目标下，包括了很多方面的工作内容，比如信息工作、廉政建设、危机管理等。政府也有很多方面和途径与其公众进行沟通，比如利用各种新闻媒介、组织协商对话等。对典型性政府公共关系案例的分析有利于更进一步的了解和掌握政府公关。本章涉及对外公共关系、地方政府及国有企业。

⌘关键词

政府；政府公共关系；政府形象；政府职能；政府公共关系目标；信息工作；廉政建设；对外公共关系；地方政府公共关系；国企公共关系

⌘练习与思考

1. 阐述政府公共关系的含义和特点。
2. 阐述政府公共关系的必要性。
3. 政府公共关系的工作内容：______、______、______。
4. 列举政府公共关系的工作方式：______、______、______。
5. 列举政府公共关系活动。

⌘实践与实训 8

心目中最好的国家

[性质] 校内调查活动

[主题] **当代大学生心目中最好的国家**

[目标] 通过对大学生心目中最好国家的调查活动，加深对政府公共关系的了解，尤其政府对外公共关系，学生初步了解国家形象的重要性。

[原理] 政府公共关系的目标、渠道，国家形象理论。

[操作] 本次实践教学，具体分三步：设计问卷、访问同学、形成总结。

首先，对问卷的设计，可以由教师提前完成，也可以由学生自己设计，或者使用已经成熟的调查问卷。问卷必须包括以下内容：印象最好的国家（三个），可以提供选项，同学自主选择；也可以不提供选项，学生自己报出国家名；印象最差的国家（三个）；个别国家的印象评价，比如我们祖国、俄罗斯、日本、越南等；最特别的国家等。但无论如何选择，均需理由支撑。

然后，学生根据调查问卷，在校园内（条件具备的话，也可增加其他高校同学为调查对象），随机调查访问，并获得原始数据的积累。最后，整理调查问卷，得出排名及进行理由的分析。当然，还得在课堂进行分享。

总课时：**1 课时**；主要是课堂分享。

[注意] 广义的政府公共关系包括两块内容：其一，对内公共关系；其二，对外公共关系。本次实践活动更多地涉及对外公共关系，当然在调查过程涉及当代大学生对我国国家形象评价的时候，就回归对内公关了。任课教师在本次实践教学过程中，注意联系第十六章“国际公共关系”的内容。

[成果] 调查报告，自然包括当代大学生心目中最好的国家排名及其背后的理由。

[延伸] 排名表可作为以后教学的基本素材，包括在进行第 16 章教学活动时。

⌘拓展阅读

阅读廖为建主编、张宁副主编的《政府公共关系》（第 2 版，中国人民大学出版社，2014 年），增加对政府公共关系的了解。

第九章
Chapter9

非营利组织公共关系

☞ 导入案例

腾讯公益慈善基金会

腾讯公司于2006年9月发起筹备腾讯公益慈善基金会，2007年6月在国家民政部注册为全国性非公募基金会，是我国第一家由互联网企业发起的公益基金会。腾讯公司捐赠原始基金2 000万元，并承诺每年按照利润一定比例持续捐赠。

腾讯公益慈善基金会秉承“人人可公益的创联者”理念，推动互联网与公益慈善事业的深度融合与发展，通过互联网的技术和服务推动公益行业的发展，以“腾讯网络捐赠平台”“益行家”“腾讯公益网”等产品为平台，培养亿万网友的公益习惯，推动人人可公益的生态建设。此外，腾讯基金会通过“为村开放平台”“腾讯立体救灾”等项目，在乡村发展、教育、扶贫、紧急救灾、员工公益等多个领域长期探索着互联网与公益结合的前沿与可能。

根据该基金会2019年度工作报告，基金会有13名理事，1名监事（均不从基金会获取收入），12名专职工作人员，内设办公室、项目部、平台部、财务部。2019年度，该基金会接受捐赠款达到8.51亿元，2018年年末净资产12.7亿元，2019年度总支出7.3亿元。该基金会资金来源主要为腾讯系的企业捐赠，至今未获公开募捐资格或不需要。2019年，基金会主要开展了8项公益慈善项目：筑梦新乡村项目，主要资助了西安市乡村发展公益慈善基金会；立体救灾项目，主要资助了四川省芦山中学；互动公益平台项目，主要举办了第九届“99公益日”活动，本项目支出累计近4.7亿元，是最大的支出项目；教育及公益倡导项目，主要资助了北大和清华的教育基金会、深圳市老龄事业发展基金会等；生态及文化保育项目，主要资助了中国文物保护基金会、北京市东城区明德书院等；扶贫济困项目，主要是“广东扶贫济困日”活动捐赠，资助了爱佑慈善基金会等，支出近1.2亿元；社会组织发展项目，资助了中国网络社会组织联合会、中国社会工作联合会、北京新民社会组织能力建设促进中心等机构；支持科技发展项目，开展了第一届“科学探索奖”评选活动。

腾讯公益慈善基金会是典型的企业公益基金会，受制于企业目标要求，部分活动并非直接与公益对象接触，而是通过其他非营利组织开展。

资料来源：腾讯公益网站，https://gongyi.qq.com/.

| 学习目标 |

1. 掌握非营利组织的概念、特征、类型。
2. 了解非营利组织的兴起，掌握非营利组织的地位。
3. 掌握非营利组织公关的特征、应用领域。
4. 了解非营利组织公关功能和面临的挑战。
5. 学会分析非营利组织公关案例。

第一节　非营利组织概述

一、非营利组织的定义

世界各国在用词习惯以及对非营利组织（non-profit organization，NPO）范围的界定上有所差异，较为常见的相似概念有：慈善组织（charitable organization）、志愿者组织（voluntary organization）、免税组织（tax-exempt organization）、非政府组织（non-governmental organization）等。比较有代表性的主要有以下几个。

美国约翰·霍普金斯大学教授莱斯特·萨拉蒙认为，同时具有组织性、私有性、非营利性、自治性和志愿性五个特征的组织可称之为非营利组织，其组织目标为慈善、教育、宗教、科学事业；其收入不能使得私人受益；其活动不能影响立法及干预公开选举。在经济上，组织大部分收入来自会员会费、政府财政补贴或自愿捐赠，而不是销售产品或服务。在职能上，为了促进和实现整个社会或者一定范围内社会的公共利益和公共目标，并以此确立其地位。这一定义目前较为流行，常为人们所引用。

在欧洲，非营利组织是包括合作社、互助会在内的社会经济组织。社会经济组织是欧洲共同体的产物，该类型组织在运营过程中遵循四个准则：第一，不以追求利润为目的，而是为组织成员和集体服务；第二，脱离于政府，自主、自立进行管理与运营；第三，民主决策；第四，分配时人与劳动要优先于资本。

就我国而言，非营利组织是在民政部登记注册的社会团体、民办非企业单位和基金会，还包括其他不具备法人地位的各种非营利性、非政府的社会组织。我们认为：非营利组织是不以营利为目的的，开展志愿性、公益性活动的非政府组织。

上述概念中包含了三层含义：非营利性、非政府性、志愿公益性。这也是非营利组织的三个基本属性。

1. 非营利性

非营利性是非营利组织的第一个基本属性，是它们区别于企业的根本属性。在市场经济条件下，企业千差万别，但都以获取利润，即营利为目的，不存在非营利的企业。但是非营利组织则不同，它们不是企业，而是非营利的社会组织。作为非营利的社会组织，非营利组织的非营利性体现在以下三个方面。

（1）不以营利为目的。企业的宗旨尽管表述各不相同，但都离不开营利这一本质，所以营利是企业的根本特征。作为非营利组织，其宗旨也可以有各种不同的表述，但不以营利为目的则是一切非营利组织的根本特征。换句话说，非营利组织的宗旨不是为了获取利润并在此基础上谋求组织自身的发展壮大，而是为了实现整个社会或者一定范围内社会的公共利益。

（2）不能进行剩余收入或利润的分配。非营利组织可以开展一定形式的经营性业务，在这些业务中往往会产生一定的超出经营总成本的剩余收入。如果是企业，高于经营总成本的剩余收入当然被作为利润在投资者之间进行分红，但是作为非营利组织，无论开展何种形式的经营业务，其经营收入都不能作为利润在成员之间进行分配，而只能用于组织所开展的各种社会活动及自身发展。

（3）不得将组织的资产以任何形式转变为私人财产。企业的资产归企业的所有者所有，其产权界定是明确的。非营利组织的资产严格地说并不属于组织所有，也不属于捐赠者，它们在一定意义上是“公益或互益资产”，属于社会。所以，非营利组织在一定意义上是作为受托人来行使公益资产的所有权。因此，如果非营利组织解散或破产，它们的剩余资产不能像企业那样在成员之间分配，而只能转交给其他公共部门，如政府或其他的非营利组织。

2. 非政府性

非政府性是非营利组织的第二个基本属性，也是它们区别于政府的根本属性。相对于企业来说，非营利组织和政府都属于社会的公共部门，这是它们的共性。但是非营利组织和政府不同，它们不是政府机构或其附属部分，而是非政府的社会组织。

作为非政府的社会组织，非营利组织的非政府性体现在以下三个方面。

（1）独立自主的自治组织。政府作为统一完整的国家政权，尽管其各个部门、机构以及各层级都有相对的独立性，但不能完全独立自主，否则就难以行使国家的职能。非营利组织则是相互独立的自治组织，它们既不隶属于政府，也不隶属于企业，而是独立的社会组织。每一个非营利组织都有独立自主的判断、决策和行为的机制与能力，都属于独立自主的自治组织。

（2）自下而上的民间组织。政府作为国家政权的组织形式，其基本的组建原则和权力行使方式是自上而下的，形成大大小小的金字塔结构。非政府组织无法按照国家政权的形式自上而下构建起来，也难以自上而下地行使权力，它们依靠的是广大的公民，通过横向的网络联系与坚实的民众基础动员社会资源，形成自下而上的民间社会组织。

（3）属于竞争性的公共部门。政府作为以政权为基础的公共部门，无论资源的获取还是公共物品的提供，其基本方式都是垄断性的。非营利组织则不同，它们不能操纵政权力量，只能采取各种竞争性的手段，来获取各种必要的社会资源并提供竞争性的公共物品。

3. 志愿公益性

志愿公益性是非营利组织的第三个基本属性，也是非营利组织最具特征的一个属性。非营利组织的内在驱动力不是利润，也不是权力，而是以志愿精神为背景的利他主义和互助主义。正像企业是组织化的资本、政府是组织化的权力一样，非营利组织可以说是组织化的志愿精神。非营利组织的志愿公益性或互益性主要体现在以下三个方面。

（1）志愿者和社会捐赠是非营利组织的重要社会资源。企业主要以资本的形式获取社会资源，政府主要通过税收集中社会资源，而非营利组织的主要社会资源则是基于志愿精神的志愿者和社会捐赠。志愿者是志愿精神的直接体现或人格化，表现为那些为追求一定的价值观并无偿地参加各种社会公益或互益性活动的人们；社会捐赠则是志愿精神的货币化或物质化，表现为人们为各种社会公益或互益性活动无偿提供货币或其他物资。这两者构成了非营利组织重要的社会资源。

（2）非营利组织活动的社会公开性和透明性。企业作为相对独立的实体，其活动具有一定的内部性或排他性，政府则不可避免地要面临安全或保密等问题。非营利组织使用的是社会公共资源，提供的是社会公共物品，其运作过程和开展的各种活动都要向社会公开，保持透明，并接受社会的监督。

（3）非营利组织提供两种类型的竞争性公共物品。企业提供的是私人物品，政府提供的是垄断性公共物品，非营利组织提供的是竞争性的公共物品，其中包括两类：一是提供给整个社会不特定多数成员的所谓“公益性公共物品”，其受益者是社会大众，但无法界定受益者，比如公害治理、植树绿化等都属于这种类型；二是提供给社会中某一部分特定成员的所谓“互益性公共物品”，其受益者尽管也是多数社会成员，但是能够通过某种方式界定受益者，比如行业互助、会员福利等，后者有时也被称为“准公共物品”。

二、非营利组织的发展

世界范围内的非营利组织发展状况并不十分均衡，发展路径也各不相同，这里我们选取具有代表性的美国和中国两个国家，分析非营利组织的发展状况。

1. 美国非营利组织的发展

非营利组织在美国有较为悠久的历史，但在19世纪之前，美国的非营利组织与营利性组织之间的界限并不清晰，往往和企业、合作社、同业公会等混为一谈。在19世纪末20世纪初，从事并鼓励商业活动已经成为日渐拓展的非营利组织的有机组成部分。20世纪30年代罗斯福新政之后，一些原先由慈善组织向一些弱势群体提供救济等的慈善活动，转而由国家财政予以负担。同时，美国政府开始借助非营利组织来实施其“伟大社会”等社会福利计划，这使得非营利组织的活动领域不再仅限于传统的慈善领域，而是进入了更大的公共领域，其服务对象也逐步拓展，涌现出一些具有社会运动色彩的组织，如互助社、改良运动组织、社会服务组织、教育文化机构等。20世纪80年代前后，美国面临财政危机、社会不满、政府机构庞大以及效率低下等问题，美国提出以政府再造来重新定位政府职能，特别是提出由非营利组织来承担政府原先承担的部分公共服务职能。州政府和地方政府迅速利用“购买服务条款”向私人慈善组织购买服务，以执行州的社会福利政策。这使得政府向非营利组织购买服务的范围越来越广、数量越来越多，也导致了非营利组织的数量和类型的大量增长。当前而言，美国的非营利组织表现为各种各样的协会、学会、研究会、联谊会、商会、行会、基金会、学校、医院、福利院、文化院、体育馆、博物馆、美术馆、文艺团体等。

纳尔逊·罗森鲍姆（Nelson Rosenbaum）指出，自从美国独立战争以来，非营利组织的社会角色经历了四个演化阶段。

（1）民众互助模式。从独立直到20世纪初期，那些政府不提供的服务或公民个人提供不了的服务，可通过邻里互助提供。因此，在此期间，公民组织了救火消防志愿组织，并帮助贫困的家庭修建谷仓，即使现在，在某些郊区、乡村和某些教区仍然如此。这种模式曾经适用于经济福利水平低的社会。

（2）慈善捐助模式。从20世纪初到30年代，随着美国经济的繁荣，工业革命将大量财富集中到少数家族手里。不管是出于社会责任感，还是出于负罪感，这些富有家族如摩根（Morgans）、洛克菲勒（Rockefeller）和卡内基（Carnegie）等发展出慈善赞助模式。该模式在20世纪初对于美国主流教育事业及穷人的帮助是功不可没的。

（3）公民权利模式。随着经济大萧条的来临，美国政府支持的社会机构和项目迅速增长，使得20世纪40年代和50年代的美国非营利事业成为权利与授权模式。许多团体认为它们有权要求政府从公共税收中支出部分资金给它们，因为它们的工作是为整个社会的利益而服务的。

（4）竞争市场模式。在前三个阶段，非营利事业主要依赖个人互助、富人慷慨解囊和联邦政府、州政府及市政府的大力资助。虽然志愿精神愈来愈受重视，但是非营利事业还是要面对两个事实：①它们不能只是依靠传统的资助；②随着它们不断地转向市场寻求资助，它们发现其他非营利组织也在寻求同样的资助。到了20世纪90年代，非营利组织面对的最大挑战就是竞争，它们必须学会如何将它们的努力调整到竞争洪流中去，需要掌握怎样谨慎地选择目标市场，面对竞争者如何提供高效服务，以及如何整合营销项目的诸多因素以获得尽可能多的有限资源。非营利组织必须更重视自身管理、员工专业化、收入的增加等问题。这也是本章讨论非营利组织公共关系的原因所在。

2. 中国非营利组织的发展

在我国，非营利组织更多地被称为公益组织或慈善组织，还有一些从事社会福利、社会服务事业的民间团体也具有非营利的特征，也有人把它们统称为非政府组织。改革开放以来，我国的社会结构发生了深刻的变化和调整。“小政府，大社会”目标模式的确立和社会主义市场经济体制的建立为中国非营利组织的发展提供了广阔的空间和发展的机遇。非营利组织成为中国社会经济生活中不可或缺的新角色，正处于蓬勃发展的阶段。目前我国西方意义上的非营利组织并不多见，一般民众所熟知的青联、妇联、残联、消协等组织实际上都是有政府背景的半官方社会组织，这些组织从雇员到资金来源都依赖政府。我国的现行法规体系中将非营利组织划分为“社会团体”和“民办非企业单位”，而人们则更习惯以“团体、事业单位”的称谓涵盖它们。近年来，我国陆续出现一些和西方非营利组织近似的社会组织，如各种基金会。

三、非营利组织的分类

非营利组织涉及的领域非常广，遍及现代社会的各个主要方面，包括经济活动方面如生产、流通、消费等，地域方面如城市、乡村等，社会群体方面如专家人群、青年、妇女、华侨等，社会活动方面如文化、健康等。为了更好地研究和管理非营利组织，人们尝试对其进行了分类。

1. 汉斯曼分类

汉斯曼（Hansmann）分类根据资金筹措方式将非营利组织分成捐赠型非营利组织和商业型非营利组织两类，根据组织管理方式将非营利组织分成公共型（组织自身控制）非营利组织和企业型（专业经理人）非营利组织两类，这两大分类交叉可以将非营利组织区分为四种类型，如表 9-1 所示。

表 9-1 汉斯曼非营利组织分类法

组织管理方式	资金筹措方式	
	捐赠型	商业型
公共型	政治性团体、宗教组织	乡村俱乐部、专业协会
企业型	艺术博物馆、红十字会	医院

2. 国际产业分类（ICNPO）

在美国约翰·霍普金斯大学教授莱斯特·萨拉蒙主持开展的非营利组织国际比较研究项目中，41 个国家的非营利组织的活动领域被划分为 12 个大类和 26 个小类（见表 9-2），其依据的主要标准包括：活动领域、活动范围、活动方式、活动对象或受益者等。这种分类法很容易识别哪些组织是非营利组织，但各个国家的背景存在一定差异，不利于深入的学术研究。

表 9-2 非营利组织的产业划分法

第一组 文化和休闲 包含文化与艺术、休闲或服务性俱乐部	第二组 教育和研究 包含中小学教育、高等教育、其他教育及研究	第三组 卫生保健 包含诊断与康复、精神卫生与危机防范以及其他保健服务
第四组 社会服务 包含社会服务、紧急情况救助、社会救济	第五组 环境 包含环境保护、动植物保护	第六组 发展和住宅 包含经济、社会与社区发展和住房、就业与职业培训
第七组 法律和政治 包含民权与推进组织、治安与法律服务组织、政治组织	第八组 慈善中介、志愿促进	第九组 国际性活动
第十组 宗教	第十一组 商业和专业协会	第十二组 其他

3. 我国现行分类

我国政府所采用的正式分类是将民间非营利组织分为社会团体、民办非企业单位和基金会三大类。在我国《社会团体登记管理条例》中规定，社会团体是指中国公民自愿组成，为实现会员共同意愿，按照其章程开展活动的非营利性社会组织。社会团体一般分为工商服务业类、科技研究类、教育类、卫生类、社会服务类、文化类、体育类、生态环境类、法律类、宗教类、农业及农村发展类、职业及从业组织类、国际及其他涉外组织类以及其他。在《民办非企业单位登记管理暂行条例》中规定，民办非企业单位是指企业事业单位、社会团体和其他社会力量以及公民个人利用非国有资产举办的，从事非营利性社会服务活动的社会组织。民办非企业单位可分为科技服务类、生态环境类、教育类、卫生类、社会服务类、文化类、体育类、商务服务类、宗教类、国际及其他涉外组织类等。在《基金会管理条例》中规定，基金会是指利用自然人、法人或者其他组织捐赠的财产，以从事公益事业为目的，按照本条例的规定成立的非营利性法人。基金会则分为面向公众募捐的基金会和不得面向公众募捐的基金会，公募基金会按照募捐的地域范围，分为全国性公募基金会和地方性公募基金会。截至 2020 年第三季度，全国共有非营利组织 88.4 万个，其中已登记社会团体 37.3 万个，民办非企业 50.3 万个，基金会 8 258 个。⊖

四、非营利组织的兴起

第二次世界大战以前，社会主要可划分为两大部门：第一部门是政府部门，它通过税收形式从第一部门得到资金，用于解决社会公共事务，解决企业和个人无法解决的问题，满足社会的公共需要，使社会获得基本的平衡与和谐；第二部门是企业，也就是经济部门，它是以营利为主要目的，其投资是要有收益的，在市场环境中遵循市场原则，配置资源，创造财富。二战后，一方面，人们对两次大战进行了反思，战争给社会造成了空前的灾难和巨大浪费；另一方面，民族间的、地区间的、国家间的差别和矛盾继续存在，并可能激化，小到社区的邻里纠纷和垃圾分类，大到各种国际纷争和区域冲突。

⊖ 资料来源：民政部，2020 年第三季度民政统计数据。

人们发现，社会中的两大部门已不能满足社会经济活动与公共需求。于是，新社会组织形态开始孕育，逐渐出现了现代意义上的非营利组织，即第三部门。

非营利组织提供的公益服务遍及社会的各个方面，包括公益慈善、救灾救济、扶贫济困、环境保护、公共卫生、文化教育、科学研究、科技推广、农村和城市的社会发展及社区建设等。它们与各级政府和相关各个领域的政府公共服务相辅相成，在很大程度上成为政府公共服务的有益补充。而非营利组织为了能够生存和发展，必须动员各种社会资源，包括慈善捐赠和志愿服务。随着这种社会功能日益发展和成熟，非营利组织开始逐渐专业化，出现了一些以动员资源为核心功能的非营利组织，包括专业筹款或开展资助活动的基金会，以及专业招募、培训和派遣志愿者的社会团体。

目前世界上几乎所有的国家，都存在大量的非营利组织。由约翰·霍普金斯大学萨拉蒙教授主持、在全球 41 个国家开展的非营利组织国际比较研究项目提供的数据显示，非营利组织的经济贡献大约占各国 GDP 的 4.6%，就业人口占非农就业人口的 5%、服务业就业人口的 10%、公共部门就业人口的 27%。在一些发达国家如荷兰、爱尔兰等，非营利部门对经济的贡献占到其 GDP 的 10% 以上，就业人口占非农就业人口的 10% 以上。

我国非营利组织在改革开放后经过了“恢复发展”“曲折发展”“平稳发展”三个阶段，在我国政府于不同阶段表现的渐进性社会发展理念及其政策的作用下，非营利组织逐渐凸显出自己的社会价值，在经济与社会发展中的影响力也与日俱增。

五、非营利组织的地位

非营利组织关注的问题是单纯依靠政府与市场的力量所不能解决的问题。政府不一定能有效地配置社会资源，公共选择理论在用经济模型分析政治决策时指出，民主程序不一定能产生最优的政府效率，因此个人对公共物品的需求有可能得不到很好的满足。同时，受官僚体系和利益集团压力的影响，公共部门在提供公共物品时可能会出现浪费和滥用资源，致使公共支出规模过大或者效率降低，政府的活动或干预措施缺乏效率。公共物品消费的非排他性和非竞争性使得公共物品的消费和生产具有自己的特点，同时给市场机制带来一个严重的问题——搭便车问题，即不承担任何成本而消费或使用公共物品的行为，有这种行为的人，或具有让别人付钱而自己享受公共物品收益动机的人成了免费搭车者，这个问题妨碍了市场的自动调节过程，往往会导致公共物品供应不足，而市场体系中的企业又受制于利润动机不愿提供公共物品。

此时，非营利组织的地位就凸显而出。非营利组织不同于政府，不是以政治权力为核心，不存在自上而下的等级制统治体系，而是以志愿公益为宗旨，以受益者的需要为导向，能够实现公共资源的有效配置；非营利组织不同于企业，不是以牟利为动机，不受市场规律左右，因此能够实现更大范围的社会公平。实践表明，非营利组织作为一种新的资源配置体制，弥补了政府和企业这两种主要的资源配置体制的不足。在这种意义上，人们称之为与作为第一部门的国家体系、作为第二部门的市场体系相平行的所谓

“第三部门”。

虽然我们将非营利组织称为“第三部门”，但实际上比之国家体系和市场体系，非营利组织还存在许多弱势。无论国家体系还是市场体系，都是相对独立的整体，第三部门却不构成一个整体，它们更像是点滴细碎却无所不包。非营利组织所动员的社会资源无论在规模上、构成上还是能量上，都远远不及国家体系和市场体系。因此非营利组织无论作为整体还是个体，都难以与政府、企业相抗衡，因而在它们彼此之间还难以形成真正平等的相互关系，而更多的是一种补充关系。因此，严格地说，非营利组织并不构成与国家体系、市场体系相对应的第三体系，它们只是对应于政府、企业这两种基本的社会组织而言的一种基本的社会组织形式。虽然非营利组织并不像国家、市场那样古老悠久，还存在不足之处，但其发展较为迅猛。

第二节 非营利组织公共关系

一、非营利组织公共关系的特征

非营利组织公共关系与普通企业有着本质上的区别。“社会营销之父”菲利普·科特勒在《非营利组织战略营销》一书中提出，“企业的公关是以消费者为中心的传统公关，而对非营利组织来讲，开展公关是为了维持和提高非营利组织和它们所规划的项目的公众形象；现在，公关的角色已经延伸到公共倡导了。”非营利组织开展公关的宗旨是公共利益，其目标是造福社会，服务人群，以获得社会公众的支持与了解，在建立良好的公益形象的同时，获取更多的内外部资源。

与企业公共关系相比，非营利组织的公共关系具有以下几个特征。

1. 非营利组织公共关系最终成果体现在社会效益上，不仅是自身形象的塑造，更是其所从事事业的知名度和美誉度

任何组织要发展，首先都面临着能否被公众接受的问题。由于非营利组织的民间性，宣传其使命，使其被认可显得尤为重要。非营利组织一般担当着崇高的社会道义责任，或是希望能够引领公众接受有益于社会的新观念，如低碳环保；或是希望能够使公众支持社会事业，如慈善事业；或是说服公众做出更有益于他人的行为，如关注少数群体。帮助公众了解非营利组织的核心思想、活动内容、资金使用以及效果，可以使其扩大自身影响，在获取资源的竞争中更具优势。非营利组织通过扩大影响，使公众了解自己的成就、历史，塑造自身形象，传播自己的宗旨和活动，更致力于为所从事的事业提高知名度和美誉度。

2. 非营利组织公共关系受制因素多，资金及人员更为有限

大多数非营利组织依靠社会、个人赞助，资金首先要保证基本开支，无力大规模开展公共关系活动，常常只能量力而行。而企业等竞争性的营利组织要生存、发展，必须通过市场赢得顾客，一般会有自觉的公共关系意识和行动，其公共关系也具有营利动机。同时，非营利组织公共关系人员较少，甚至没有专门配备，经常是临时组织，专业能力也因人而异，一些情况下只能选择最节约的做法。因此开展公关活动让公众了解非营利组织的工作宗旨、活动目标、预期效果，一方面是为了吸引更多人员的加入，另一方面是为了获得更多的资金支持。

3. 非营利组织与公众的连接较松散，缺乏固定的利益关系

如大多数的人都会认同应该实施垃圾分类，但环境保护主义团体想要推广这种做法时，却未必能一下子募集到足够的志愿者来帮助宣传，使其得到社会的广泛支持和响应。由于非营利组织公众太过宽泛，经常是同一类公众对同一事物难以形成一致看法，因此面对的情境更复杂。在本地化方面，非营利组织一般不创造物质财富，在社区的影响力多数不如企业，有时甚至被社区公众视为“额外负担”。而企业则与其公众之间维持联系的利益点较明显、密切，又容易认识，如企业与顾客、供应商和社区之间，反映到特定公共关系工作中则是企业与公众联结更紧。

⊙ 课堂讨论

结合第八章内容，请思考，与政府公共关系相比，非营利组织的公共关系又具有哪些不同之处呢？

二、非营利组织公共关系的功能

非营利组织的公共关系既有和其他类型的公共关系的相似之处，又具有自身独有的特征，其公共关系的功能与任务具体来说有以下几个方面。

1. 直接功能

（1）导向作用——沟通、了解公众。非营利组织的公共关系活动过程，就是组织同公众之间进行传播和沟通的过程。传播是非营利组织了解公众、公众认识非营利组织的中介和桥梁。公共关系工作从本质上来说就是一种传播活动，非营利组织的公共关系需要有效地利用各种传播媒介，努力营造一个良好的舆论环境和公众环境，将所有组织内成员和组织外公众的活动导向组织的核心目标。了解了公众，可以帮助非营利组织更好地收集信息、掌握情况、发现问题，进而谋划对策和安排实施方案。同时，在社会转型期，各种形式的非营利组织越来越成为公民表达意愿、维护权益、协调关系、化解矛盾、实现价值最为广泛和直接的形式，这也是非营利组织近年来在数量上急剧增长的重要原因之一。沟通、了解公众，推动社会协调，参与社会治理成为一部分非营利组织公共关系的主要功能。

（2）增强组织实力——形象塑造、业务发展、危机管理。对于非营利组织来说，与企业组织和政府组织一样，都希望树立一个良好的组织形象，获得更好的知名度和美誉度，这可以帮助其在与其他相关组织的竞争中获得更好的公众支持，进而获得更多的资源与发展空间，更好地完成组织目标，并且形成一个良性循环，促使其获得更佳的公众评价，组织形象也就越来越好。然而当今社会，组织每时每刻都面临着危机，需要危机管理。

2. 间接功能

（1）对个人，非营利组织的公共关系有助于深化公众社会责任和社会公民精神。非营利组织作为社会调节器，更多地关注弱势群体和少数族群的利益，对于组织的受益者而言，是帮助、支持和救援，而对于公众而言，非营利组织的公共关系为其展现了一种社会道义责任的担当，为实现某种社会理想的奉献精神，以及对艺术与文化、历史与未来的创造和保护。非营利组织积极承担自己的社会责任，同时为个体提供了一个可以为社会贡献自己力量的平台，非常有助于深化公众社会责任和社会公民精神。

（2）对社会，非营利组织的公共关系通过游说、议题管理等方式促进社会进步。社会整体的进步是由一个个更加进步的观点被公众接受所构成的，非营利组织的核心目标在很多时候就是一个或多个更先进的观点，比如对人权的维护、对环境的保护、对历史与文化的保护等，这些组织通过一点一滴的努力，改变着这个世界。非营利组织表现出对公共政策的影响日益明显，更致力于各种社会问题的解决，它们积极参加社区建设、地方自治、公共政策的制定和执行等公共管理过程。

18世纪以前，各国的妇女都是几乎没有政治权利的。19世纪，工业革命以后，女性从家庭走出，进入工厂车间，成为雇用劳动力，但当时的社会观念是，女性一旦结婚就完全附属于丈夫，听从丈夫的指令，而且男性在体质上和智力上均优于女性，能为女性提供足够的保护，因此没有必要给予女性选举权。1869年，美国妇女投票权运动形成了两大组织，一个是“美国妇女投票权协会”，另一个是“全国妇女投票权协会”。前者比较保守，认为应该从基层开始，逐步争取各州对妇女投票权的支持。后者则非常激进，主张修改宪法，彻底实现妇女的投票权。通过长期的游说活动，这两个组织不断地影响着美国各州政府、联邦政府，以及公众对于妇女投票权这一问题的看法。威尔逊总统最初不支持妇女投票权运动，但随着妇女投票权运动日益壮大，他的态度开始转变。1919年7月，美国国会参议院和众议院终于同意修宪，1920年8月26号，第19条修正案终于写入美国宪法，该修正案规定，合众国公民的投票权不得因性别而被合众国任何一州加以剥夺或限制。至此，美国妇女的投票权正式得到确定。

资料来源：百度百科，妇女选举权；新浪博客，美国驻华大使馆。

三、非营利组织公共关系应用领域

公共关系作为一种内求团结、外求发展的管理艺术，其自身的职能和作用源于公共关系策略能为组织的活动提供帮助。无论该非营利性组织的目的是推动某种社会事业发展，还是为了宣传、普及某种知识、观念或信仰；为了唤起公众对某种社会现象、事物的普遍关心，或是解决某类人面临的共同问题，都需要应用公共关系。非营利组织的公共关系主要被应用在以下方面。

1. 扩大自身和其从事的事业的影响

在现代社会，公众越来越关心有关非营利组织的声誉、责任、工作成效以及所从事的具体事业，非营利组织之间的竞争也越来越激烈。例如，学生及其家长在入学、升学方面，会更加注意选择具有良好声誉的学校。一些非营利组织常常因为公众对其缺乏了解，被认为工作不力、不尽职责而受到批评。这种大趋势使得越来越多的非营利组织开始重视扩大自身影响，帮助公众了解自己的宗旨、活动，引导其接受、使用自己的服务等。例如，消费者协会通过各种形式，帮助公众识别假冒伪劣商品，以增强消费者自我保护能力；图书馆举办各种义务咨询活动，使公众更好地利用它能提供的各种服务；各地的蓝天救援队都与本地政府和新闻媒体保持很好的沟通交流，及时将实施救助的情况告知公众。成就和荣誉是社会或有关部门对一个组织或其成员的奖赏性评价，更是非营利组织树立良好形象的重要依托。从本质上说，扩大影响的工作也是一种“营销”。企业通过扩大影响，“营销”自己或产品的形象；非营利组织通过扩大影响，“营销”自己的宗旨和活动，使公众了解自己的成就、历史。在方法上，两者并无根本区别。如非营利组织在开展公关工作时，往往物色权威人士作为其发言人，一来是因为非营利组织内部人员未必有相当的职业水平和公信力，二来是因为通过合适的代言人，能更有效地把信息传递出去，协助提高非营利组织在该领域的声望，培养公众对非营利组织开展活动的信任。

2. 发展成员，扩展其组织规模

我国不少高校在高考招生之前向中学寄送宣传品，介绍自己的学科专业和历史，展示教学设施和师资力量，还有的在电视台播出招生广告，这都是为招到更多学生而做的公关活动。为了达成组织目标，非营利组织会在资源许可的范围内，尽可能扩大其组织的规模，发展组织成员的工作中难度较大的是招募义务人员或志愿者。公益性非营利组织面对这个问题，主要应从提高潜在公众献身精神和社会责任感入手；互益性的非营利组织则应把重点放在寻找公众的期望与组织作为的差距上，通过扎实的努力满足公众要求。非营利组织公共关系可以帮助形成一个良好的组织文化氛围，在理念和思想上达成组织与成员双方的认同，增强组织的凝聚力，培养成员以团队形式开展工作的能力，通过团队中多种人才的通力合作，提高工作效率和服务水平。

3. 争取公众的理解、认可、支持

社会组织开展公共关系工作，都是为了争取公众支持。能够确认完成项目活动所需的支持并努力赢得理解和认可，对任何社会组织都十分重要。

（1）争取媒介公众支持。新闻媒介对社会舆论有重要影响。非营利组织多数没有充裕的资金，无力大规模开展公共关系活动。它们更要注重与新闻媒介密切联系，以提高

在社会上“亮相”的频率。非营利组织从事的是公益慈善事业，多与社会少数群体的利益有关，更易引起新闻媒介瞩目，成为新闻素材。

（2）争取社区公众。非营利组织一般不创造物质财富，在社区的影响力多数不如企业，如一家企业可以为该地区提供工作岗位，帮助社区人员就业，但非营利组织在这方面能做的非常有限，有时甚至被社区公众视为“额外负担”。更有不少非营利组织被认为是“墙内开花墙外香”，如将在该社区募集来的物资与金钱用于帮助社区外部人员，这会引起社区内需要帮助成员的强烈反感。与社区公众建立睦邻友好关系，历来是非营利组织公共关系的重要任务。

（3）争取内部公众支持。一个非营利组织要开展新的市场推广活动，离不开成员的支持。公关不但要对外，还要对内，没有内部公众支持组织就会失去生命力。

（4）争取政府公众。非营利组织的建立要报政府有关部门审批，如学会、协会等专业或群众团体；还有不少的非营利组织，其经费大部分或全部靠政府拨款，如学校、医院等单位。它们需要通过公共关系使政府了解自己，重视自己的工作，并提供各种帮助。

4. 推广观念

企业常通过公共关系向市场推广产品或服务，非营利组织需要公共关系向社会或特定公众推广某种观念或主张。推广观念与扩大影响，两者的目的有所不同。对于非营利组织来说，扩大影响是它在“营销”自我，推广观念则重在“营销”其事业。企业在营销方面有丰富经验和成熟、科学的方法，因此许多非营利组织也引入了营销管理模式，创造性地将“营销”用于其事业。

节约粮食是一种传统美德，但在食物充足的现在，这种观念越来越得不到人们的重视，毕竟浪费掉的食物也只相当于浪费了很少的一点钱而已。在英国，每年大概有700万吨食物被扔掉，这里面有些食物不是变质了，而是因为长得太丑，或者家里买太多吃不完，或者在超市摆放了一天有点蔫儿。一个名叫Adam Smith的小哥和他的朋友们注意到了这个粮食浪费的问题，于是决定开一个小餐馆，专门烹饪这些没那么新鲜的食物。Adam每天都守候在大超市后面的垃圾箱附近，捡回超市刚刚扔掉的蔬菜、水果。Adam表示，虽然已经被扔掉，但超过90%的食物还是完好且可以食用的。这家餐厅的名字叫“Real Junk Food”(真正的垃圾食品)，因为里面所售卖的食物真的都是从垃圾站捡回来的。由于菜是捡来的，所以没有成本，但是Adam也并不想靠这个赚钱。在他的餐厅就餐，顾客想给多少钱就给多少钱，如果你实在没钱，帮着收拾一下卫生也可以。也有人曾经质疑小哥餐厅的菜会不会对身体有害。Adam说，我的餐厅已经接纳1万多人了，还没听说有谁吃坏过。随着餐厅名气渐渐变大，也有很多人会给餐厅拿来自己家里吃不完且还未开封的食物。“垃圾”食品餐厅已经在英国开了好多家，成为一个“连锁店”，这个节约粮食的想法也被越来越多的人所知道。不久，美国也将开一家新店。

资料来源：http://sdg.shanda960.com/article/4828.

5. 筹措活动经费

国外有许多非营利组织，从慈善机构、教堂、交响乐团到学校、医院和博物馆。筹措资金是维持生存和发展的首要问题，并通常被列入非营利组织公共关系的应用领域。因为没有良好的公共关系支持，任何筹措资金的工作都难以成功，更不能持久。

非营利组织筹措资金广义上说只有两种路径：一种是通过各种赞助筹措，另一种是通过商业活动筹措。前者也叫募捐，即狭义的筹措资金工作。通过商业活动筹措资金在我国有“创收”这样的说法。我国也有不少非营利组织为公益事业、社会活动筹措资金的事例，如各种社会福利奖券、彩票的发行等。通常，商业活动筹措可以依据企业化的原则方式，但其公共关系仍与一般营利组织不同。它们更需要严格的自律，并通过公共关系向公众说明其初衷和事实真相，避免误解和敌意。非营利组织为扩大影响、发展队伍、争取支持和推广观念进行的公共关系工作，从根本上说与筹措资金互为因果。前述四个方面为筹措资金奠定了基础，有时筹措资金甚至成为前述四个方面或其中某些方面的目的；同时，筹措资金能为做好前述四个方面的工作创造更好的条件。它们都是非营利组织开展公共关系缺一不可的内容。

中国青少年发展基金会是在1989年3月由共青团中央发起成立，作为全国性公募基金会，青基会于1989年10月发起实施了“希望工程”，通过公共关系、公益广告等各种方式，成功扩大了“希望工程”事业的影响，争取到各方公众的理解、支持，是我国社会参与最广泛、最富影响的民间公益事业之一。截至2019年，全国希望工程累计接受捐款161亿元，资助学生617.02万名，援建希望小学20 359所。

资料来源：中国青少年发展基金会主页，http://www.cydf.org.cn/Abouts.

四、非营利组织公共关系面临的挑战

1. 在复杂的环境中获得认可

非营利组织公关不同于组织内部的沟通交流，需要面对大量外部信息传播和复杂的社会公众环境。在当下纷繁的社会环境中，应该将自己定位成一个怎样的角色是每一个非营利组织都要思考的问题。在信息时代，网络提供了一个匿名交流的平台，伴随网络环境中“把关人”角色的逐渐淡化，信息传播的“门槛”降低，再加上网络传播速度快、范围广的特点，非营利组织在网络信息环境中需时刻谨慎，保持敏锐的反应速度。

“2015年12月19日，两名分别来自长春和四川的钢管舞者在长春‘净月雪世界’大秀舞技，同时结合创意的动作和妆容，宣扬‘拒绝皮草’理念。当日，长春最低气温达零下14摄氏度，两位舞者的忘我演出引得阵阵喝彩。”

以上为中新社报道的某非营利组织策划的拒绝皮草活动的一则新闻，从传统媒体的报道上看，活动应该是非常成功的。但有的网友对其持反对态度，也有支持该活动的网友则称："拒绝皮革确实跟跳钢管舞没什么关系，可是总不能就光举个纸壳子上面写四个大字吧，大冬天的站马路边，你会围观这四个字？"此评论在24小时之内获得了3 291人的点赞支持。

2. 为有限的资源竞争

非营利组织与政府部门、企业部门的重要区别在于其收入的主要来源是慈善捐赠，而不是政府支持或商业化经营。发达国家企业、个人的财力雄厚且慷慨，非营利组织获得的慈善款项丰厚，不仅能用来维持国内支出，而且能支持世界其他地方的非营利组织。但随着非营利组织规模的不断扩大和社会责任的加重，它们对资金的需求也在不断增长。资金规模对非营利组织的活动开展非常重要，在有限的资源中如何竞争得到充分所需，对非营利组织的民间性和自治性有着重要影响。

3. 经受危机和丑闻的考验

非营利组织发展有其独特的规律和方向，可持续发展不可能零成本运作，少不了和商业沾边。投资、创新公益等形式一直要做下去，那么公众可以接受的底线和边界在哪里？当下，慈善和公益等非营利组织多多少少已经成为街谈巷议的谈资，而微博这种新媒体凭借其强大的聚集和放大声音的功能，抖落出一个又一个的丑闻，传统媒体继续跟进和深入的报道更是加重了公众的质疑。尽管非营利组织会尽其所能地主动公开信息与公众交流，也还是会有谣言产生；尽管非营利组织的目的不是为了盈利，但其中也难免会有贪婪之人。无论是虚假谣言产生的危机，还是真实丑闻造成的恶果，都会对非营利组织的形象造成伤害，降低其在公众心目中的可信度，减少公众对其的支持度，若因此不能获得足够的资源，无法将正常的项目活动进行下去，则会造成一个恶性循环。在20世纪90年代至21世纪初的美国，由于非营利组织的类型和数量的急剧增加以及规模的迅速扩大，非营利组织商业化导致的使命与手段之间的矛盾以及政府法律的缺陷、监管手段的缺乏，使得非营利部门中各种丑闻不断，公信力明显下降。非营利组织在从过去的"崇高事业"的神坛上掉下来之后经历了阵痛，但这也促使非营利组织从治理结构、责任标准、信息公开等方面提高其透明度和公信力，一步一步重新恢复起公众对非营利组织的信心。

4. 应对多种公众

非营利组织面对的公众是一个大的群体，包含许多具体的类型。而公共关系活动不一定针对公众整体，可能针对一种或几种类型，或者是更加小众化地针对某一类型中的某一部分公众而展开。一般说来，有多少种公众就有多少类公共关系，在不同的环境中，公共关系策略和技巧也应有所差别，正确认识和分析公众，积极影响公众，只有这样，非营利组织才能获得理想的公共关系效果。对内部公众即组织成员和与组织有较多共同利益的公众的公关工作，是组织公共关系的基础和保证，先做好内部公关，才能有效组织、动员全部工作人员，形成持续有效的全员公关，在组织的每一个成员、每一个工作环节上都体现出强烈的公共关系意识，主动为外部公众提供积极的公关服务。由于非营利组织的资源有限，因此其公共关系工作必须突出重点、量入而出，合理分配力量，优先与首要公众即对组织的生存、发展具有决定性影响的公众建立更加稳定、持久的联系。而对于稳定公众、周期公众和临时公众，非营利组织也应有针对性地分别制定公共关系的长期策略、周期性策略和处理突发事件的应急预案。

5. 树立品牌和身份标识

现代社会是一个竞争的社会。在这种市场竞争中，非营利组织与企业一样，面临着机构资金短缺、成员不足等问题，以及来自其他相同性质的竞争者的压力。对于非营利组织来说，品牌形象的树立有助于其项目活动的顺利开展。而公共关系一直被誉为“塑造形象的艺术”，它使机构能灵活地组织和运用各种方法传播形象和服务，与公众或服务对象进行双向交流，增强机构的亲和力，并加强互动，从而使公众更加信赖和支持组织的发展。同时，使机构能够响应公众的要求，实现舆论导向，并且通过大众媒体的新闻报道和组织所策划的公益、文化等活动，提高组织的信誉，树立好的组织形象，为组织的发展创造有利的环境。由于非营利组织的非营利和助人自助的性质，决定了它的公共关系的最终目的是体现社会效益。这就代表了它不仅要努力为自己塑造良好、正面的组织形象，还要为从事的服务和事业提高知名度和美誉度。非营利组织形象的树立还要求内部人员具有专业的素质和工作能力，通过有效的方法帮助服务对象解决困难，从而获得良好的口碑和公众的信任，树立一个可信度很高的身份标识。

第三节　非营利组织公共关系案例

自 2021 年 1 月 1 日起施行的《中华人民共和国民法典》，第八十七条具体规定了非营利法人，即为公益目的或者其他非营利目的成立，不向出资人、设立人或者会员分配所取得利润的法人，包括事业单位、社会团体、基金会、社会服务机构等。

一、社会团体之中国消费者协会

受制于我国社会组织发展起步晚的客观现状，为对接国际消费者联会（Consumers International，CI）的活动和扩大国与国之间消费者保护主题的交流，国务院于 1984 年 12 月批准成立中国消费者协会，协会以依法对商品和服务进行社会监督并保护消费者合法权益为定位。协会接受业务主管单位国家工商行政管理总局㊀和登记管理机关民政部的业务指导和监督管理。中国消费者协会是典型的社会团体。

事实上，我国消费者协会是一个系统，目前，全国县以上消费者协会已达 3 138 个，含省级（自治区、直辖市）31 家，承担了全国消费者的权益保护。客观来说，早在

㊀ 现为国家市场监督管理总局。

1962年3月15日，美国总统肯尼迪首次提出消费者四项权利，世界各地的消费者保护可谓蓬勃发展。我国直到1984年才成立消费者保护组织，相对落后，在消费者中的知名度也低。但中国消费者协会自成立以来就积极开展活动，不断提升组织和组织所从事事业的知名度和影响力，最终使得消费者协会成为家喻户晓的社会团体，消费者也清晰多了一个投诉渠道，对非法商家更是巨大的压力。

中国消费者协会积极开展活动中，最具代表性的即作为主办单位之一，自1991年起，连续参加“中央广播电视总台3·15晚会”。“3·15”不仅是我国的消费者权益保护日，而且已经成为我国消费者维权的一面旗帜。可谓唤醒了消费者的权益保护意识，规范了市场秩序，传播了国家消费者权益的法规政策。同时，提升组织和组织所从事事业的知名度和影响力，获得了消费者的认可。

二、基金会之韩红爱心慈善基金会

根据韩红爱心慈善基金会官网的简介，基金会起源于2008年5月12日汶川大地震时组织成立的“韩红爱心行动”，当时是为持久有效参加救援和灾后重建的需要。韩红的行为也获得认可，受聘为什邡市龙居中心小学名誉校长。2010年4月，青海玉树地震；2010年8月，甘肃舟曲地震并发泥石流；2011年3月，云南盈江地震。每次灾后，“韩红爱心行动”都在持续积极行动。2012年5月9日，为实现规范、专业、有效的目标，北京韩红爱心慈善基金会成立，为具备独立法人资格的地方性基金会（慈善组织），2019年，获得公开募捐资格。

韩红基金会的宗旨是“弘扬正气，奉献爱心，扶危济困，和谐共生”，关注偏远地区的医疗卫生建设和重大自然灾害的应急救援，致力于缩小东西部医疗卫生水平的差距，改善西部地区医疗环境。以扶助危难贫困群众、帮扶少数民族地区、资助社会福利机构、传播慈善公益文化为业务范围。

如基金会于2019年开展了“韩红爱心·百人援川”活动，主要内容有：沿途开展大型义诊，免费发放药品，普查地方疑难杂症；捐赠复明中心，免费实施200例白内障手术；捐赠20辆救护车；捐赠30辆新远景SUV作为医疗巡诊专用车；捐赠10 000个爱心急救包；捐建10所“韩红爱心·乡镇急救室”，为基层医生提供全科急诊培训；为义诊中发现的贫困重症患者提供后续治疗等。

三、事业单位之学校

学校是事业单位的一种，也是非营利法人。我国有近3 000所高校，每年都有学校需要举办隆重的校庆活动，是学校形象管理的重要时机。读者请网络调查两所以上高等学校的校庆活动，同时为“实践与实训15”做准备。

❖ 本章小结 ❖

非营利组织，是一个公众都不陌生但又都很难给出精准定义的词，非营利性、非政府性和志愿公益性是其特征。虽然广义上的非营利组织自古就存在，但现代意义上的非营利组织最早诞生于欧美国家，改革开放后才在我国出现，目前我国政府将非营利组织分为社会团体、民办非企业单位和基金会三大类，事实上，学校、医院等类型的事业单位也属于非营利组织。非营利组织作为社会的均衡器，有着政府组织和企业组织所不能替代的使命。

非营利组织的公共关系活动既可以了解、帮助公众，也为公众提供了一个贡献自己力量帮助他人，进而实现自我价值的平台，同时增强组织自身实力，也一点一滴地推进着社会的进步。在非营利组织中，公共关系主要用于扩大影响、发展成员、争取公众支持以及推广观念、筹措资金等。因为非营利组织与众不同的特征，在当下社会情境中，非营利组织的公共关系面临着很多挑战。

不同类型的非营利组织的公共关系各有不同，但都依赖于新颖的创意和扎实的执行，两者缺一不可，否则可能带来组织危机。

⌘关键词

非营利组织；非营利组织公共关系；非营利性；非政府性；志愿公益性；影响力；公益；慈善；公民责任

⌘练习与思考

1. 非营利组织的三个基本属性：______、______、______。
2. 按照类型，列举我国非营利组织：______、______、______。
3. 简单阐述非营利组织在社会中的地位和作用。
4. 简单阐述非营利组织公共关系的特征。
5. 非营利组织公共关系可以被应用的领域：______、______、______。
6. 阐述非营利组织的发展及其公共关系活动可能会面临的挑战。
7. 列举非营利组织公共关系的案例。

⌘实践与实训 9

母校公共关系活动调查

[性质] 校内调查活动

[主题] **母校公共关系活动调查**

[目标] 通过对自己母校的公共关系活动调查，加深对非营利组织及其公共关系活动的了解，包括实施、技巧及效果。同时，使学生初步了解非营利组织形象的重要性。

[原理] 非营利组织公共关系理论。

[操作] 本次实践教学可结合“实践与实训6(高校部分)”完成，但不同于前者，本次实践教学活动主要集中于事件研究，研究总结母校公关活动的类型、实施、效果，包括公关活动中的技巧。

研究素材为校园网主页上的新闻，时间跨度可以是一个自然年度。阅读新闻并抽取其中与学校形象密切相关的新闻，并归类。最后，总结母校公关活动的类型、效果、技巧等。由此延伸到社会中常见的新闻，目标是透过新闻看到背后的实质目标。

本次实践教学活动不分组，由学生单独完成，提交作业。

总课时：**1课时**；以教师为主的作业讲解，分析学校的公共关系活动。

[注意] 为进一步加深学生对非营利组织公共关系活动的了解，本次实践活动由任课教师结合所在高校情况进行主讲，所以任课教师需充分准备。最后，也可要求学生在听完讲解之后对自己的作业进行自评。教师结合作业与自评，综合评分。

[成果] 学生作业及自评。

[延伸] 对学生，提示学会分析一个组织的公关活动现状。

⌘拓展阅读

阅读奇普·雅各布斯（Chip Jacobs）、威廉·凯莉（William J. Kelly）撰写，曹军骥翻译的《洛杉矶雾霾启示录》(上海科学技术出版社，2014年)，看看面对雾霾这个共同的敌人，美国洛杉矶的各种非营利组织是如何做的。

第三篇

管 理 篇

第十章
Chapter10

公共关系宣传管理

☞ 导入案例

新形式的宣传工具及其后发优势

组织开展宣传管理，总是需要借助一定的宣传工具，即宣传手段的物质形态和宣传机构。根据宣传工具的发展，从最初始的内部宣传工具板报、墙报，到大众传播工具报纸、杂志、广播、电视等。

进入互联网时代之后，宣传工具的发展可谓日新月异。首先是门户网站的发展，如国内最早的门户网站搜狐、网易、新浪等，到腾讯依赖QQ牢牢占据门户网站的第一名。在门户网站时代，组织可采用的宣传工具，即自建网站。这是一个非常大的突破，摆脱了宣传上对第三方的依赖。其次是移动互联网下的宣传工具，主要是指借助移动互联网下的即时工具所建立的组织公众号，如微信公众号、QQ公众号等。此外，还有移动互联网下的其他宣传工具，如微信视频号、抖音号等。

宣传工具的快速发展给部分社会组织带来后发宣传优势，日益占据主动权，表现在部分社会组织放弃更新主页，而将重点放在微信公众号的运营上。

资料来源：刘建明等．宣传舆论学大辞典[M]. 北京：经济日报出版社，1993.

| 学习目标 |

1. 了解公共关系宣传的主要形式、含义及其特点。
2. 知晓公共关系广告的主要类型、新闻稿的写作。

3. 掌握公共关系广告制作、新闻策划、网络宣传的方法。
4. 能够应用各种不同的方式开展公关宣传活动。

第一节　公共关系广告宣传

公共关系广告是公共关系宣传的重要形式之一，甚至是最重要的。公共关系广告是指组织利用各种机会在各种传播媒介上向公众传递组织信息，以树立、加强、维护或改变组织在公众中的形象。

一、公共关系广告概述

广告有广义和狭义之分：广义上就是广而告之，能唤起大众对某一事物的注意，并诱导其向一定方向发展的公开宣传，包括政府、企业等组织的通知、告示、声明、商业广告等；狭义上指营利性的经济广告，也称商业广告，即企业为了营销产品或服务，借助媒体开展的宣传活动。

对于广告的定义，在《简明大不列颠百科全书》（第15版）中，广告是传播信息的一种方式，其目的在于推销商品、劳务，影响舆论，博得政治支持，推进某种事业，或引起刊登广告者所希望的其他反应。广告信息通过各种宣传工具，传递给它所想要吸引的观众或听众。广告不同于其他信息传递形式，它必须由刊登广告者向传播信息的媒介支付一定的报酬。付费属于广告最重要的特征之一。

读者可否在脑海中搜索一下，你最喜欢的广告或让你印象最深刻的广告是什么？然后再思考一下，这个广告中的什么内容打动了你？由此及彼，能否推断出广告是依靠什么打动人心的？

作为公共关系广告，是指组织交付一定的费用，通过媒介向公众传递有关组织的观点、政策、成就等信息，以树立组织的良好形象，取得公众的注意、兴趣、好感和信赖，形成良好合作环境的传播活动。公关广告属于广告的一种形式，侧重于组织形象管理。

二、公共关系广告的特点

现实生活中，人们较常见的是商品广告，其以宣传商品为主，主要任务是把商品信息传递给消费者。与商品广告不同，公共关系广告是企业为了扩大自身形象而进行的宣传活动。两者存在以下一系列的区别。

（1）在传播内容与追求目标方面，公共关系广告更多宣传企业特色和信誉，比如企业精神、经营原则等，目标也是围绕企业；但商品广告以推销产品为主，主要介绍产品的特色，商品广告的目的是推销产品。但是在企业内，两者的根本目标又是高度一致的，企业目标的实现离不开产品的销售。

（2）在适用范围与广告行为期限方面存在差异。公共关系广告适用所有的三大类型社会组织，即企业、政府、非营利组织；商品广告一般局限于企业。同时，一般而言，公共关系广告注重长期，而商品广告在于短期。这种差异源于产品生命周期短于企业生命周期。

（3）在广告表现方式、信息传播途径和过程、制作周期和费用等方面也不同。公共关系广告比较含蓄，商业味道淡，主要目的是唤起人们的注意、兴趣和好感；而商品广告与之相反，比较直接。公共关系广告的信息传播途径是公众—企业—产品；而商品广告是公众—产品—企业。最后，与商品广告相比较，公共关系广告可能周期更长、费用更高。在评估标准方面，公共关系广告的评估主要调查和测量公众态度的变化，商品广告可以直接依据销售额断定。两者的差异如表 10-1 所示。

表 10-1 公共关系广告与商业广告的比较

对比角度	公共关系广告	商业广告
付费形式	比较灵活，可自行掌握	委托支付，不能干预
传播内容	与企业形象相关的信息	与产品、服务、技术等相关的信息
传播层次	反映企业内在较深层次的内容	反映表层次的产品、服务内容
传播目的	树立企业形象	推销商品
传播效果	长远的社会影响	近期的市场效果
传播色彩	公众意愿	商品买卖
营销功能	间接促销	直接促销
表现形态	既可报喜也可报忧	只报喜不报忧
传播模式	公众—企业—产品	公众—产品—企业

资料来源：蔡炜，姚小元．公共关系学 [M]．上海：华东理工大学出版社，2014.

公共关系广告与商品广告虽存在这么多差异，但是广告的技巧等方面是相通的，而且存在一个发展的关系，企业更多地倾向于公共关系广告。这一方面是由于消费者的变化，现在人们不仅关注产品本身，更注意企业的形象；另一方面，在现代科技背景下，企业的生命周期比产品的生命周期长。这个读者通过分析电子产品行业即可深刻地了解。

三、公共关系广告的类型

根据宣传目的及内容的不同，公共关系广告可以分为很多种类型。以下是一些常见的公共关系广告类型。

1. 实力广告

实力广告是用广告的形式向受众宣示企业在技术、资金、人才等方面拥有的独特优势，常见的比如“世界 500 强企业”“全国销量第一”“CCTV 上榜品牌”等广告词。

2. 观念广告

观念广告是企业通过提倡或灌输某种观念，试图引导、改变公众的看法或与公众产生共鸣，进而影响公众的态度和行为。企业的观念广告常通过经营思想、经营哲学、追寻的价值观来表达。

这在体育用品行业体现得最明显，比如耐克广告词“Just Do It”，阿迪达斯的广告词“Impossible is Nothing”，表现了想做就做，只要行动起来就会有奇迹发生的一种体育精神。这种观念符合大众对理想、对成功的追求本性，因而更容易获得公众的认同和接受。

3. 信誉广告

信誉广告是通过宣传公众对企业的好评、赞赏，或企业的一贯宗旨与信誉及对公众的承诺，来加强企业在公众心目中的形象。信誉广告是一种最直接的公关广告形式，比如海尔电器的“真诚到永远”，小天鹅的“全心全意小天鹅”。

4. 品牌广告

品牌广告是通过对企业品牌的宣传来提高企业的知名度，树立企业整体形象。宝洁公司孜孜不倦于其品牌广告，如其洗发水四大品牌——飘柔、潘婷、海飞丝、沙宣，用品牌广告来展示企业形象。

5. 解释广告

当企业在生产经营中发生了有损公众利益的事件时，或公众对企业产生某种误解时，企业刊登广告向公众澄清事实、解释缘由，表明企业的立场和态度，以消除误解或表达歉意。

解释广告一般出现在发生不利事情的时候，不仅仅适用于企业。如每年高招时期，一些高校都会在自己的主页上对“盗用高校名义进行非法招生活动”进行澄清和声明。

6. 致歉广告

企业为消除误会和挽救企业形象而向公众承认错误、表示歉意的广告宣传形式，即为致歉广告。致歉有主动和被动之分，往往主动致歉能获得公众的理解、同情和支持。而受外界压力被动做出的致歉广告，则不利于消除公众对企业的负面认识。

当全球报业面临销量下滑困境时，英国伦敦《旗帜晚报》别出心裁地发起一项广告“致歉”运动，一些广告牌上写着“对不起！我们过去太消极”，还有一些则为“没有灵感”“过于自负”“随意预测”而向读者道歉。当然，这更是利用致歉广告而进行的一项传播活动。

7. 祝贺广告

与致歉相反，有时企业利用开张、周年纪念日或传统节假日，在媒体上向公众发布祝愿的广告，或在同行单位开业、庆典之时，以广告的形式表示祝贺。事实上都属于祝贺广告，即以祝贺为名进行的广告活动。

8. 响应广告

响应广告是企业用广告的形式响应社会生活中的某个重大事件或主题，体现企业关心社会、关注公共利益的理念和行为，从而获得公众的支持，进而提升企业的社会知名度和美誉度。如企业刊登广告支持政府的某项政策，响应救助濒危动物的倡议，积极参与救险救灾的行动等。

2022年北京冬季奥运会的申办，获得了北京银行股份有限公司、北京汽车集团有限公司、深圳市腾讯计算机系统有限公司、三道沟（张家口）旅游胜地有限公司、雪花啤酒（中国）有限公司、安踏体育用品集团有限公司、真彩文具股份有限公司、普华永道中天会计师事务所（特殊普通合伙）八家企业的赞助支持。这八家知名企业对北京冬季奥运会的响应不仅占领舆论制高点，而且容易获得公众的支持。

9. 公益广告

公益广告是为社会公共利益或公益活动而进行的广告活动。公众利益的范畴较广，具体包括环境保护、科学教育、文化卫生、廉政建设等方面。公益广告的根本特征是非营利性，从这个角度来说，公益广告与公共关系（也具有非营利性特征）更加接近。

公益广告的广告主不仅包括政府、非营利组织，企业也逐渐参与进来。因为企业意识到，公益广告虽然并非直接宣传企业或产品，但更容易获得公众的认可，进而使其对企业或产品产生好感。

10. 创意广告

企业创造出一种具有社会价值的思想、观念或活动，并以企业的名义发布，即为创意广告。比如我国20世纪30年代上海祥生出租车公司的叫车电话为40000，之所以取这个号码，其实有着深刻的寓意。当时我国的总人口约4亿，即4万万，与4万号相称。这个创意具有一定的新颖性，也能够吸引国人的关注。再如本田汽车的多米诺效应汽车广告、李维斯2007年新款衣服的广告，读者可以尝试搜索这些创意广告的视频进行欣赏。

11. 征询广告

征询广告是征询公众的意见和建议，借此提高组织知名度、记忆度及熟悉度的广告方式，如征询组织名称、徽标、建议等。

2015年7月31日，首都北京再次得到了全世界的认可，获得2022年冬奥会举办权，成为全球首个既举办过夏季奥运会又将举办冬季奥运会的城市。2016年7月31日，北京冬奥组委面向全球征集北京冬奥会和冬残奥会会徽设计方案。最终，中央美术学院副教授林存真设计的“冬梦”“飞跃”获得认可，成为北京冬奥会会徽、北京冬残奥会会徽。根据公开报道，通过北京冬奥组委官方微博参与和关注会徽主题征集活动的人数超过700万，加上700万人的间接影响人数，北京冬奥会的影响进一步扩大。

奥运会会徽征询不仅仅是征询活动，更是向全世界老百姓推荐奥运会的活动。读者可以类似地联想你所在高校的社团开展的会徽征集等活动，事实上这也是借征集会徽扩大社团在校园的知名度和影响力。

12. 纪事广告

纪事广告是从第三人称角度，以新闻、专题报道或报告文学等形式将组织的信息发布出来。纪事广告中报告文学的影响深远。

我国著名数学家陈景润可谓家喻户晓，影响了一个时代的人，那时候不知多少青少年以陈景润为人生目标。这有赖于作家徐迟的报告文学《哥德巴赫猜想》，该报告文学刊发在 1978 年 1 月号的《人民文学》的头条位置，这也揭开了新时期报告文学的第一页。除此之外，还有夏衍的《包身工》、魏巍的《谁是最可爱的人》等；时代先进人物雷锋、“铁人”王进喜等人物事迹和精神风貌都是通过报告文学反映出来的，可以说教育和鼓励了几代人。

四、公共关系广告的功能

公共关系广告在增进公众对企业的全面了解，提高企业的知名度和美誉度，从而赢得公众信任和合作等方面发挥着独特的作用。

1. 树立企业形象，促进产品销售

运用公共关系广告积极地向公众宣传企业经营宗旨，可以强化消费者的品牌认知，引导公众树立新的消费观念，进而促进产品的销售，为企业带来更为丰厚的利润。正如一句名言所描述：“你能数出一个苹果里面有几粒籽，却不能数出一粒苹果籽里面孕育的苹果数。”企业进行公关广告宣传活动所产生的影响是多方面的，企业形象最直接受益，当然，最终还会体现在企业产品的销售上。

2. 提高企业信誉，吸引社会投资

这方面最直接的证据是：国外调查显示，公共关系广告对企业股票价格有 2% 的正影响率。因此，良好的公共关系广告能够为企业吸引社会投资，提高企业的社会信誉，给企业带来显著的经济和社会效益。

3. 改善内外关系，优化企业环境

企业总是离不开一定的生存环境，利益相关者理论揭示了企业要与员工、消费者、政府、社区、媒介等建立良好的关系，企业的生存和发展离不开这些群体和机构的支持。企业的这些内外关系的建立、维护可以借由公关广告来表达，不以直接销售商品为目标的公关广告在优化企业环境方面具有独特的优势，容易达到潜移默化的效果。

4. 吸引优秀人才，提高企业竞争

优秀的公共关系广告拉近了企业与社会公众的距离，提升了企业的形象和声誉，最为突出的就是为企业形成人才集聚效应，帮助企业吸纳优秀的人才资源，从而为企业创造持续的竞争优势。

五、公共关系广告的策划制作

随着现代科学技术的进步和传播手段的不断革新，广告的设计也表现出有别于传统的新特征，现代广告正向着“策划为生命、创意为灵魂、文化为躯体”的方向迈进。显然，公共关系广告也不例外，也需要在策划中不断地推陈出新，以创新创意和文化为策划的中心与主旨。

公共关系广告策划是一项综合性的公共关系实务活动，一则好的公共关系广告应该有准确的主题定位、丰富的表现手法、寓意深刻的内容、新奇有趣的形式，从而最大化地满足人们的情感诉求，给人们留下深刻的印象。公共关系广告策划是公关广告的整体战略运筹与设计，一般涉及目标、主题、时间、媒介等方面。这些是广告主需要了解的，但公共关系广告的制作一般交由专业的广告公司完成。

1. 公共关系广告的主题定位

公共关系广告的主题定位可以有多种形式，包括产品实体、消费观念、人的需求等定位形式，具体如下。

以产品实体定位是强调本产品与同类产品的不同之处，以此确定本产品的独特性市场位置。实践中，产品实体定位通常是在广告宣传中突出产品品质、功能、价格、市场等的价值。相应地，实体定位也就可以分为品质定位、功能定位、价格定位和市场定位。

以消费观念定位，是在广告中突出产品新的价值取向，引导消费者改变已有的消费习惯、消费观念和消费心理，树立新的商品观和消费方式。

以人的需求定位，主要体现在公关广告如何满足现代人的生活需求与心理需求，要把人的需求转化为具体的活动内容，将其体现在公关广告设计应用的新变化上。

2. 公共关系广告的内容

公共关系广告是以广告形式为企业开展公共关系的一种别具匠心的策划，其通过自然化的心灵沟通，来树立和维护企业的形象和声誉，因而不同于直面公众的推销广告，广告内容多采用“攻心为上”的策略，这就要求广告的内容务求真实，避免不切实际的自吹自擂。广告内容可信度越高，消费者就越容易做出购买的决策。如某洗衣机的广告语，“静静地洗，洗得净净”。这些广告语质朴自然、坦诚如水，以真诚的口吻强化了商品的功效。过分夸张、华而不实的广告内容容易引起人们的反感。

3. 公共关系广告的表现手法

公共关系广告的表现手法要与公众的心理及习惯相吻合，可以运用想象，或制造一些悬念与戏剧性情节，用强化的艺术手段凝练出形象化的音乐、画面和语言。可以有以下表现手法。

出奇制胜法。富有新意的点子能激发公众的好奇心和行动，公关广告中的“奇”就是“探新立意”“超凡脱俗”，要从公共关系广告的内容、标题、语言、背景与版面等各方面进行新颖的构思和设计，以吸引公众的注意，从而获得“爆发性”的广告效应。

烘云托月法。广告中“韦勒原则”认为广告“不要卖牛排，要卖烧烤牛排时的吱吱声”。其表明人们购买的不仅仅是商品本身，更在乎伴随其中的诱人乐趣。因此公共关系广告要善于制造意境，运用烘云托月的手法来吸引受众。

诉诸情感法。赋予广告感情色彩，把温馨的真情引入广告中，使之与受众产生细腻的情感沟通，以真挚的情感打动公众，催发动人心弦的力量，给人难以忘怀的温情魅力。

第二节　公共关系新闻宣传

一、公共关系新闻宣传概述

1. 公共关系新闻宣传的含义

新闻宣传包括两层含义：其一指借助新闻报道的形式进行宣传活动，达到宣传目的；其二指以新闻媒介为手段发表的重要言论。企业通过新闻宣传向公众提供信息，可以为企业创造良好的舆论氛围，是公共关系宣传最常用的方式之一。

公共关系新闻宣传是通过新闻报道的形式对公共关系活动进行传播，以达到扩大组织影响的目的，是组织扩大知名度、提高美誉度、塑造良好形象的有效方法。

2. 公共关系新闻宣传的特点

与公共关系广告相比，公共关系新闻宣传的表现方式更为客观、公正，具有以下特点。

（1）客观性。新闻宣传是新闻机构从公共的立场对有关组织的信息进行报道和传播，不带有商业色彩，容易获得公众的认可和信任。公众可能对广告词、推销宣传提出质疑或产生反感，但人们总是相信新闻的客观性，普遍认可新闻的事实性，因而作为第三方的新闻宣传可增加公众对企业及其产品的认识和信任度。

（2）社会影响大。新闻宣传具备足够的社会影响，可以从这两个角度理解：其一，能够被新闻媒介报道的一般都是企业的典型、重大事件和信息，从而带来广泛的社会关注度；其二，新闻传播媒介覆盖范围广，其受众包括了社会各阶层人员，具有足够的社会影响力。

（3）传播成本低。新闻宣传一般不需付费，对于企业来说，传播成本低，也被称为“免费传播”。这是新闻宣传与广告宣传最大的区别。当然，即使考虑制造新闻的成本，相对于广告宣传而言，新闻宣传的成本还是低的。

（4）企业的主导性差。由于新闻媒介是独立的社会机构，因而在宣传的内容、时机、位置等方面，企业不具备主动权，造成企业对新闻宣传的主导性差，也即企业无法控制媒体的宣传决策。但这也并非绝对，企业也有自己获取主动权的方式，比如策划新闻就属于其中的一种。

二、撰写新闻资料和新闻稿

新闻稿是提供给大众媒体的稿件，被记者或编辑采纳、修改后，可直接刊登在大众媒体上，供人们阅读的新闻。这当然也可以达到传播组织信息的目的。

作为公关宣传的重要方式之一，公关人员在撰写新闻稿时，要以达到公共关系目标为要求，呈现企业的正面形象，以达到宣传的效果，让公众形成对企业良好的观感和印象。

一般来说，新闻稿的撰写需要注意两个方面。

1. 新闻价值

新闻价值是事件吸引媒体的最重要因素。不具备新闻价值的事件，媒体一般不会采用。新闻价值的含义非常广泛，一般来说包括：普遍性、社会性、重要性、国际性、特殊性、知名性、记录性、新奇性、突发性、冲突性、危险性、内幕性、神秘性、浪漫性、人情味等，对于新闻稿来说，具备其中一个要素即可，当然若能同时具备两个以上要素，新闻价值肯定更高，更容易被媒体所报道。新闻价值也是策划新闻（可见后文）的重要依据。

2. 新闻规范

新闻规范包括新闻稿件基本要素规范和结构规范两个方面，新闻稿件基本要素规范是指 5W1H（when、where、who、what、why、how），即在新闻稿中，需要具备这六个基本要素，缺一不可，否则媒体不会采用。新闻结构一般为“倒金字塔结构”（此结构最常见，依据重要性递减，读者看报时只看标题或浏览网页时只看前言就是此道理），也可见悬念式结构等。

此外，在新闻稿组成要素方面，主要有四项主要内容。

（1）标题。标题是新闻稿主题的提炼和概括，要力求简洁、明了，且能突出新闻稿的重点内容。一些超乎常理、充满意外、具有冲突性以及消费者最为关切事件的表达方式，都是较好的新闻稿标题。其不仅能够增加新闻稿被媒体采用、刊登的机会，也能够吸引读者阅读，从而达到宣传企业形象的目的。

（2）导言或摘要。导言是新闻稿的第一段，是整篇新闻内容的高度浓缩，在写作上应有强力的表现。实践中，可针对新闻稿的人、事、时、地、因五个要素，选择重点因素作为导言的内容。同时，不同的媒体有不同的要求，要注意不同媒体的偏爱或关注的重点，提高新闻稿被采纳的机会。

（3）主体。主体是对新闻稿内容的进一步解释和补充，此部分的写作可依据新闻稿的六个要素来组织，应有故事性的叙事情节，使表达更为生动、有趣。

（4）其他信息。其他信息是指让记者知悉发布新闻稿的机构、联系人、时间等信息。主要有：①发稿机构的名称、地址、电话等信息；②日期；③联系人的姓名、电话等信息；④发布请求，通常在新闻稿的下方写上“恳请采纳”“敬请指教”等请求用语，以表达对媒体记者的尊重。

三、公共关系新闻策划

1. 公关新闻策划概述

公共关系新闻宣传离不开新闻策划，新闻策划是获得新闻宣传主动权的一种重要方式与手段。策划新闻就是策划具有新闻价值的事件，吸引新闻媒体的关注和报道，以此达到有利于企业发展的公关宣传的目标。当然，首要条件是以组织发生的真实事件为基础策划新闻，将公共关系与新闻宣传结合，挖掘具有新闻价值的公关事件，并进行有效传播。

策划新闻与广告宣传比较，不论在经济角度，还是在公众的信任度角度，都要略胜一筹。对于组织来说，这是可优先采用的一种宣传方式。

2. 策划新闻的方法技巧

（1）抓重要性策划新闻。可以抓重要的时间、地点、人物等进行新闻策划。美国有公共关系专家说：“事实上，没有一天、一周、一月、一年没有特殊事件可纪念的，历史上的任何事件都有它的一周年、十周年、百周年，都是值得纪念的。”如同时间一样，事件总是在一定的地点发生，还有重要人物，比如党政要员、知名人士、明星人物，这类人物本身就具有新闻性。

曾有一个故事这么说道：某作家费尽心机找到美国总统，请求推荐其著作，总统碍于面子，首次帮忙推荐，该作家与出版社在宣传书籍时，号称“总统推荐的书”。尝到甜头之后，作家再次找到总统，请求推荐第二本书，这时总统没空再理会。作家和出版社就这么宣传，“总统都讨厌的书”。姑且不论这个故事的真假，但能给我们很大的启发：凡事都可利用起来。

（2）抓特殊性策划新闻。新闻界有一句很有名的话，“狗咬人不是新闻，人咬狗一定是新闻”。同样，我们经常在各种媒体上见到的“史上最牛钉子户”等信息就是抓特殊性策划新闻，吸引读者眼球的例子。

（3）抓相关性策划新闻。依据相关性策划新闻是基于万物普遍联系的特征，充分挖掘事物之间千丝万缕的联系能够发现意想不到的效果。

国外一对刚结婚的夫妻闹离婚，妻子提出的理由是第三者——足球的插足并状告足球。这个本身就是个新奇的事件，并成为新闻。有一家足球厂主动作为被告并承担了责任，这将事件推向了高潮，该足球厂利用新闻为自己品牌的足球好好地做了一回免费的广告。

事实上，新闻价值包括很多特性。把握任何一个都可以制造出具有新闻价值的事件，以吸引媒体报道，达到宣传企业的目标。这个过程也离不开经验的总结。

3. 综合案例：零售企业“震梨事件”

（1）赴川采购爱心梨。2008 年 5 月 12 日，四川发生举国震惊的汶川大地震。9 月 1 日，一则题为《万吨四川梨急等“爱心买主”》的新闻跃上了长沙三大主流报媒《潇湘晨报》《三湘都市报》《长沙晚报》的头版重要位置。据报道，四川绵竹有 1 万多吨梨积压在山上，果农们愁得寝食难安。绵竹是全国最大的早熟梨生产基地，果实甘甜多汁、味美可口，一直畅销全国。2008 年是绵竹沿山果梨丰收的一年，全市种植了 3 万亩果梨，产量在 1.5 万吨左右。

看到这则报道，步步高商业连锁股份有限公司董事长王填先生当即指令公司的生鲜采购部门前往四川绵竹，以门店最大的销售能力采购“震梨”。与此同时，公司决定邀请省内媒体记者一同前往绵竹，让媒体见证采购梨的全过程，并通过媒体的宣传让大家都来参与这次爱心行动，“买震梨，献爱心”。

请问：企业的高明之处体现在哪儿？同时，企业的本质又体现在哪儿？

（2）空运震梨免费尝。“爱心采购团”抵达绵竹后，三大报纸均对震梨采购的过程给予了及时、大篇幅的报道。同时，为帮即将采购入湘的震梨找销路，三家报纸均在报上公布了步步高震梨订购热线电话，并开始在报纸上接受“震梨义卖”报名。从 9 月 4 日起，媒体的高频率报道使得步步高留在报纸上的震梨订购电话成天响个不停。此时总经理指示：“以最快的速度，空运震梨入湘！”同时，步步高告诉记者，两吨梨到达长沙后，放在长沙东塘店免费供市民品尝。

请问：企业为何急切空运震梨入湘？

（3）四川学子品乡梨。2008 年 9 月 7 日上午 11 时 20 分，也就是空运震梨入湘的第二天。一箱箱满载着温情、飘逸着芳香的震梨和一盒盒月饼被送到了湖南师范大学附属中学图书馆的报告厅，这些来自四川的“震梨”被作为一份特别的中秋礼物送给了 88 名来自四川理县的中学学子。

当晚，湖南卫视新闻联播、湖南经视“经视新闻”、湖南都市频道“都市一时间”等电视新闻栏目对这一感人至深的事件进行了详尽报道。

（4）震梨义卖感星城。2008 年 9 月 8 日一早，步步高将第二批 25 吨震梨按需求配送到了长沙市区的东塘、红星、麓山、林大、万家丽、梓园路等六家门店，并在湖南大学、潇湘晨报社、长沙河西望月湖小区、长沙市政府等单位、社区和学校设立了义卖点，同时组织了 100 余名志愿者前往义卖点组织义卖。志愿者中有相当一部分是四川籍的在湘人士和学生。义卖活动在长沙引起了极大轰动。媒体强力关注，市民争相购买，志愿者踊跃参与……一场前所未有的爱心接力在长沙火热展开。25 吨震梨在 8 日上午仅仅三个多小时就全部售罄。

（5）市长品尝爱心梨。9 月 9 日，步步高策划人员得知长沙市市长张剑飞上午将在湖南“红网”办公楼接受网络媒体联合在线访谈，便与记者联系，希望媒体能够择机让市长品尝震梨，并倡导长沙市所有的机关企事业单位以及市民购梨、吃梨，以在整个社会形成一个“爱心梨”认购热潮，为灾区人民最大限度地分忧解难。在媒体的努力下，这天上午，张剑飞在专访后，立即被守候在这里的电视台、报社记者围住，《三湘都市报》记者当即提着一袋震梨迎上前去，并向市长做了说明。当市长明白记者的来意后，十分激动，“我拿一个，剩下的大家来分享吧！”张剑飞从记者手中接过震梨，笑着请在场的记者一起吃梨。张剑飞说，既然是爱心梨，就要让更多人来品尝，因为每一个震梨都承载着灾区人民重建家园的希望。他希望长沙市每一个市民都要参与到购买爱心梨的活动中来，同时希望媒体将他这一心愿告诉长沙市的每一个人。在市长的呼吁下，长沙市机关部门充分被调动起来，许多都向步步高订购了震梨。

据步步高统计，整个“震梨”事件，国内电视、电台、报纸、网站等媒体均给予了强力关注，媒体报道持续了半个多月，共计刊发各类报道 400 余篇。

这是一个典型的策划新闻事件，读者可以设想一下，请媒体在新闻上进行持续半个月的报道几乎是不可能达成的事件，但是企业充分利用相关性达到了目标。周密的策划对这样的事件至关重要。

四、新闻发布会

1. 新闻发布会的含义和特点

新闻发布会，又称记者招待会，指组织与新闻机构建立并保持联系，进行双向沟通、广泛传播第一信息的一种比较正式的特殊会议形式。新闻发布会既是宣传形式，又是公共关系专题活动，一般在新产品或重大实验、新规划或决策、重大纪念活动、重大事故等情形下召开。

新闻发布会具有以下特点：首先，是二级传播，其传播形式为组织—记者—公众；其次，比较正式隆重；再次，深度广度优越，信息的深度与广度达不到一定的程度，一般也不适合召开新闻发布会；最后，成本稍高，且新闻发布会对发言人与主持人的要求较高，要能够灵活应对媒体的尖锐问题。

2. 新闻发布会实务操作

在新闻发布会召开前需要进行充分的准备。

（1）确定举行新闻发布会的必要性。通常新闻发布会召集的媒体众多，社会影响范围大，需要花费大量的人力、物力、财力和时间，因而并非随意举行。第一步是确定举行新闻发布会的必要性，具体确认信息的新闻价值、紧迫性和时效性等。

（2）确定新闻发布会的时间和地点。在时间选择上，应尽量避免节假日和有重大社会活动举行的日子，以保证媒体记者都能够出席，且能够引起广泛的社会关注度。新闻发布会的具体时间可选在周二至周四的上午 10 点或下午 3 点，以便利与会者到会。

在地点选择上，可于宾馆或组织专门会场进行，但要保证交通方便、环境安静，同时需对发布会场地做出相应的布置，在温度、湿度、灯光、背景色彩等方面满足发布会的要求。

（3）确定主持人和发言人。面对众多的媒体记者，为达到宣传的目的，新闻发布会需要拥有很强沟通能力和技巧的主持人和发言人，主持人的任务是把握会议主题范围，掌握会议进程，并控制好会场的气氛，促成发布会的顺利进行。发言人的任务是发布重大消息并回答记者的各种提问。

（4）确定邀请的媒体范围。根据消息需要传播的范围来选择邀请的媒体及记者，通常邀请的记者要有广泛的覆盖面，各级各类媒体记者都应考虑到，同时提前一两周向记者发出正式的书面邀请。

（5）拟定发言提纲和报道提纲。发言提纲是为发言人提供参考的，要通俗、准确、生动。报道提纲是在发布会上提供给记者进行采访报道的参考材料，其主要含宣传内容的背景及要点信息等。

（6）准备好辅助用具。为保证和增强新闻发布会的效果，应准备好相应的辅助工具，进一步突出和强化宣传的作用，主要的辅助用具有产品模型、图表、照片、试听设备等。

（7）拟定费用预算。就新闻发布会的规格、规模拟定经费预算，一般的费用项目包括场地租借费、资料费、设备使用费、礼品及餐饮费等。

新闻发布会召开的时候，也有很多的步骤需要安排。

（1）签到与安排座次。在会场的入口或入场通道处设置签到处，同时派发相应的发布会材料。会场座次安排则要考虑到主次顺序。

（2）新闻发布会的流程。由主持人宣布发布会开始和会议议程。发言人回答记者的提问，在回答记者的问题时，发言人应有问必答，对不便回答的问题，应采取适当的方式委婉地回答，常用的策略有避正答偏、回以自解、诱导否定等。一般问答环节是新闻发布会的主要环节。

（3）组织参观和宴请。发布会后，可配合主题，组织记者参观，并为记者提供工作餐，以进一步促进交流和方便记者进行更深入的采访报道工作。

（4）在新闻发布会之后，还要进行持续的跟踪和评估工作：一是全面及时地收集与会记者的相关报道，检查有无因自身的失误而造成会议内容的疏漏，以便及时补救；二是对照会议签到名单检查发稿情况，并对稿件内容进行分析，以作为今后邀请对象的参考；三是对新闻发布会的效果做出评估，在接待、安排、实施等方面有无不当之处，以便日后改进。

第三节　公共关系网络宣传

一、公共关系网络宣传的含义

公共关系网络宣传是指企业借助于互联网开展公共关系活动，利用互联网塑造企业形象。互联网为现代公共关系提供了新的宣传媒介、宣传方式和手段，使得企业公共关系能够更快速、更顺利地进行，进一步拉近了企业与公众的距离，使企业形象的塑造更具有可感知和可触及的效果。

广义上讲，企业从申请域名、租用空间、建立网站开始就算是介入了网络推广活动，而通常我们所指的网络宣传是通过互联网手段进行的宣传推广等活动。狭义地说，网络宣传的载体是互联网，离开了互联网的宣传就不能算是网络宣传。

二、公共关系网络宣传的优势

英国未来学家彼得·考科恩说："如果你不上网，就没有人知道你的存在。"这充分表明在当今互联网时代，企业离不开网络宣传。网络作为现代信息工具，对信息的接受、传递和转换极其迅速，与传统宣传媒体相比较，网络宣传具有独特的优势。

1. 不受时空限制

传统媒体受时间和空间因素的制约，而网络则超越了时空的界限，人们在任何时间、任何地点都可以接收信息、传递信息。对于企业来说，这极大地拓展了信息传播的广度和深度。

美国著名社会心理学家米尔格伦于20世纪60年代提出六度分隔传播理论。他指出在人际脉络中，要结识任何一位陌生的朋友，最多只要通过六个朋友就能达到目的。六度分隔传播理论在网络传播中的表现就是，从任何一点发出的信息，经过六次传递之后，就会达到网络上的任何一个人乃至任何一个群。通过这样的思路去影响公众、引导公众，使组织的公共关系氛围不断加强，组织的良好形象也就随之树立起来。

2. 多维信息展示

任何媒体传递信息都有一定的方式，如印刷媒体用文字和图片来传递信息，广播通过声音来传递信息，电视由声音和画面的结合来传递信息，而网络则综合了传统媒体传递信息的所有方式及其优势，计算机技术所提供的多媒体新技术，实现了文字、图形、图像和声音的综合，给公众带来了全新的立体化信息体验，也为多渠道宣传方式的综合应用提供了条件。

3. 交互性

现代公共关系非常强调企业与公众的双向交流与沟通，企业要从公众那里获得反馈信息，来不断地改进。网络所具备的超时空性、信息的瞬时传播性等特征为企业与公众的互动交流创造了机会。企业可以实施网络调查来了解公众的需求，并建立网络信息通道，如网上留言、企业信箱、网络论坛、在线咨询等，获取公众对企业的建议，掌握公众对企业的看法。同样，公众也不再被动地接受媒体信息，而能够主动地搜索、获取信息，积极地与对方交流，并组成虚拟社区探讨共同感兴趣的话题，使得企业与公众双向交流的现代公共关系得以真正建立。

4. 个性化

如今人们的需求越来越多元化、个性化，虽然传统媒体也在不断地变革和创新，品种也越来越多，内容也越来越丰富，但其始终很难满足现代人个性化发展的需要，人们也难以从中找到自己所需要的特殊信息。相反，网络媒体所拥有的海量信息不仅满足了公众对信息广度的需求问题，而且其个性化服务又解决了公众对信息的深度和专业化的要求，迎合了公众的个性化需求，也极大地提升了企业宣传信息的利用效率。

读者是否有过这样的体会：当你打开一个网站的时候，网站广告页面会显示你在购物网站曾经搜索过的商品；或者你打开某些门户网站的时候，它能够自动侦测你的IP地址，分析出你所在的城市，然后给出相应的地区新闻。以上种种都体现了网络时代的个性化服务。

5. 网络宣传的对象特殊

事实上，网络宣传的对象是最具活力的消费群体。一般来说，网民的主体为18～45周岁的成年人，他们是社会的未来、当今的中坚力量。任何一个组织若能获得网民这一群体的支持，必然能获得巨大的成功。

此外，网络宣传还具有完善的统计，可跟踪和可衡量宣传效果，可重复性和可检索性，价格优势等特征。

三、公共关系网络宣传的方法

公共关系网络宣传可以由企业设立网站，将传统公关活动以网络的形式运营，利用网络服务提供商，通过社会化媒体和移动媒体等方法来实现。

1. 企业自设网站

企业通过建立自己的网站，来宣传自己，做好公关工作，是网络时代企业树立和维护形象的普遍做法。

公众通常由企业的网站产生对企业的第一印象，这种第一印象将决定公众对企业的认同和接受程度。因此，企业网站宣传必须给公众留下最为深刻的印象，做到让公众充分信任。为此，网站宣传需要进行周密的设计和策划，并不仅仅是一些企业简介和几幅照片的宣传画册，而应从形式到内容，进行全方位的规划和设计，比如域名的选择、网站标志与色彩及字体、网站的内容等。通常，企业也可以把这部分内容外包给专门的网络公司。

读者可以试想一下，没有自己网站的高校如何进行传播活动？尤其对于地方性普通高校而言，省级媒体不一定能够关注到，更谈不上国家级媒体了。而高校设立自己的网站之后，各方面信息均可以发布在网站上，相关公众只要登录学校网站就可以全方位地了解学校及其活动。

2. 传统公共关系活动的网络运营

对于调查、公众沟通、服务等传统公关活动而言，它们均可在网络上实现。

网络调查可以通过网络运营服务商开展，也可以由各地的分公司、连锁店通过互联网及时采集，以最快的速度获取最新的信息。

建立企业与公众的网络沟通和交流的渠道，如通过网络聊天、在线咨询与公众直接交流；利用博客、链接等方式嵌入公众的网站来开展与公众的沟通和交流。

在以客户为中心的企业经济活动中，周全而细致的服务是赢得客户的关键所在，也是企业实施公关、在公众心目中树立良好形象的必然路径，从这个意义上来说，服务的过程也就是企业公关宣传的过程。与传统服务范式相比较，通过网络提供服务，更能对客户的需求做出快速反应，节省客户的时间，增加客户的满意度，客户在满意的体验中会产生对企业的信任感和忠诚度。

3. 社会化媒体

社会化媒体是一种由用户自创内容、用户平等参与互动的网络信息平台，是企业与公众平等互动、了解公众需求、创新自己产品和服务的重要渠道。如今，社会化媒体正深刻地改变着人们的生活方式，改变着企业的运行规则和秩序，重视并用好社会化媒体为自己的形象宣传服务，已成为企业公共关系不可或缺的手段。著名的社会化媒体，如Facebook、YouTube、QQ及微信等。

4. 移动媒体

移动媒体是指受个体自身控制的，随时随地都可与外界互动交流并进行信息处理的手持媒体。当今，以智能手机为代表的移动终端正成为信息交流与传递的主阵地之一，移动媒体也相应成为新的信息宣传媒介和消费时尚，其正在改变着人们的生存状态和社会的传播方式。

移动媒体可以简单地划分成两种类型：一是传统的移动媒体，如分布于城市公交车上的广告；二是数字移动媒体，如各种品牌的智能手机、平板电脑等。数字移动媒体正逐渐深刻地改变着人们的生活。

智能手机已成为网络宣传和传播中最轻便灵巧和最为忠实的移动媒体，人们也将手机视为最亲密的贴身媒体，无论在哪里，也无论什么时间，都可用其与外界交流或从中获取所需信息。像手机这种移动媒体的无时无处不在的特点，以及媒体位置和移动方向的共享所提供的“附近的人”的功能，可以为企业公关宣传创造新的条件和机会。

我们在利用移动媒体作为公关宣传的方式时，在信息的制作上需要与移动媒体相适应，即追求信息的简洁短小，注重宣传内容的简要性、实用性和针对性。这是由移动媒介的特点和用户的阅读习惯所决定的，也是移动媒体相对于传统媒体的固有竞争优势。

第四节　公共关系其他宣传

一、企业自办媒体

在公共关系宣传中，除了利用广告、新闻、网络外，企业还可以通过自办媒体来开展宣传，这样既可以规避广告、新闻和网络宣传的劣势，又可以掌握与公众沟通的主动性，可以针对某一类公众灵活地确定宣传的内容与方式，从而增强宣传的效果。自办媒体宣传有印刷媒体宣传和电子媒体宣传两种。

自办印刷媒体包括报纸、杂志、年报、海报、宣传小册子等，根据不同的宣传对象和目的，确定选择相应的媒体形式、宣传内容、发行数量和发行周期等，甚至可以包括班级的黑板墙报和学校橱窗报道。

自办电子媒体包括广播、电影、电视、网站等，如校园广播。在信息技术时代，组织更可充分运用自媒体开展宣传，微信公众号与QQ公众号的快速涌现即是。

二、公共关系实物宣传

实物具有直观性、真实性、可靠性，用其做宣传，比文字和口头宣传更有说服力，更易打动公众。因而实践中企业可以将其优质的产品或服务进行实物宣传，配上简洁的文字、动人的音乐和生动的解说词，对目标公众开展试用、馈赠、赞助和征询等不同性质的活动，这样能带来意想不到的宣传效果。但实物宣传制作成本较高、技术复杂，对人员、场地有一定的要求，且组织难度较大。常见的实物宣传方式有：橱窗陈列、展览、照片等形式。

三、公共关系人员宣传

公共关系人员宣传是由专门人员通过表演、演示、解说等特定的方式向公众展示企业的业绩、精神风貌、企业形象的一种宣传活动。公共关系人员宣传能与公众面对面地沟通、互动交流，拉近公众与企业的距离，企业也能够从公众那里获得及时的反馈信息，实现更有针对性的宣传效果。常见的公共关系人员宣传方式主要是文体活动和演讲。

❖ 本章小结 ❖

公共关系宣传是树立组织形象的重要手段和途径。概括来说，公关宣传包括广告宣传、新闻宣传、网络宣传及其他宣传形式。每种形式都有其自身的特点，也有着各自的不足，企业应充分发挥不同宣传形式的优势，掌握不同宣传形式的具体策划、设计、组织和实施技巧，如公关广告策划、公关新闻稿的策划与写作、新闻发布会的举行、社会化网络媒体与移动媒体的使用等，并有意识规避不同宣传形式的劣势，综合运用多种宣传形式，以让公众充分了解企业、支持企业，进而形成有利于企业发展的良好环境，达到企业发展的最终目的。

⌘关键词

公共关系广告；公共关系广告宣传；公共关系新闻宣传；新闻价值；新闻规范；策划新闻；新闻发布会；公共关系网络宣传；社会化媒体；移动媒体；自办媒体；公共关系实物宣传；公共关系人员宣传

⌘练习与思考

1. 公共关系宣传的主要形式：______、______、______、公共关系其他宣传。
2. 请列举公共关系广告形式：______、______、______、______。
3. 请列举新闻价值：______、______、______、______。
4. 新闻规范的5W1H：______、______、______、______、______、______。
5. 如何策划和实施公共关系广告宣传？
6. 谈谈如何策划新闻。
7. 谈谈公共关系网络宣传的优势，列举一两个现实中的例子。

⌘实践与实训10

历史上的今天

［性质］ 校内策划活动

［主题］ **基于“历史上的今天”策划新闻**

［目标］ 通过浏览“历史上的今天”网站：http://www.todayonhistory.com，利用上面的内容，假设你是任一主体，如学校、企业、商店等均可，策划一个新闻事件吸引媒体的报道。

［原理］ 新闻价值理论、策划新闻技巧与方法、新闻稿的规范。

［操作］ 本次实践教学依据新闻价值理论，主要是指普遍性、社会性、重要性、国际性、特殊性、知名性、记录性、新奇性、突发性、冲突性、危险性、内幕性、神秘

性、浪漫性、人情味等。只要具备以上特性之一即可。

策划新闻事件，并按照新闻规范的要求，即 5W1H（when、where、who、what、why、how），写出新闻稿提供给新闻媒体使用。

本次实践教学活动不分组，由学生单独完成，提交作业。

总课时：**1 课时**；主要是优秀学生作业的课堂分享。

[注意] 教师需要强调新闻价值和新闻稿的规范性要求。

[成果] 学生作业。

[延伸] 对学生，要求掌握基本的策划新闻技巧，并能看明白部分社会新闻的本质。

⌘拓展阅读

阅读爱德华·伯内斯的著作《宣传》（胡百精、董晨宇等译，中国传媒大学出版社，2014 年），请理解宣传作为保障社会正常运转的机制是如何运行的。

第十一章

Chapter11

公共关系传播管理

☞ 导入案例

央视纪录片《舌尖上的中国》之传播

2012 年 5 月，《舌尖上的中国》（第 1 季）在中央电视台首播；2014 年 4 月，《舌尖上的中国》（第 2 季）首播。该系列为中央电视台制作的美食类纪录片，主要涉及全国各地的美食生态，通过食物展示我国的文化。《舌尖上的中国》是近年来国内少有的优秀纪录片，不仅获得了国内观众的热捧，还得到了国际受众的好评，实现了央视纪录片海外销售市场的历史性突破。

优秀的纪录片离不开两个因素。一方面，摄制和制造过程可谓精挑细选，《舌尖上的中国》（第 1 季）历时 13 个月拍摄完成，摄制组行走了包括港澳台在内的全国 70 个拍摄地，动用前期调研员 3 人、导演 8 人、摄影师 15 位，并由 3 位剪辑师剪辑完成。另一方面，传播的因素也至关重要。

对《舌尖上的中国》的传播分析，有学者从以下四个角度进行了论述：其一，传播媒介的助力，中央电视台及其核心综合频道首发，同时新媒体（比如微博）助力成功使其成为话题；其二，传播背景的选择，在食品安全成为举国关注的重大话题的时候，尤其在负面信息不断的背景下，出现如此精美绝伦的美食类纪录片，让受众眼前一亮，从而被深深吸引；其三，传播时机的恰当，随着我国经济力量的增长，我们需要以全面的形象展示给国外对象，以便使其深入了解我国，消除对我们多余的担心。基于此，中央电视台特别于 2011 年成立了记录频道以传播我国的文化，包括饮食文化，这是传播背景；其四，传播内容具体，源于百姓生活。纪录片能将传播内容设置为故事的形式，在传播内容上还添加了我国传统价值观及传统的礼仪，充分激发了国内外受众的兴趣。

资料来源：百度百科，舌尖上的中国。

| 学习目标 |

1. 掌握公共关系传播的含义和过程，尤其是拉斯韦尔的“5W 模式”。
2. 阐述基本公共关系传播的原则。
3. 掌握大众传播媒介“4+1”的优点和缺点。
4. 掌握“枪弹论”和“有限效果论”，了解改善有效传播的途径和内容。

第一节 公共关系传播

一、公共关系传播概述

传播是指主体（组织或个人）利用各种媒介把信息传递给对象的双向交流活动。我们也可以说传播是信息的共享。公共关系传播是组织将信息通过媒介传递给公众并获取反馈的过程。传播是达到公共关系目标（组织形象管理）最重要的手段和方式。公众通过组织传播的信息，确立组织在公众中的形象。

一般来说，传播具备以下特征：社会性，指传播属于社会性交流信息的行为；普遍性（或称广泛性），指人类传播活动无时不有、无处不在；互动性（或称双向性），其实这也是传播追求的目标，期望获得与传播对象的互动交流；工具性，指传播仅仅属于工具，总是为一定的目标服务；符号性（或称信息性），指传播的内容（信息）通过一定的符号表现出来；共享性，指传播的本质属于信息的共享。

公共关系传播具备认知、共享、导向、协调四大功能。认知功能属于信息固有的一个功能；共享功能，传播的本质即是信息的共享，信息在传递和使用过程中不会损耗；导向功能，传播是工具不是目的，在信息共享的基础上建立共同意识引导行为；协调功能，在信息共享的基础上协调行为。导向是在思想上，而协调是在行为上。

二、公共关系传播的过程和要素

公共关系传播过程的经典理论是“5W 模式”。1948 年，美国政治学家、传播学四大奠基人之一的哈罗德·拉斯韦尔（Harold Lasswell）发表了《社会传播的结构与功能》一文。在这篇文章中，拉斯韦尔明确提出了传播过程及其五个基本构成要素，即谁（who）、说什么（says what）、通过什么渠道（in which channel）、对谁说（to whom）、取得什么效果（with what effect），取每个要素的打头字母形成“5W 模式”。这个模式简明而清晰，是传播过程模式中的经典，串成一句简单的英文就是：Who says what in which channel to whom with what effect? 如图 11-1 所示。

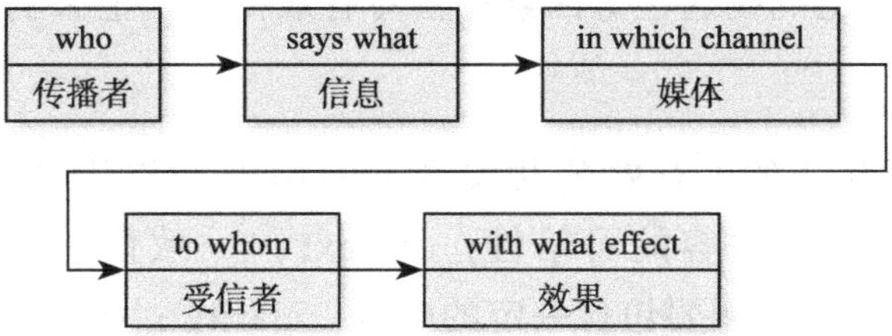

图 11-1　拉斯韦尔“5W 模式”

拉斯韦尔“5W 模式”简单，易理解，更符合真实的传播过程。但他把传播看成线性过程，忽视了反馈和传播过程中的干扰，干扰可能造成信息的失真甚至失效。

1949 年由美国的两位信息学者 C. 香农和 W. 韦弗在《传播的数学理论》中首次提出传播过程的“香农 – 韦弗模式”，又称“传播过程的数学模式”。香农 – 韦弗模式弥补了拉斯韦尔“5W 模式”的不足，是相对较全面的传播模式理论，如图 11-2 所示。

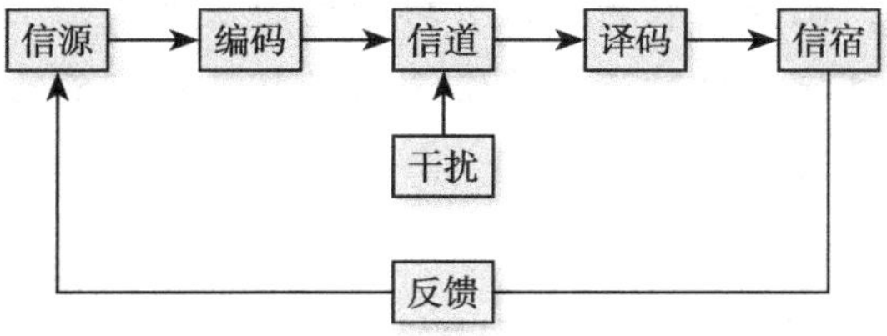

图 11-2　香农 – 韦弗模式

三、公共关系传播的原则

公共关系传播的原则是传播中必须遵守的重要规范。只有达到或符合基本的规范，传播才能达到设定的目标、追求的效果。

1. 目标明确原则

组织的目标是分层级的，包括高层的战略目标、中层的职能目标、低层的操作目标。公共关系目标属于战略目标下的职能目标，其最高追求是组织形象。公共关系传播目标一般包括四个层次：引起公众注意，诱发公众兴趣，取得公众肯定的态度，促发公众支持行为。

2. 双向传播原则

公共关系传播的双向传播原则包括：沟通主体包括两人以上进行；沟通双方互为角色，既可传递又可反馈信息；沟通双方相互理解并有所交流。一般做到双向传播需要注意两方面：创造共识区域；具备反馈意识。

3. 有效传播原则

有效传播可谓公共关系传播的目标，传播活动要努力取得预定的目标和效果。通过传播，获得公众的理解、信赖、支持。信息的真实性、信息量的大小、信息的制作技巧与本身吸引力、传播渠道的畅通性等因素都会对有效传播产生影响。

4. 7C 原则

根据卡特里普和森特的《有效公共关系》中提出了公共关系传播的“7C 原则”，即 creditability：可信性，内容的可信性；context：一致性，计划与现实保持一致；content：内容性，传播活动需要包含一定的内容；clarity：明确性，传播活动需要简洁明了，易接受；continuity & consistency：持续性和连贯性，传播活动要保持持续性和连贯性；channels：渠道性，传播活动在一定的媒介（渠道）范围内进行；capability of audience：受众可接受性，传播活动要确保受众一定的接受性方能达到预期效果。遵守公共关系传播的“7C 原则”是必要的，这有助于组织顺利达到其设定的传播目标。

保健品广告的主要阵地是在电视上，比如“脑白金”，读者可以回想一下，在哪些媒体上看过其广告？笔者估计除了在电视上之外，在其他地方看到仅属偶尔现象。如果有，那也是非常小的量，比如在农村地区公路旁边的房屋墙面上。在电视媒体上做“脑白金”广告符合受众的可接受性特点。网络是新兴且日趋重要的媒介，读者可以分析在网上做洗衣粉广告的效果吗？

第二节　传播媒介的选择

一、大众传播媒介

大众传播媒介的种类较多，包括传统的纸质媒体（报纸、杂志）、传统的视听媒体（广播、电视）以及新兴的互联网媒体，可表述为“4+1”。除此之外，还有户外媒体及新兴媒介等。在当代技术下，传播媒介日新月异，更新发展速度非常快。

对媒介的变化，比如手机报，今天的很多读者朋友可能都不知其为何物。那时的手机还是非智能设备，手机报占用 GPRS 流量，是以彩信方式发送给客户的电子媒介。伴随着手机的智能化，基于手机操作系统的各种新闻软件层出不穷，彩信不见了，手机报也几乎没有了存在的空间，用户直接下载一个客户端即可。

1. 报纸

报纸在有的国家属于非常重要的大众传播媒介，占据很高的地位。在西方，报纸可能占到媒体的半壁江山，更有一些全球知名的报刊，如英国的《泰晤士报》、法国的《费加罗报》、德国的《图片报》、美国的《华尔街日报》与《纽约时报》等。报纸有着造价低，制作简单，受众主动性较大，接受时间、地点自由，信息量大，便于保存，还可以满足受众的个性化需要等优势。但报纸的即时感染力差，制约因素也比较多，比如地域、交通、气候等都会对其产生不利的影响。此外，报纸对受众也有一定的要求，至少应识字。

国内的报纸主要包括两大类别：其一，代表国家的政策性报纸，比如《人民日报》《经济日报》《解放日报》等；其二，市民化生活的报纸，比如《新民晚报》《南方都市报》《南方周末》等。

2. 杂志

杂志作为纸质媒体，突破了报纸的地域性限制，很多杂志都面向全国发行；杂志传播的信息更全面、准确，这是基于杂志的专业性；印刷质量佳，便于贮存且保存时间长；最重要的是杂志在特定范围的传播效果明显，即杂志具备自动细分市场的功能。购买某种杂志的人，其偏好、收入、年龄等因素容易自动显现出来，就可归为一类公众。但相较于报纸，杂志存在出版周期长、传播慢、专注于某些受众而忽视了另外一些受众等缺点。

比如《中国国家地理》，其纸张优良、印刷精美、图片独特、内容丰富，自然价格也不低。一般来说，该杂志的长期读者应该具备爱好旅游、收入较高等特征，这样某些特别的产品就可以在该杂志上刊登广告，比如SUV汽车、高档照相机、户外用品等。这样做传播，比在电视媒体上能更好地把握顾客群。这就是杂志的自动细分市场功能。另外，杂志的出版周期短则一周，比如《时代周刊》《明镜周刊》等；长则一年，比如安徽大学徽学研究中心出版发行的学术杂志《徽学》。

3. 广播

广播的诞生早于电视媒体，相对于其他媒体而言，广播媒体具备这样一些优点：传播速度快，不仅超越时间限制，而且地域覆盖广；语言形式相对于纸质媒体单纯的文字，具备更大的感染力，而且不会影响到受众的正常工作；接受方式为听力形式，适应不同文化程度的群体；最主要的是，广播的费用和电视相比要低很多。但广播的信息难以贮存，形象感稍显欠缺，受众只能被动接受信息，无法反馈。总的来说，目前对广播媒体的使用呈现下降的态势，远远比不上电视媒体，仅某些广播节目，比如交通音乐台、评书节目还可能拥有较多的听众。

我国的广播行业中，规模比较大的广播台有：北京台、广东台、上海台、深圳台、中央台，呈现出以地方台为主的特点，在广播台进行广告的费用相对低很多，比如在中央人民广播电台同时段的广告费用大概只有中央电视台的1/10左右。某些广播节目有着非常优质的听众资源：传统的评书、戏剧节目，有着固定的客户群；出租车或大卡车司机一般偏好交通音乐台。

4. 电视（电影）

电视作为媒体，具有无可比拟的一些优势，因为电视是文字、声音、图像的综合，尤其是可见动态图像，受众有较强的真实感，电视的传播效果相对持久，即时感染力很强，适合多层次的受众。但电视媒体也有不足的地方：瞬间即逝，无法保存；受经济发展水平等制约；受众只能被动接受信息。

电视是当今非常主要、非常有效的传播媒介，尤其在我国。电视媒介中，我国的核心在中央电视台，仅其广告收入约占全国电视广告收入总金额的1/4，2021年央视综合频道广告的价格如表11-1所示。

表11-1　2021年CCTV各时段广告价格

2021年CCTV综合频道刊例价格							
有效期：2021年1月1日～2021年12月31日（不含春节期间2月11日～2月26日）					单位：人民币元/次		
名　称	播出时间	5秒	10秒	15秒	20秒	25秒	30秒
广告001	约5:55	20 100	30 400	38 000	51 700	60 800	68 400
“生活圈”中插1	周一至周五，08:33 ~ 09:20	20 700	31 200	39 000	53 000	62 400	70 200
“生活圈”中插2	周一至周五，08:33 ~ 09:20	20 700	31 200	39 000	53 000	62 400	70 200
广告002	周六、周日，约09:21	20 700	31 200	39 000	53 000	62 400	70 200
上午精品节目前	约09:23	20 700	31 200	39 000	53 000	62 400	70 200
“第一精选剧场”第一集贴片	9:25 ~ 11:00	23 900	36 000	45 000	61 200	72 000	81 000
“第一精选剧场”第二集贴片	9:25 ~ 11:00	29 200	44 000	55 000	74 800	88 000	99 000
“第一精选剧场”第三集贴片	9:25 ~ 11:00	32 900	49 600	62 000	84 300	99 200	111 600
上午精品节目后	约11:54	47 300	71 400	89 300	121 400	142 900	160 700
“新闻30分”前	约11:57	47 300	71 400	89 300	121 400	142 900	160 700
“今日说法”前	约12:32	52 500	79 200	99 000	134 600	158 400	178 200
“今日说法”中插1	周一至周五12:36 ~ 13:16 周六、周日12:35 ~ 13:30	57 200	86 400	108 000	146 900	172 800	194 400
“今日说法”中插2	周一至周五12:36 ~ 13:16 周六、周日12:35 ~ 13:30	57 200	86 400	108 000	146 900	172 800	194 400
“今日说法”后	周一至周五约13:18 周六、周日约13:31	46 600	70 400	88 000	119 700	140 800	158 400
下午精品节目前	周一至周五约13:20 周六、周日约13:33	40 300	60 800	76 000	103 400	121 600	136 800
“第一情感剧场”第一集贴片	14:00 ~ 16:00	32 900	49 600	62 000	84 300	99 200	111 600
“第一情感剧场”第二集贴片	14:00 ~ 16:00	31 500	47 600	59 500	80 900	95 200	107 100
“第一情感剧场”第三集贴片	14:00 ~ 16:00	30 200	45 600	57 000	77 500	91 200	102 600
下午精品节目（一至五）	16:00 ~ 17:48	28 400	42 900	53 600	72 900	85 800	96 500
18点精品节目前	约17:58	36 300	54 700	68 400	93 000	109 400	123 100
“黄金档剧场”第一集前情提要前	约19:59	111 300	168 000	210 000	285 600	336 000	378 000
“黄金档剧场”第一集贴片	周一至周五约20:01 周六、周日20:00 ~ 22:00	106 000	160 000	200 000	272 000	320 000	360 000
“黄金档剧场”第一集下集预告前	周一至周五约20:52 周六、周日20:00 ~ 22:00	100 700	152 000	190 000	258 400	304 000	342 000
“黄金档剧场”集间	周一至周五约20:55 周六、周日20:00 ~ 22:00	98 100	148 000	185 000	251 600	296 000	333 000
“黄金档剧场”第二集贴片	周一至周五约21:01 周六、周日20:00 ~ 22:00	98 100	148 000	185 000	251 600	296 000	333 000
“黄金档剧场”第二集下集预告前	约21:52	86 900	131 200	164 000	223 000	262 400	295 200
“黄金档剧场”后	约21:53	82 200	124 000	155 000	210 800	248 000	279 000
“晚间新闻”后	约22:31	63 600	96 000	120 000	163 200	192 000	216 000

（续）

名　称	播出时间	5 秒	10 秒	15 秒	20 秒	25 秒	30 秒
22:30 精品节目前	约 22:36	63 600	96 000	120 000	163 200	192 000	216 000
22:30 精品节目中插 1	22:38 ~ 23:30	61 000	92 000	115 000	156 400	184 000	207 000
22:30 精品节目中插 2	22:38 ~ 23:30	61 000	92 000	115 000	156 400	184 000	207 000
23:30 精品节目前	约 23:35	41 300	62 400	78 000	106 100	124 800	140 400
23:30 精品节目中插 1	23:36 ~ 00:30	41 900	63 200	79 000	107 400	126 400	142 200
23:30 精品节目中插 2	23:36 ~ 00:30	41 900	63 200	79 000	107 400	126 400	142 200
夜间精品节目一	约 00:32	27 100	41 000	51 200	69 600	81 900	92 200
夜间精品节目二	约 01:30	24 400	36 800	46 000	62 600	73 600	82 800

资料来源：CCTV 广告中心，http://1118.cctv.com/3/01/index.shtml.

此外，我国的电视台除中央电视台之外，还有各家省级电视台。其中，湖南卫视（也称芒果卫视）发展迅猛。其一系列节目为它们带来了巨大的广告收益，比如《天天向上》《快乐大本营》《爸爸去哪儿》之类。湖南卫视的发展值得其他省级卫视借鉴。

电影也属于一种综合性的大众传播工具，其历史长于电视媒体。最早的电影，在放映之前都会插播一段广告，今天也有此现象。电影中的广告，最主要体现在插播广告，比如各种影视作品、电视剧、纪录片等。汽车业的宝马公司，更专门出过“the hire”系列的网络视频短片广告，比如“巨星驾到”“分秒必争”“战地记者”等。

5. 互联网

互联网媒体的综合性无与比拟。基于前述四大传统媒体，互联网又称为第五媒体，其具有信息量庞大、信息传递速度快、交互式沟通、储存时间长、多媒体等特点。互联网媒体有着非常广阔的发展前景，但互联网媒体也有局限，针对网民才有效。移动互联网的发展，进一步拓展了互联网媒体的空间。

在网络广告方面，根据腾讯公司 2019 年度报告，其广告收入已达到 683.77 亿元，较 2018 年增长了 100 多亿元，如表 11-2 所示。

表 11-2 腾讯公司网络广告收入（2019 年度报告）

项　目	2019 年		2018 年	
	金　额	占收入总额百分比	金　额	占收入总额百分比
增值服务	199 991	53%	176 646	56%
金融科技及企业服务	101 355	27%	73 138	23%
网络广告	68 377	18%	58 079	19%
其他	7 566	2%	4 831	2%

注：1. 年度统计数据截至 12 月 31 日。
2. 金额单位为 100 万元，另有指明者除外。

6. 户外媒体

户外媒体主要是指建筑物的楼顶和商业区的门前、路边等户外场地设置的发布广告信息的媒介，其种类多样，如建筑物广告、大型室外画板、大型等离子显示屏、霓虹灯招牌、横幅广告、公共汽车车身广告、路牌广告、桥梁广告、路灯广告、地铁广告等类型。

读者能否根据上面的种类，梳理一下自己所见到过的户外广告类型？

对于户外广告，请读者了解分众传媒及其创始人江南春，在其公司官网，业务被划分为四大类：商务楼宇联播网、卖场终端联播网、公寓电梯联播网、城市彩屏联播网，即在包括楼宇、卖场终端、公寓电梯、户外 LED 等阵地进行广告传播。分众传媒创始人江南春毕业于华东师范大学中文系，2003 年创立分众传媒，他颠覆了人们传统的媒体观，是我国提出“生活圈媒体”理念的第一人。

此外，笔者所在城市，近两年来，路上已经出现了专门的广告车，车身两侧均为大屏幕，车上还配备高音喇叭，奔波于城市的大街小巷。这种广告车更具移动性，且突破了户外广告载体的局限。

7. 其他媒介

其他媒介主要是指各种新媒介，依托数字化、网络化、平民化信息处理技术和通信网络，由专业信息网络机构主导，以各种数字化信息处理终端为输出装置，通过向用户大规模地提供交互式信息和娱乐服务获得经济利益的各种新型传媒形态的总称，比如自媒体。

自媒体又称“公民媒体”或“个人媒体”，是指私人化、平民化、普泛化、自主化的传播者，以现代化、电子化的手段，向不特定的大多数或者特定的单个人传递规范性及非规范性信息的新媒体的总称。美国新闻学会媒体中心于 2003 年 7 月发布了由谢因·波曼与克里斯·威理斯两人联合提出的“ we media”（自媒体）研究报告，对自媒体的定义为：普通大众经由数字科技强化，与全球知识体系相连之后，一种开始理解普通大众如何提供与分享他们自身的事实、新闻的途径。自媒体平台包括博客、微博、微信等。

自媒体的发展成就了一些著名的网络产品及公司。在美国上市的新浪微博，是我国国内主流且人气最高的微博产品；腾讯公司的微信产品成为移动互联网平台上最流行的即时通信工具。很多读者可能都有这样的体会，打开 QQ 空间或微信朋友圈，很多时候发现自己的好友在做微商。这就是典型的营销传播。

二、人际传播媒介

人际传播，属于人与人之间的范畴，不属于公共关系，但是有时候公关需要借助它。人际传播形式多样，包括面对面沟通、电话沟通、会议沟通、专题活动（庆典、招待会、比赛、赞助等）、纪念品馈赠等。

人际传播虽然不属于公共关系传播的范畴，但公共关系传播最终还是要落在人际传播上。从这个意义上来说，人际传播非常重要，是公共关系传播成功的一半。

企业到电视台洽谈广告，虽然属组织之间事宜，但最终还是要依靠组织的员工完成。在沟通过程中，如果能恰当地运用人际传播媒介及技巧，会更容易达到组织设定的目标和要求。

三、传播媒介的选择

1. 传播媒介选择影响因素

（1）传播对象的特点。传播对象的特点影响了传播媒介的选择，尤其是受众的文化层次高低，直接影响到受众的可接触媒介；受众的年龄结构，影响了受众的工作、生活习惯，包括接触媒体习惯；还有受众的经济状况也影响了传播媒介的选择。

总之，传播虽然属于传播主体的行为，但是必须密切关注传播对象的特点和需求，这关乎传播效果。

（2）传播信息的特征。传播的内容，也影响到传播媒介的选择。具体来说，就传播信息的复杂程度而言，过于复杂的信息无法在电视媒体上进行传播，因为电视上以秒论价；就传播内容保存价值的大小而言，视听媒体的信息一般无法保存，对具备高保存价值的信息传播不适合；同时，传播内容的详细程度和趣味性，也会影响到传播媒介。

（3）经济合理的原则。不同的媒介传播，其收费价格不一样。对企业来说，往往追求最小的费用产生最大的效果，即符合经济合理原则。

对于以上三条影响传播媒介选择的因素，在实际操作过程中，应该综合地去看，不能孤立地由某一条因素去决定传播媒介的选择，应该受到三个方面甚至还有其他方面的综合影响。

2. 史玉柱的两次广告决策

史玉柱是全国知名的企业家，其人生经历丰富多彩。他的创业历程可以用“N”型轨迹表述：在深圳与珠海起步，到达第一个顶峰，然后被巨人大厦拖下去而失败，成了全国最大的“负翁”；但史玉柱没有跌倒，而是再次站起来了。在无锡，借助保健品再次成为成果卓越的企业家。史玉柱人生的两次上升，离不开其准确的广告决策。

史玉柱的首次创业是销售可以替代昂贵打字机的文字处理软件 M6401 汉卡，他的第一次广告策略选择在《计算机世界》杂志社。这个决策充分利用了杂志的自动市场细分功能，深刻把握了传播对象的特点，这符合经济合理的原则。在当时，《计算机世界》的读者可能也是使用 M6401 汉卡的潜在客户。同时，可以在中央电视台做广告，但是那样可能仅 1% 甚至更低比例的受众才是其潜在客户，而且中央电视台的广告价格也远高于一家杂志广告。实践证明其广告策略是相对准确的，当年 8 月收入达到 4 万多元，

9月16万元，10月超过100万元……今天来看可能很平常，但读者需要了解，那个时代“万元户”即表示身家丰厚了。

史玉柱的第二次创业，主要依靠“脑白金”。对于脑白金，读者可能都听过这句广告词：“今年过节不收礼，收礼只收脑白金！”脑白金的主要广告阵地在电视，读者可有见过其他脑白金广告的媒介吗？笔者的经历是除了农村的户外广告，在农民房子的正面墙上、报纸上等都没有见过。脑白金之所以专注于电视广告，这需要分析其购买者和消费者。首先，其消费者绝大部分都是老年人，尤其是农村地区的老年人，由于生活水平低，他们对保健品的需求相对强烈。而老年人接受的媒介主要是电视媒体。再者，脑白金的购买者主要为中年人，尤其是在外打工的农民工，他们接触的媒介集中于电视媒体。正如对脑白金的市场分析：其最大的市场就在农村地区，尤其是县城以下的农村地区。

第三节 公共关系传播效果

一、公共关系传播效果理论

1. 枪弹论

“枪弹论”在20世纪20年代至30年代盛行一时，该理论又被称为“靶子论”或“皮下注射理论”。顾名思义，该理论认为传播具有强大的威力，受传者就像是固定不变的靶子或临床患者，只要枪口瞄准靶子或注射药水正中患者关键部位，子弹或药水就会产生强大的效果。该理论运用到公共关系传播当中，即只要传播者把想要传播的信息对准受传者，受传者就会迅速做出接受反应并获得预期效果。

1938年万圣节前夕，美国哥伦比亚广播公司的电台广播了由小说《世界之间的战争》改编的同名广播剧。它描写了火星人正在入侵美国，播送时间短至1个小时，且广播过程中强调是在演戏，但当播送到“火星人进攻地球”且其中心在新泽西州时，当地数以万计的听众惊慌失措，夺门而出。在收听到该广播剧的600万人中，信以为真的竟达100万人。

在我国，还有“标王悖论”现象，是指在中央电视台成为当年的广告标王，但是最后无法成为市场上的标王。这主要是2000年以前的现象，后来这种状况已经彻底改观，比如1995～2000年的市场标王分别为：1995年，3 079万元，孔府宴酒；1996年，6 666万元，秦池酒；1997年，3.2亿元，秦池酒；1998年，2.1亿元，爱多（VCD行业）；1999年，1.59亿元，步步高；2000年，1.26亿元，步步高。尤其秦池酒业作为一家县级酒厂，其广告费能从6 000多万元剧增到3.2亿元，来自央视广告的效果。那个时代的广告效果就可以用枪弹论来描述。

在枪弹论中，出现这么好的传播效果是因为人的认识能力有限，认知水平处于低层次，营销处于企业为中心的推销时代，或者偶然出现的推销给消费者新的感觉，其效用迅速提高，达到了企业追求的传播目标。

2. 有限效果论

该理论认为，传播效果是有限的，原因在于受众，他们带着已有的观念，对传播中的信息进行选择性接受、选择性理解及选择性记忆。正由于受众的主观能动性，所以也就无法达到枪弹论所认为的百分之百的效果。较枪弹论，这种理论更加符合实际情况。

有限传播效果的出现在于受众认知水平和认知能力的提高，受众开始了选择性地取舍。事实上，出现有限效果也可以从经济学上的边际效用递减规律进行解释。比如消费者首次见到广告的时候，可能立即接受广告的内容；而当广告成为家常便饭的时候，消费者对广告就开始过滤。

二、公共关系传播效果概述

公共关系传播效果是指受众对于接收到信息的反应程度。传播对受众的影响可以达到四种程度，也就是四种传播效果：信息层次、情感层次、态度层次、行为层次。

1. 信息层次

信息层次是指将所要传递的信息完整、清晰地传到受众处，是传播活动的最基本层次。这一层次上进行的公共关系传播的目的就是进行信息交流，如公关人员向组织领导报告关于公众的最新信息，或者向公众报告有关组织的最新动态等。

2. 情感层次

情感层次是指传播者传出的信息使受众从知晓到情感触动再到认同，从而与传播者接近。情感传播旨在联络感情、建立关系。这种关系既可以是组织内部的，也可以是与外部公众的。无论是组织整体还是组织成员中的个人，都会对公众有不同程度上的情感影响。因此，在传播的情感层次上组织需要有全员公关的思想。

3. 态度层次

态度层次是人对事物或现象认识的程度、情感表达和情感倾向的总和，是在感性认识基础上经过理性思考而成的。如果传播可以改变接受者的态度，影响便会非常深入。

4. 行为层次

行为层次是传播活动的最高层次。接受者接收到信息，经过理性和感性的思考后，行为会发生改变，并且是与传播目标相一致的行为。这会使得接受者不单纯是接受信息，还会认同信息，并且会产生与传播者预期一致的行为。如同各种广告宣传使受传者接收公司产品信息，认同公司产品信息，从而选择公司产品。

总的来说，传播效果相对来说比较复杂。上述几种传播效果是一个逐步深化最终通过行为外化的过程。因此，对于公共关系传播效果的测定和评价要根据公共关系传播的不同阶段的目标和长远系统的目标进行综合。

“好客山东”是在中央电视台做的城市旅游广告，传播效果卓越。其广告词：人间仙境，醉美烟台；阳光海岸，水韵之都——日照；济宁曲阜，孔子故里；济宁兖州，九州福地；长岛，国际旅游度假岛；泉城济南；济宁梁山，水浒故里；江都水城，运河聊城；游黄河口，品大闸蟹，黄河入海的地方——东营；日照五莲，齐鲁名山；岛藏风云，海运天下，刘公岛，不仅仅是个岛；中国好运角，成山头；极地胜境，好运荣成欢迎您等。“好客山东”的广告不仅传递信息，而且激发情感，引起态度转变，最终落实行为，是近年来少有的传播经典。不仅获得了一系列品牌或传播大奖，更重要的是树立了山东的旅游品牌。

三、影响公共关系传播效果的障碍分析

公共关系传播是一个动态的复杂过程，无论是传播学者的论述还是实际情况都表明，组织传播的信息含义和受众接收的信息含义是很少能够完全一致的，原因就在于传播障碍的存在。研究公共关系传播障碍，可以从以下两个方面进行。

1. 人与机械系统的障碍

人与机械系统的障碍主要是指不能维持传播通道畅通无阻的因素，如广播电台与电台之间所使用的频率极为接近而产生干扰，造成听众接收信息困难；演讲者使用的话筒因为发生故障或者有杂音而导致听众无法正常接收信息，从而影响传播效果。

2. 人与社会系统的障碍

人与社会系统的障碍主要是指个体与个体之间的不同经验范围造成的障碍。不同的经验范围所造成的传播障碍主要分为以下几个方面。

（1）语言障碍。语言是由语音、语法、词汇等构成的符号体系。语言是人们沟通交流的重要工具，如果语言出现障碍，信息传播效果必然会受到影响。语言障碍主要表现在三个方面：不同国家、不同民族间的语言障碍；同一国家、同一民族的不同地区间的语音障碍；同一国家、同一民族、同一地区的人之间的语义障碍。

（2）符号障碍。符号是指语言文字、表情、动作、图案等。对于符号的认知是需要不断地学习积累经验的，没有这些，对符号便无从理解。如果受众对所传播的信息符号没有任何认知经验，即使传播量再大，也是无用之举。

另外，由于符号与本体之间的各种因素的影响，本体对符号的认知和推论也会产生错误。而且世界是多变而复杂的，而符号是僵硬不变的，随着新事物的不断产生，固有的符号可能无法完全适应新的事物。这也会造成传播障碍，影响传播的效果。

（3）观念障碍。人类生存发展是一个社会化的过程，社会环境往往给予人们根深蒂固的各种观念。如果传播的内容与人们固有思想有相违背的部分，就会使人们对信息进

行各种误解、扭曲，或者拒绝接受信息。

（4）心理障碍。心理障碍是指人的认知、情感、态度等心理因素对传播沟通造成的障碍。心理障碍大致可以分为以下几种：首先是感情失控造成的传播障碍，由于感情失控对所接触的信息产生厌恶情绪或者拒绝行为；其次，迷信权威的心理会导致传播障碍；再次，不调和的心理会造成传播障碍。比如说人们常常会对自己现有的学识以及经验等有很强的优越感，如此往往会对与自身观点等不符的事物给予强烈的排斥；最后，两极化心理也会造成传播障碍。人们对事物的认知往往呈现两极化的状态，认为某种事物非错即对、非正即邪，但往往很多事物都是具有两面性的，需要用辩证和理性的态度去对待事物。

简而言之，传播过程中遇到障碍是不可避免的，因此我们需要深入研究这些传播障碍，掌握巧妙避免传播障碍的技巧，从而尽可能地将信息完好地传播到受众群体中去。

四、改善公共关系传播效果的途径

公共关系传播效果的好坏直接影响到公关活动的成功与否，因此，如何加强公共关系的传播效果至关重要。

1. 寻找共同语言

寻找共同语言是指在开展公共关系活动的过程中，传播者运用与受众之间的共同语言进行传播，以达到让受众更有意愿以及更准确地接纳传播内容的目的。在传播过程中，传媒是工具，语言才是实质。如果传播过程中的语言是受众无法理解的，即使传播内容再丰富也是无用的。

2. 塑造有效传播者形象

（1）利用权威人士作为传播者。最好是在所传播的信息领域具有精深知识、专业权威的人士，这样会让受众更容易信服。

（2）利用受众中的个体作为传播者。这在传播学中称作“认同策略”。如果受众认为传播者与自己是不相上下的，具有亲和感，并且把传播者视为可以“采纳意见和建议”的朋友，这样受众就更容易接受传播的信息。

统一冰红茶的目标群体是年轻人，而大学生是目标群体的核心人群，所以针对以大学生为主的年轻人追求时尚和梦想的共性，统一开创了“统一冰红茶‘闪亮之星’大学生歌手选拔赛”的推广方式，并选择在青年群体中占有独一无二的领先优势的网易作为独家网络合作伙伴，通过与广大大学生的直接沟通与娱乐，使他们成为该品牌的代言人、传播者。

（3）利用名流公众作为传播者。名流公众是指那些对社会舆论和社会生活具有较大的感召力和影响力的有名望人士，如政界、工商界、金融界的首脑人物，文化、艺术、影视等方面的明星，新闻出版界的舆论领袖等。由于他们会被社会公众广泛关注，传播组织只要能够巧妙运用名流公众已取得的名誉和地位，借助他们的广泛影响力来传播组织产品等信息，定会在舆论中成为“焦点”，达到事半功倍的效果。

3. 完善传播效果的技巧

传播效果的高低与传播技巧直接相关，如果传播者善于运用各种语言、非语言的沟通手段，以及个人的、组织的、大众的传播技术，一定会在一定程度上吸引更多人的关注，从而提升传播效果。

4. 选择正确的传播时机

选择正确的传播时机才能达到好的传播效果，如何选择正确的传播时机，这就需要传播者具有敏锐的洞察力和快捷的行动能力。一般情况来看，选择正确的传播时机需要遵循“三抓”“三避”原则。

（1）“三抓”。所谓“三抓”是指抓大事、抓巧事、抓空当。抓大事，是指社会活动中经常会有很多重大的事情发生，如4年一度的奥运会，这些事情能将公众的眼球成功吸引过来，是传播的最佳时机。抓巧事，是指一些异于常规的事情，可能是很小的一件事，但它具有异于常规的特点，如果能够很好地把握住它的异于常规处，借此进行公共关系传播，一定能吸引公众和社会媒体的关注。抓空当，是指本身具有很大的价值但一直没有被发掘的事情。只要传播组织善于发现生活中的一些冷门但价值颇高的事情，并且能够运用得当进行有效传播，传播效果就能够得到显著提升。

（2）“三避”。“三避”，是指避热点、避活动、避繁忙。避热点即避开社会上各种各样的热点问题。由于热点问题本身就具有很强的吸引力，使得公众无法再关注其他信息；避活动就是尽量避开社会中各种类型的社会活动，组织在传播信息的过程如果没有能够很好地避开一些社会活动，就会在同一时间失去本该有的公众；避繁忙，就是组织在传播信息之前一定要了解透彻公众的繁闲时间，以便让公众有更多的精力投入到所传播的内容上来。

5.“诉诸理性”与“诉诸感情”的选择

开展公关活动，以什么样的方式将信息有效地传播给受众是影响传播效果的重要因素。社会组织常用的两种做法：一种是理性地讲道理，用科学的观点、严密的逻辑让受众信服；另一种就是通过制造某种氛围或者使用情感色彩强烈的言辞使得受众深受感染，接纳信息，以此来达到有效传播的效果。

高露洁牙膏大家众所周知，高露洁在我国传播成功的一个重要秘诀是通过讲知识引起消费者对爱护牙齿的重视，俗话说“牙疼不是病，疼起来要人命”，很多消费者之前并不知道牙齿问题的重要性，高露洁通过理性地将龋齿和蛀牙的科学知识讲给消费者听，引起消费者的注意和重视，从而进一步向消费者传达高露洁“抗击蛀牙”“关爱牙齿”的品牌理念和宗旨。在高露洁的影视广告作品中，无论是在牙科室里还是小学生课堂上，我们看后都可以总结得到，只有用高露洁牙膏才可以给我们一个最安全的口腔环境，才最不可能患上蛀牙。这是运用科学理性的观点来征服受众的案例。

❖ 本章小结 ❖

公共关系传播是指组织对公众的信息共享，这个共享非常重要，直接影响组织形象，是形象管理的重要一环。传播是一个过程，具体包括五大要求：who、says、what、in which channel、to whom、with what effect，即拉斯韦尔的“5W 模式”。组织传播活动需要遵循一些基本的原则：目标明确原则、双向沟通原则、有效传播原则及“7C 原则”。传播活动离不开传播媒介，主要的传播媒介包括：报纸、杂志、广播、电视，以及互联网媒体，简称“4+1”。组织进行传播活动选择传播媒介的时候，需要考虑一系列的因素：传播对象特点、传播信息特点、经济合理的原则。组织做到了以上传播要求，传播效果也并非可以达到“枪弹论”的效果，而现实情况更多的是有限效果，进而组织需要了解改善有效传播的途径和内容，以达到设定的传播效果。

⌘关键词

公共关系传播；信息共享；拉斯韦尔 5W 模式；传播原则；“7C 原则”；报纸；杂志；广播；电视；互联网；媒介选择；枪弹论；有限效果论

⌘练习与思考

1. 拉斯韦尔的“5W 模式”指：______、______、______、______、______。
2. 传播的基本原则包括（说出三个即可）：______、______、______。
3. 当今社会主要的传播媒介：______、______、______、______、______。
4. 媒介选择的影响因素：______、______、______。
5. 传播效果理论：______、______。
6. 阐述“7C 原则”的内容，请谈谈传播的基本原则。
7. 阐述互联网媒介的优缺点以及如何利用移动互联网进行传播活动，主要阐述现状，能扩展则更佳。
8. 阐述“枪弹论”与“有限效果论”的背景。

⌘实践与实训 11

记者（校友）讲座

[性质] 记者（校友）讲座活动

[主题] **大众传媒相关（记者进行选题，教师把关，如媒介介绍、广告分析等）**

[目标] 通过媒体记者的亲历，分享大众传播媒体现状及在媒体上进行广告传播的现状。

[原理] 大众媒体相关理论。

[操作] ①任课教师与记者联系，可以选择校友，也可以选择自己认识的记者朋友。双方协商确定主题；②记者完成相关主题的教学PPT，控制在60分钟以内，与任课教师共同审核；③修改定稿之后，在课堂上进行教学活动。

[形式] 任课教师主持，在教室进行，分班的教学可合班进行；一个小时的时间，外加30分钟，进行师生互动交流。

[注意] 教师注意提前布置，从联系到定稿至少1个月；另外，对已经形成的内容需不断完善和提高，为以后教学的轻车熟路做准备。

⌘拓展阅读

鉴于传播在公共关系学中的重要性，请阅读一部传播学的基础教材，可选国内学者的，也可选国外学者的，比如郭庆光、赛弗林等人的作品。

第十二章

Chapter12

公共关系策划管理

☞ 导入案例

捐赠奖学金的策划与设计

事实上，高等院校办学经费来源除政府资助之外，还可接受私人捐赠，尤其在奖助学金方面。国内不少一流高校接受了大量的捐赠奖学金，如北京大学招生网上的“学生奖助信息—本科生奖助”项目有廖凯原奖学金（Leo Koguan Scholarship）、明德奖学金（Mingde Scholarship）等，合计 68 项。奖学金一般设置为年度奖学金，人均年度奖励额度一般在 3 000 元到 10 000 元。评审程序为：每年 9 月在全校发布奖学金申请公告；北京大学奖学金评审委员会于 12 月中旬完成获奖学生的评选；获奖结果于 12 月底前后汇报给捐赠人。

根据清华大学本科招生网的信息，截至 2018 年，共有各类奖学金项目 75 项（含国家财政资助奖学金），约有 1/3 的本科生获得奖学金，奖励金额从 500 元到 20 000 元不等。此外，还有各院系接受捐赠设立的特色奖学金。

企业面临激励市场竞争的同时，依赖传统经营思路难以获胜，有必要借助形象管理另辟蹊径。面向教育行业捐赠奖学金是提升形象的重要途径之一。对于捐赠奖学金，并非一捐了事，其背后包括了很多的内容。以滁州学院芦苇奖学金为例说明。

芦苇美术是在“大众创新、万众创业”背景下诞生的创业企业，成立于 2014 年，专注于少儿美术教育，入驻启迪之星（滁州）创业孵化器。企业及创始人非常重视企业形象管理，为滁州学院捐赠芦苇奖学金，奖励品学兼优的大学生。奖学金设置为5年期，每年3～5月评审。校企联合开展了奖学金评审细则的制定，学校拟定、发布评审通知。根据评审细则，双方组成奖学金评审委员会，对提交材料进行审核、遴选，确定最终获奖名单。公示无异议之后，择机召开颁奖仪式。奖学金产品设计、细则制定、评审通知拟定与发布、评审委员会组成、评审与公示及颁奖仪式等，是为捐赠奖学金的全部策划内容。

芦苇奖学金的设置过程，也让我们充分理解了慈善工作的专业性。如何设置永续奖学金？读者可以比照最著名的诺贝尔奖进行初步策划与设计。

资料来源：北京大学、清华大学本科生招生网和安徽网滁州新闻频道。

| 学习目标 |

1. 了解公共关系策划的含义、类型及特点，掌握公关策划的程序。
2. 掌握公共关系专题策划，主要包括：新闻传播类、公益赞助类、信息展示类及庆典类公关专题活动，尤其是公益赞助类。
3. 掌握公共关系 CI 的概念、构成及应用等。

第一节　公共关系策划

策划是公共关系活动不可或缺的环节和步骤，伴随公共关系理论及实践的发展，公共关系策划日益成为组织公共关系活动的重要内容，得到了各类组织的认同和重视。换言之，公共关系策划的好坏关系到公共关系活动的成败。

一、公共关系策划概述

1. 策划与公共关系策划

策划，也称谋划，《中国公共关系大辞典》将策划定义为：人们为了达成某种特定的目标，借助一定的科学方法和艺术，为决策、计划而构思、设计、制作方案的过程。

策划在本质上是一种思维的创造性过程，是针对要解决的问题，以现有的信息资料为依据，用恰当的方法来实现未来的目标，具有目的性、系统性、创造性、导向性等特征。

公共关系策划有多种含义，从广义上理解，涉及公共关系全部工作的计划、安排、管理等。无论是公共关系日常工作，还是专项公共关系工作都可以将其纳入公共关系策划的范畴，其贯穿于公共关系活动的始终。从中观层次上来看，公共关系策划是指公共关系活动程序的一个中间环节，即通常所说的公共关系“四步工作法”中的第二步。狭义的公共关系策划是指对公共关系具体工作的制定、筹划和实施，主要体现在对某类专项公共关系工作的设计与运行，确立具体公共关系的活动主题、目标、运作程序等，如制造新闻事件，筹划庆典等重大公共关系活动，处理公共关系危机等。本章基于狭义的公关策划进行讨论。

2. 公共关系策划的作用

公共关系策划是公共关系活动开展的前提，公共关系策划使公共关系活动计划更为具体化、明晰化和更具有可操作性，其不仅决定着公共关系活动的基调和发展方向，而且决定着公共关系活动的程序和规则，指引着公共关系活动的具体实施，并直接影响到公共关系活动的效果和目标实现程度，是实现公共关系计划目标的助推器、强化剂和保障。优秀的公关策划不仅可以提高企业的知名度和美誉度，形成公众对企业的满意度和忠诚度，而且可以直接作用于企业的市场效益。

3. 公共关系策划的类型

依据公共关系的不同目标，可以将公共关系策划分为以下三种类型。

（1）解决问题型策划。企业在运行和发展过程中，经常会面临各种各样的问题，而任何问题的解决都离不开公共关系的手段和策略，针对这些问题所进行的公关策划即为解决问题型策划。如企业的内部问题可以通过内部沟通或会议的形式来解决，企业的外部问题可以通过危机公关的方法来处理。相应地，每个部分都离不开公关策划。

（2）扩展影响型策划。扩展影响型策划是以扩大、提升企业的知名度为目标，借助一定媒介来实施的策划，其目的是让公众更多地了解、熟悉并接纳企业。公共关系活动类型中的宣传型公共关系、建设型公共关系、维系型公共关系等都可以归为此种类型的策划。

现实中，企业可以策划有价值的新闻事件，参与各类节日庆典等活动来扩展和提升自身的社会知名度。

（3）塑造形象型策划。与扩展影响型策划不同的是，塑造形象型策划旨在向公众充分展现企业的能力，在公众心目中建立广泛且良好的企业印象，它比扩展影响型策划更具持久性，更具深刻性。公共关系活动类型中的社会型公共关系活动多为塑造形象型，如参与社会慈善活动，赞助各类社会公益事业，积极投身环境保护等。为这些类型公共关系活动所做的策划即为塑造形象型策划。

4. 公共关系策划的要素

明确公共关系策划的组成要素，是开展公关策划活动的前提，并有助于对公关策划效果进行评估。从公共关系策划的含义可知，公共关系策划的组成要素主要有策划目标、策划者、策划对象和策划方案等内容。

（1）公共关系策划目标。任何一项公共关系活动都指向一定的目标，目标既是公共关系策划方案的依据，也是公共关系策划所要达到的结果。在开展公共关系策划活动之前，公共关系人员就需要明确公关策划所应追求的目标。

（2）公共关系策划者。公共关系策划者是公共关系策划活动的主体，包括个体和群体两个部分。现代企业的公共关系策划活动更强调群策群力，发挥团队的力量。在实践中，通常由企业的公关部门组织创意人员进行公关策划，并面向更为广泛的范围征集建议，重要的公共关系策划还可以邀请公共关系专家参与，制定出最优的公共关系策划。

（3）公共关系策划对象。公共关系策划对象构成公共关系策划活动的客体，即目标公众。公共关系策划要依据策划目标确定对象的范围，策划的内容安排要符合对象的需求特点。如强化企业内部员工的凝聚力，就要将策划对象确定为内部的员工及其家属，而以提升企业形象为目标的策划就需要将对象定位为广大的社会公众。充分考虑公共关系策划对象，是保证策划实施效果的根本性要求。

（4）公共关系策划方案。指引公共关系活动开展的一系列工作流程就是公共关系策划方案，它是具体公共关系活动开展的操作指南和行动步骤。公共关系策划人员依据企业的发展状况和企业所处外部政治、经济、文化、科技等环境，运用各种创意方法，来组织和安排公共关系活动的执行程序，形成公共关系策划方案。

公共关系策划方案在内容的设计上应紧紧围绕公共关系活动要达到的目标，充分体现活动的主题，突出创新性、可行性、艺术性和影响力，能够给目标公众留下深刻的印象，并产生广泛的效应。

二、公共关系策划的基本程序

公共关系策划程序，不同的学者在基本程序的设定上有所差异，有学者将其划分为设定目标、测定现状和制订活动计划三个阶段；也有学者划分为现状分析、目标设计、行动设计和结果评估四个阶段。这些划分只是对策划过程的分层不同，并无本质上的区别。这里从管理的流程角度将公关策划程序划分为六个阶段。

1. 分析需求

企业进行公共关系策划，第一步需要明确策划的必要性，公共关系策划的必要性或来自企业的当前问题，或来自企业未来发展的需要。而要弄清这些情况，企业就要对当前的公共关系需求做出详细的分析。

2. 落实策划人员

策划人员的选择十分关键，直接影响到策划方案的质量和实施效果。公共关系策划应包括三个方面的人员组成：一是与公共关系活动密切相关的各领域的专家人员，包括公共关系学、市场营销学、管理学、心理学、传播学等领域的专业人士；二是媒体人士，其在企业与公众的沟通过程中担当着桥梁的作用；三是企业公共关系部门人员，起着沟通、引导和掌控策划进程的作用。

3. 制订公关方案

一旦确定了公共关系需求和策划人员，便可制订公共关系行动方案，方案一般包括以下几个方面的内容。

（1）确定目标体系。目标是整个公共关系策划的导引和行动指南，是公共关系策划活动的依据，也是衡量和评价公共关系策划及其执行效果的标准。因此，在明确公共关系策划的必要性之后，需要进一步确定公共关系策划所应达到的目标，构建包含总目标、分目标、项目目标等在内的目标体系，并将其进一步细化成具体的可操作性目标，以便后续对策划方案进行评估。

（2）确定公众对象。确定公众对象就是锁定公共关系策划的目标公众。后续公共关系策划方案的拟订、公共关系媒介的选择、公共关系活动模式的建立都需要以目标公众为中心来组织和安排。

（3）开展创意设计。作为一种创造性思维活动，公共关系策划要善于打破已有的条条框框，不断探索，勇于创新，策划者要有敏锐的洞察力、丰富的想象力，积极求新、求异，创造出新颖、独特的公共关系方案。

创意被称为策划的灵魂，是公共关系策划成功的关键，贯穿于策划的全过程，并决定着策划的层次和水平。

创意更多地体现在思维和方法的运用上，策划人员应学会逆向思维、反向突破，从平淡中寻找新奇，从冷门中挖掘热点，并善于组合各种公关要素形成新的创意。日本的创造学家、千叶大学多湖辉教授说过："策划内容里96.6%是任何人都知道的、非常常见的普通东西，当它们被一种新的关系体系重新组合起来，具有相当的有效性时，就能发展成为策划。"曾任美国智威汤逊广告公司创意主任，提出构想产生方法的詹姆斯·韦伯·扬也表达了类似的观点："新构想是不折不扣的老要素之新组合。"

同样，公共关系策划的创造性特质也体现在创意方法的运用中，常见的如德尔菲法、头脑风暴法、逆向思维法、类比启迪法、默写法等。策划人员应掌握这些方法的综合应用。

（4）选择公共关系活动模式。根据公共关系的目标、公共关系对象的特点等选择相应的公共关系活动模式，各种公共关系专题形式都可以作为公共关系活动模式的选择。常见的有交际型、宣传型、征询型、社会型、服务型、进攻型、防御型和建设型等公共关系活动模式。

（5）选择公共关系传播的媒介。不同的传播媒介，所针对的目标公众也有所差异，各传播媒介都有自己的目标客户群，因此在公关策划方案的传播媒介选择上也要有所偏重，针对策划对象来选择相应的传播媒介。

（6）确定时间和地点。依照目标体系确定公关活动方式执行的时间和地点，每一级目标所需的起止时间都应明确，同时确定公关活动执行的场所、环境要求以及做好相应的布置工作。

（7）编制公共关系预算。就公共关系活动所需的各项经费做好预算，本着量力而行、经济实用的原则，来确定各项支出，如人力成本、管理、设备设施等费用，以及场地费、广告费等项目支出费用。

4. 评估和优化方案

在拟订好公共关系方案之后，要对方案做进一步的评估和优化工作，衡量其是否切实可行，是否与目标相吻合，是否能够达到预期的理想状态等。好的公共关系策划方案是不断修改和完善才形成的。

5. 审定和实施方案

方案经过评估和优化，形成公共关系策划方案的最终稿，即策划书，策划书一般由八个部分构成，分别是标题、主题、目标、综合分析、活动流程、传播渠道、经费预算和效果预测。策划书由决策层审定批准后即可付诸实施。

6. 结果反馈

在公共关系策划方案实施之后，要对整个方案的整体策划、准备和实施过程以及效果进行全面的检查和衡量，做出评价，形成反馈，就其中出现的问题和不足进行总结，作为后续公共关系策划工作的改进依据。

第二节　公共关系专题策划

公共关系专题是指企业为了特定的目的，围绕某一主题而精心策划的活动，其具有很强的主创性、时效性和创新力，对社会公众吸引力大、影响范围广，对推广和改善企业形象有着良好的效果，能够有效地策划公共关系专题活动是公关人员必须掌握和熟练应用的专业技能。

公共关系专题活动多种多样，主要有新闻传播类、公益赞助类、信息展示类以及庆典类公共关系专题活动。

一、新闻传播类公共关系专题策划

新闻传播类公共关系专题是以策划具有新闻价值事件的新闻、新闻发布会等活动，来达到与社会公众沟通，提升组织影响力和形象的公关目的。

新闻传播类公共关系专题策划请参阅本书第十章的相关内容。

二、公益赞助类公共关系专题策划

1. 公益赞助概述

（1）公益赞助的含义。公益赞助是指企业对具有一定社会影响的公益活动给予物力和财力上的支持，以获得企业形象传播效果的公共关系专题活动。企业以物力和财力的形式把对社会的感恩之情转化成回报的行为，就是公益赞助。

公益赞助一般包括这些领域：体育、文化艺术、教育、环保、社会福利等。这些领域都有两个共同的特点：其一，均属于高尚的社会事业；其二，均需要获得支持。基于此，组织（尤其是企业）借助公益赞助专题活动为自身的形象建设服务，以达到一举两得的效果。

（2）公益赞助的意义。公益赞助是企业承担社会责任和社会义务的一种具体形式，体现出企业积极承担社会责任的形象，具有典型的公益性特征和较大的社会影响，常受到媒介的关注和跟踪报道，企业能够借助光环效应来提升自我形象，扩大企业的影响力，证明企业的实力，有利于企业被政府、社区和公众所认同，赢得他们的好感、信任和支持，从而为企业的生存和发展创造良好的竞争环境。而且赞助本身也是一种巧妙的投资方式，它能在为社会做贡献的同时，为新产品做宣传，并快速、准确地占领市场。

由于赞助活动是与其他组织共同进行的，因而赞助活动都有一定的时机性，这种时机并不是赞助企业所能确定的，所以需要企业及时抓住各种公益活动的机会来开展赞助。

2. 公益赞助策划的步骤

（1）明确赞助目的。总的来说，公益赞助的目的是提高企业的声誉，树立企业的良好形象，但每一次针对具体的赞助活动，还需要选定具体的赞助目的。为此，需要在赞助活动前，对赞助进行研究，分析企业的经营状况、财务状况、公共关系状况，分析赞助活动的经济效益和社会效益，以此为依据，确定赞助的目的。通常需要企业考虑的问题有：赞助活动是否产生对本企业有利的影响；媒体报道的可能性、频率和广泛性如何；受影响的公众情况是怎样的；赞助费用如何落实到受益人等。

（2）选择赞助对象。一般来说，公益性的赞助对象有体育赞助、社区赞助、慈善赞助、教育赞助、文化赞助、环保赞助、市场开发赞助、学术研究赞助等。在确定赞助前，应做好深入细致的调查，调查被赞助对象的状态，分析赞助项目的必要性、可行性。

（3）拟订和实施赞助方案。赞助方案一般包括所选择的赞助主题、赞助方式、赞助时机、赞助额度以及传播渠道等，企业要对这些方案制订具体、翔实的计划，做到有的放矢。在赞助方案的实施过程中，还需采用广告、新闻传播、宣传等手段辅助赞助方案的执行，扩大赞助活动的影响，提高赞助活动的效益。

对于企业来说，赞助都是一笔不小的投资，要使赞助获得实际效果，就必须精心设计和实施赞助计划，借机开展一系列的推广和宣传活动，而不是仅仅提供一笔赞助经费就结束。

（4）测定赞助效果。赞助活动结束之后，应对照赞助计划，收集各方面对赞助活动的看法，测定赞助活动的实际效果，分析其产生的影响，吸取经验、发现问题，并写成总结报告，为以后的赞助活动提供依据和参考。

3. 公益赞助策划案例

（1）体育事业。

1）可口可乐公司与奥运会。

1928 年（1896 年首次举办现代夏季奥林匹克运动会），阿姆斯特丹第 9 届夏季奥林匹克运动会，可口可乐公司首次赞助奥运会。自此除1980年美国抵制莫斯科奥运会，可口可乐从没有离开过奥运舞台。以下为一些赞助事宜。

1932年，洛杉矶奥运会，可口可乐公司赞助建立第一个奥运会记录指示板，并将300多万个奥运纪念品分发给儿童。

1936年，柏林奥运会，首次举行火炬接力活动，火种传递到奥运赛场。可口可乐赞助饮料。哈佛大学学生保罗·奥斯汀代表美国赛艇队参赛，1970年，他成为可口可乐董事长。

1987年，可口可乐公司捐助100万美元帮助国际奥委会在瑞士洛桑设立国际奥委会博物馆，成为赞助该计划的第一家公司。

1996年，可口可乐公司与奥委会续签了当时为期最长的奥林匹克全球合作伙伴协议，这使可口可乐对奥运会的赞助计划延至2008年。

美国亚特兰大奥运会，首次在可口可乐的故乡举办，可口可乐诞生110周年，奥运会诞生100周年，190个国家参加。可口可乐公司再次赞助国际奥运火炬接力，中国选送4名火炬手和8名护跑手参加。此次奥运会，可口可乐公司还赞助国际可口可乐奥运艺术瓶展览；建立亚特兰大可口可乐奥运城、广播中心、纪念章交换中心等。

2001年7月13日，北京申奥成功的当晚，可口可乐中国公司第一时间推出申奥成功纪念罐，庆祝这一历史性的时刻。

可口可乐的赞助预算在营销预算中一直占据重要位置，尤其是1996年高达6.5亿美元，约占当年营销预算13亿美元的一半和销售额185亿美元的3.5%。

2）霍英东家族与我国体育事业。

霍英东于1984年捐赠1亿港元，成立了体育基金会，为我国体育事业做出了巨大的贡献，从我国在国际体育组织的合法席位（如亚洲足联和国际奥委会）被恢复，我国重回现代奥林匹克的大家庭，到北京申办2000年和2008年奥运会，霍英东及其基金会在台前幕后都做了大量的工作。霍英东及其基金会为我国体育事业捐款累计超过10亿港元，其中第11届北京亚运会，霍英东个人捐赠了1亿港元。1995年他获得国际奥林匹克银质勋章。

目前，霍英东的儿子霍震霆负责体育事业，他身兼香港足球总会副会长、香港单车联会副会长、中国高尔夫球协会副主席、中国香港奥林匹克委员会会长、国际奥委会委员等体育职务。

目前，越来越多的企业意识到赞助体育事业带来的巨大公关效应，比如恒大淘宝与我国足球事业。截至2015年，广州恒大淘宝足球俱乐部已连续5次获得中超联赛冠军，也是中超联赛中夺冠次数最多的球队，并获得一次超级杯冠军和足协杯冠军，两次亚冠冠军。恒大淘宝还是亚洲首支上市球队。

（2）教育事业。

1）宝洁与希望工程。

截至2018年，宝洁累计向希望工程捐款超1亿元，援建希望小学200所，是国内援建希望小学最多的企业。

事实上，宝洁公司作为国内及全球最大的日用品企业，其捐赠总数与企业市场地位是不相称的。但宝洁公司聚焦于希望工程事业，成为全国援建希望小学最多的企业，也使得公司在慈善事业方面榜上有名。这种捐赠策略与范式是国内企业需要学习的。

2）资助教育事业的方式及例子。

一般来说，资助教育事业包括两种方式：资助软件，比如设立奖学金、资助科研等；资助硬件，主要是建筑。

在资助软件方面，比如罗德奖学金（Rhodes Scholarships)，是塞西尔·罗德兹（英国殖民时期矿业大亨，当时拥有世界90%的钻石工业，也是当时的世界首富）自1902年创设的奖学金，专门资助外国精英前往牛津大学学习，它是一个世界级的奖学金，有“全球本科生诺贝尔奖”之称。奖学金评审每年11月在13个国家（包括美、德、加、澳、印度等）展开，选取80名25岁以下最优秀的青年到牛津大学攻读硕士或博士学位。2009年罗德奖学金的全球录取率是万分之一，是全球最难申请的奖学金，其数目也不菲，每位得主每年大约可得50 000美元（最多补助4年)。其评定标准除了学术表现，还包括个人特质、领导能力、勇敢精神和体能运动等。

一些著名获奖者包括美国总统比尔·克林顿、加拿大总理约翰·特纳、澳大利亚总理鲍勃·霍克，还有跨国企业公司的执行长、诺贝尔奖得主、教育家、奥运会国家代表队队员及金牌得主，以及世界知名科学家、音乐家、历史学家、文学家、和平主义者等。

罗德奖学金于2015年3月30日在华举办启动仪式。这标志着罗德奖学金正式向中国高校开放，首批院校为北京大学、清华大学、复旦大学、上海交通大学等名校。

在资助科研方面，比如盖茨基金会的资助重点领域为传染病、HIV及肺结核、生育保健及儿童保健、全球性卫生保健活动领域。还比如在洛克菲勒基金会赞助下，流行性脑膜炎、小儿麻痹症、黄热病及梅毒研究均获突破性进展，使人类不再在它们面前束手无策；1928年，该会资助英国科学家弗莱明发现的青霉素得以工业化生产，这是人类医学的飞跃；还有探测镜、X光分解仪等医疗设备也是在洛氏基金会资助下取得突破的。

在资助硬件方面，邵逸夫基金会的逸夫楼、逸夫医院和邵逸夫奖遍布全国。香港著名实业家邵逸夫先生于1973年在香港设立私人慈善机构邵逸夫基金会，其宗旨是协助促进教育、医疗和艺术事业的发展。

（3）综合例子：洛克菲勒基金会。

洛克菲勒不仅是商业上的成功者，也是美国伟大的慈善家，开创了美国慈善事业，成为先锋，被称为“战略性慈善事业之父”。

洛克菲勒基金会致力于减少世界各地的疾病和文盲，在该基金会的资助下，青霉素的量产成为可能，克服了疟疾、肺结核、流行感冒、白喉等疾病。1892年，洛克菲勒捐资创办芝加哥大学；1901年，当时美国没有医疗研究中心，洛克菲勒赠款协助创办洛克菲勒医学研究所（即现在纽约的洛克菲勒大学）；资助康奈尔、耶鲁、哈佛等高校，甚至联合国总部也是由洛克菲勒家族捐赠。

洛克菲勒基金会在我国也进行了卓越的慈善活动，1915 年筹备建立符合美国一流标准的协和医学院，至今依然是国内首屈一指的医学院，培养的人才也成为我国医学院校和知名医院的校长、院长、专家，可谓奠定了我国西医的基础。我国著名的周口店“北京人”史前人类遗址的发掘和研究工作也是在洛氏基金会资助下进行的。

三、信息展示类公关专题策划

1. 展览会

（1）展览会概述。展览会是运用实物、文字、图表、图像等形式来展现成果或精神风貌的一种宣传型公关专题活动。

展览会以实物展示等形式辅以面对面交谈、讲解、录像、广播等方式，提供了直观、形象、生动的传播路径，能给公众留下深刻的印象并为新闻媒体提供有新闻价值的内容，因而展览会很受媒体的关注，企业也可借此获得更多的宣传机会。展览会具有直观性、双向互动性、传播方式的复合性等特点。

展览会的类型可以划分为多种，主要有综合性展览会和专题性展览会、室内展览会和露天展览会、单一商品展览会和混合商品展览会、贸易展览会和宣传展览会，以及博览会、陈列室、样品室、橱窗等形式。

（2）展览会策划。对于单个企业来说，通常遇到的展览会主要有两种情形，要么主办展览会，要么参与展览会，在策划上也就有所区别。

对于主办展览会需要在策划上明确以下内容：①展览会的主题和目的；②展览会的时间、地点；③拟邀请的参展方范围、参展项目与参展标准，并向参展单位发出邀请，告知展览会的类型、要求及费用等信息；④拟邀请的媒体；⑤服务及人员培训；⑥经费预算；⑦设计布展；⑧宣传和传播；⑨评估展览会。

参与展览会比自己组织展览会的情况更为常见。参与展览会需要做好以下策划：①确定参与展览会的目的；②明确展览会的类型和参展项目；③培训参展人员；④确定费用预算；⑤做好参展工作；⑥评定效果。

2. 对外开放参观

对外开放参观是组织为了让更多的公众更好地了解自己，组织员工家属、顾客、新闻媒体和其他任何对组织感兴趣的公众到组织参观、考察，或确定特定的对外开放日的一种公关专题活动，组织以此来消除公众对组织的某些误解，让公众全面了解组织的服务、设施、过程，向公众宣传自身，以期得到公众更多的理解和支持，提高组织知名度和美誉度的一种方式。

对外开放参观使公众能够亲眼见证组织内部的全过程，对于宣传、塑造组织的正面形象，增强组织的透明度，拉近公众与组织的距离，增进公众对组织的了解，扩大组织的社会影响而言，是一种非常有效的途径。

对外开放参观的策划工作应做好以下几个方面的工作。

（1）确定主题。任何一次对外开放参观活动都需确定一个明确的主题，体现出组织所希望达到的公关效果，既能够促进公众对组织的理解，给公众留下深刻的记忆，又能够为组织的宣传明确具体内容，也为新闻稿的写作创造条件。

（2）确定时间。对外开放参观的时间一般安排在特定的日子里，如企业开业、节日、纪念日等，或者确定定期对外开放日，把其作为一项专门的公关专题纳入组织的日常公关活动之中。

（3）确定参观路线。为使开放参观活动有条不紊地进行，应预先设定参观路线及地点，这样安排也有利于一些涉及技术秘密的保护。

（4）做好宣传工作。准备介绍组织的小册子、说明书、传单等，发给参观者，配以录像、电影进行介绍，并安排接待人员陪同参观者做进一步的解答和说明。在参观结束时，应赠送参观者纪念性的宣传材料，这能够起到扩大传播效果的作用。

（5）做好接待和服务工作。对参观者应热情周到地做好接待服务工作，安排好休息场所，备好简单的零食、饮料。在参观过程中，接待人员应积极征求参观者的意见和建议，并向参观者分发有意义的礼品或纪念品。

对外开放参观活动有着十分重要的意义，各种类型的组织都争先采用，比如美国总统工作与生活的地方——白宫，就定期对公众开放。此外，海军军舰到访某些国家港口的时候也会开放参观。

读者可以思考，快餐业的开放式厨房有何意义？

四、庆典类公关专题策划

1. 庆典活动概述

庆典活动是组织对内部发生的重要事件，或围绕一些重要节日而举行的庆祝活动，它包括开业仪式、节日庆典、周年庆典、颁奖大会及重大活动的开闭幕式、签字仪式等。

庆典活动旨在吸引公众的注意力，显示组织的强大实力，提升组织在行业的影响力，增强公众对组织的信任和好感，同时有利于增强内部员工的向心力、凝聚力和自豪感。

2. 庆典活动的类型

（1）节庆活动。不同国家乃至不同地区都有自己的各种节日。在我国有春节、元宵节、清明节、端午节、中秋节、重阳节等传统节日，有些地方还举办独具地方民族特色的节庆活动，如北京的地坛庙会、山东潍坊的风筝节、湖南的龙舟节等。每逢这些节日，众多商家、企业都借机举办各种庆祝活动，借此来扩大产品销售，提高企业在公众面前的出现频率，以提升和优化自身的形象。

（2）纪念活动。纪念活动是利用社会上或本行业、本企业具有纪念意义的日期而开展的公关专题活动，如历史上的重要事件和重要人物纪念日、本行业重大事件纪念日、本企业的重要纪念日等。纪念活动一般都具有鲜明的主题，借此活动，企业可以更好地展现自身的经营理念、经营哲学，为社会公众更深入地了解企业提供了极好的方式和渠道。

（3）典礼仪式。企业为特定活动举行一个隆重大方的典礼仪式，既能体现企业的实力、能力与文化素质，又能借机邀请知名人士和媒体记者参加，来扩大知名度，提高社会影响力。常见的典礼仪式有开业典礼、开幕典礼、项目竣工典礼、颁奖典礼、签字仪式、捐赠仪式、就职仪式、授勋仪式等。

3. 庆典活动的策划

庆典活动涉及众多的人和事，稍有不慎就会造成不良的影响，因而要做到精心策划和周到安排。

（1）拟定出席典礼的宾客名单。邀请参与庆典活动的宾客一般应包括政府相关部门负责人、知名人士、社区代表、行业代表、公众代表、员工代表以及新闻记者等。

（2）拟定庆典活动程序。一般包括宣布典礼开始、宣读来宾名单、致贺词、致答词、剪彩、礼毕，其间可穿插一些文体表演。主持人和执行人应明确这些活动的具体安排。

（3）安排服务保障事宜。从人员、设备设施、环境、宴请招待等方面做好配置和安排，保证庆典活动的顺利进行。

（4）组织参观。典礼仪式结束后，可以组织宾客参观本企业的生产与服务设施、产品陈列室等，进一步加深公众对本企业的了解和记忆，也可组织座谈会征求意见和建议。

庆典活动的整个策划应充分体现喜庆的气氛、隆重的场面、灵活的形式和热烈的情绪，并做到较高的规范性和礼宾要求。因此，在策划内容上要突出祥和、欢乐之意，可邀请名人提高活动规格，也可通过标语、彩旗、乐队等多样的环境布置来衬托气氛。

4. 庆典活动案例

纪念中国人民抗日战争暨世界反法西斯战争胜利70周年阅兵式（简称“9·3阅兵”或“抗战胜利日阅兵”），是中华人民共和国政府为纪念中国人民抗日战争暨世界反法西斯战争胜利70周年而开展的众多纪念活动中的一项活动。

阅兵于2015年9月3日在北京天安门广场举行。这是新中国历史上第15次大阅兵，是进入21世纪以来的第二次大阅兵，也是第一次在非国庆节举行的大阅兵。

参阅部队从中国七大军区[⊖]，海军、空军、第二炮兵、武警部队，解放军四总部直属单位抽组。阅兵装备方队展示的装备为国产现役主战装备，84%为首次展示。同时，这次阅兵还邀请有关国家军队派代表和方队参加。

阅兵共编50个方（梯）队。其中，徒步方队11个，抗战老同志乘车方队2个、装

⊖ 2016年2月1日，中国人民解放军五大战区正式成立，原七大军区撤销。

备方队 27 个、空中梯队 10 个，正式受阅约 1.2 万人，动用 40 多种型号装备 500 多件、20 多种型号飞机近 200 架。

本次阅兵的目的：彰显中国坚定不移走和平发展道路，坚定不移维护世界和平，捍卫国家主权、安全和发展利益的坚定立场，彰显中国人民在世界反法西斯战争中做出的巨大民族牺牲和重要历史贡献，展示我军贯彻强军目标、推进现代化建设的新成就和威武之师、文明之师的良好形象，动员和激励全党全军全国各族人民，更加奋发有为地为实现中华民族伟大复兴而努力奋斗！

对阅兵的目的和要达到的效果，读者一目了然，除此之外，读者还需要深刻理解其公关意义。

第三节　公共关系 CI 形象策划

一、CI 概述

1. CI 的含义与功能

CI，是指“corporate identity”，即企业形象识别（直译为身份识别），又称 CIS，在原文的基础上加上“system”。企业通过对自身特性的设计、创造、发展和传播，使社会公众熟知、接受和认同，达到企业主动塑造自身形象让社会公众识别的目的。

CI 起源于第一次世界大战前的德国，其无线电器公司把自己的产品包装、宣传、展览等采用统一形象。20 世纪 50 年代兴盛于欧美，到 80 年代风靡我国。目前，CI 应用已经远远超出企业，包括城市、学校等，可谓三类公关主体对 CI 都有需求。

CI 彰显了组织独特的个性，将自己与其他组织区别开来，能够更有效地树立自身形象，加速传播，主动强化公众对组织的认识和记忆。统一的形象标识也能有效规范、协同员工的行为，增强团队的凝聚力，促进组织的高效管理。

2. CI 识别系统

（1）CI 识别系统的含义及意义。其含义是指将企业的经营理念、精神文化和员工的行为表现等通过整体的识别系统传达给社会公众，使社会公众对企业形成一致的认知、理解和认同。

CI 识别系统涵盖了企业内部各环节、各成员以及企业与外界进行沟通、联络、互动的所有方面。其以统一的视觉形象和行为表现进行传播和沟通，对内有利于企业价值观的建立，有利于形成和巩固员工对企业认同感和归属感，强化员工的向心力和凝聚力。对外则有利于提高企业的形象诉求和信息传播能力，扩大企业在社会中的影响力。

（2）CI 识别系统的构成。一般地，CI 识别系统包括理念识别（mind identity，MI）、行为识别（behavior identity，BI）和视觉识别（visual identity，VI）三个部分，如图 12-1 所示。

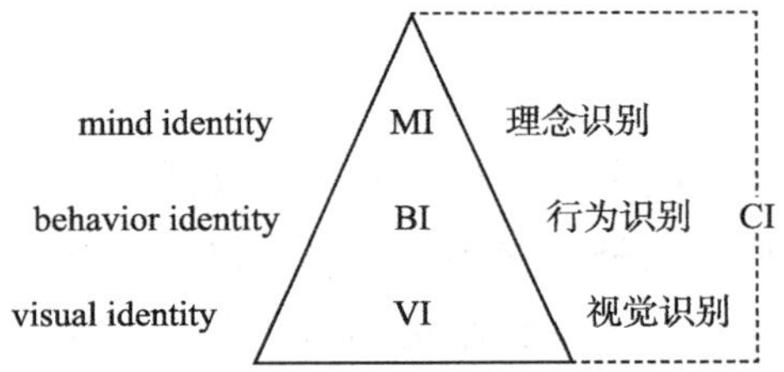

图 12-1 CI 系统构成

理念识别是企业愿景、宗旨、价值观及企业精神的提炼和概括。行为识别是企业理念在员工行为中的展现。视觉识别是用文字、图形、颜色等视觉符号来表达企业经营理念的形式，包括企业名称、标志、标准字和标准色等基本要素，以及基本要素在企业建筑物、员工服装、包装物、办公用品等领域的应用体现。

在 CI 识别系统中，MI 是最高层面的，指导了 BI 和 VI，但 VI 是最直接、最明显，也是效果最好、最受组织及社会公众欢迎的部分，也最易立竿见影地设计。所以很多时候说到 CI，其实更多讨论的可能为 VI。

二、CI 设计

CI 的一个重要目的就是促使公众对组织的认同和接纳，并形成对组织的满意、信任乃至忠诚。一个优秀的 CI 设计，不仅能让公众留下深刻的记忆，而且一接触到组织的信息，人们就能立即识别出其所代表的组织及其所有内涵，并伴随良好的心理反应，进而对组织的良好印象得到进一步强化。

1. 理念识别设计

理念是指导企业经营活动的思想和行为准则，愿景和经营哲学是其核心体现，它为企业的发展指明方向。企业追求技术理念，强调技术一流，便会重于研发，引导员工努力钻研技术。企业追求服务理念，突出优质服务，便会重于服务质量，引导员工努力提升服务水平。优秀的企业理念还能代表一种积极进取的精神，对员工能够产生巨大的推动力，并给消费者带来信心，增添他们对企业的特殊情感。因此，构建和培育优良的企业理念，对企业的经营发展具有重要的意义，也直接影响着行为识别和视觉识别的设计。

企业理念应突出展示企业独特、鲜明的个性，避免雷同、共性的设计方式，以提升企业的识别力。同时，在移动互联时代，企业经营是面向全球市场的，因而企业理念的设计也应由民族化走向国际化。

（1）经营宗旨设计。经营宗旨反映了企业经营活动的目的和意图，表明了企业的经营方针和根据何种思想观念来开展企业的各项经营活动。

实践中，企业的经营宗旨涵盖追求利润最大化的经济目的，追求社会效益和承担社会责任的社会目的，以及赋予产品文化特色的文化目的等。现代社会的多元性以及客户的个性化诉求需要企业经营宗旨的设计满足多层次、复合型的特征。

（2）经营方向确定。经营方向是指企业的业务范围，表明企业在哪些行业或领域内提供服务。企业在确定经营方向时，可先单一后多元，即先在单一领域内做强，塑造核心竞争力，再进一步扩展、做大。

（3）经营价值观设计。经营价值观是在企业中居于主导地位，为全体员工所共同认可和遵守的关于客观对象的观点和看法，相对于企业的规章制度等硬性约束，其属于对人的软性约束力量，是员工的内在信念表达，其构成企业理念识别系统的基石。

经营价值观的设计，既要反映人的现实需求，充分体现时代特征，又要兼顾各方利益；既要得到全体员工的一致认同，又要保证其与企业宗旨、使命和经营方向的统一。常见的经营价值观有创新观、质量观、人才观、服务观、道德观、时间观等。

麦当劳QSCV标准：向顾客提供高质量的食物（quality），自助式的良好服务（service），洁净整齐的用餐环境（clean），以及物有所值的消费方式（value）。这个标准简单明了，乐于内外接受，具有指导意义，可以称为组织的最高规范。

企业之外，理念识别也有其应用空间，比如高校的校训。中山大学——博学、审问、慎思、明辨、笃行；北京大学——爱国、进步、民主、科学；清华大学——自强不息，厚德载物；南京大学——诚朴雄伟，励学笃行；中国科学技术大学——红专并进，理实交融；哈佛大学——与亚里士多德为友，与柏拉图为友，与真理为友。读者可以以此为主题收集一下国内高校的校训并进行对比分析。

2. 行为识别设计

行为识别是以企业理念为约束和指导，构建和规范企业内外部一切行为的手段、机制和措施，使企业的行为有章可循、有据可依。

（1）环境营造。企业的内部环境分为物理环境和人文环境，塑造一个和谐融洽、积极向上、充满活力的环境，不仅能提高员工的工作效率，也对员工的行为有着内在的积极的导向作用，进而影响到对外部公众的服务。

物理环境营造包括视觉环境、听觉环境、温度环境以及设备设施的布局等，如视觉环境可从采光、照明、色调和装饰的角度来设计，布局上体现整齐、美观、清洁。

人文环境营造首先要求企业领导以身作则、带头垂范，在管理上体现人本主义、民主化思想，培养员工的认同感、愉悦感、归属感和自豪感。

（2）员工行为规范化。员工行为规范化要着眼于全体员工的日常行为，注重整体素质的提升，将行为规范与企业的业务技能培训、科学技术教育、职业道德教育紧密结合。

员工行为规范主要包括仪容、仪表、行为举止上的约束和要求，具体内容在本书公关礼仪部分有详细论述。

3. 视觉识别设计

视觉识别设计是通过运用标志的字体、图形、颜色等，将企业的经营理念清晰而简洁地传达出来，便于公众识别和认知，进而形成对企业的高度信赖，是CI设计影响最大、内容最丰富的部分，包括组织名称、组织的基本标志（包装、商标等）、组织标准字与色彩、组织统一服饰和办公用品、组织统一运输工具、组织门面与招牌、特色建筑设计、组织的宣传材料等内容体系。这里以组织名称和商品包装为例。

（1）组织名称。Coca-Cola的中文译名为可口可乐，事实上，早在20世纪20年代，可口可乐已在上海生产，一开始翻译成了一个非常奇怪的中文名字，叫“蝌蚪啃蜡”，被接受状况可想而知。于是，可口可乐专门负责海外业务的出口公司公开登报悬赏350英镑征求译名。当时身在英国的一位上海教授蒋彝，便以“可口可乐”四个字击败其他所有对手。蒋彝被称为“中国文化的国际使者”。可口可乐的译名相当完美，一方面，包括了作为饮料的最高追求“可口”；另一方面，把喝过饮料之后达到的效果“可乐”包括了进来。此外，宝马、奔驰的译名也都相当漂亮。

美国美孚石油公司为了设计出既符合世界各地风俗，又符合各国法律的名字，邀请各方面的专家，历时6年耗资1亿多美元调查了55个国家和地区，最后从设计的1万多个商标中筛选出一个商标，这就是著名的埃克森（Exxon），如今它的品牌价值已达上百亿美元。对埃克森，笔者从语言学角度评析如下：其一，它是叠词，易发音且便于记忆；其二，打头字母“e”在英文索引中可使公司排名靠前，更容易成功。

我国著名商标Lenovo的发展历程：1984年，柳传志在中科院内部成立了联想企业，那时可能还没有英文商标的需求；到1988年，联想在香港地区开业，英文名Legend启用；到2002年，改名为Lenovo，其中Le来自Legend，novo则来自拉丁语，是创新的意思。这里的名字不仅仅是个名字，名称背后还有更深刻的含义，就如Nike不仅仅是鞋子，更代表了挺身而出，迎接挑战及控制事物的精神。读者可以做一个运动品牌名称的标语集。

（2）产品包装。包装的作用体现在两个方面：保护商品，便于储运；促进销售，增加盈利。历来就有很多关于包装的故事，如我们耳熟能详的成语故事——买椟还珠。今天关于包装的例子更是不胜枚举，不得不说的是可口可乐的玻璃瓶，它起源于玻璃公司的员工与女友约会过程中的奇思妙想，这名员工参考其女朋友穿着套筒型连衣裙时候的造型设计并申请专利，获得了可口可乐公司的青睐被收入囊中，并使用至今。

4. 其他识别系统

除了前述理念识别、行为识别、视觉识别三大识别系统之外，还有其他识别系统：听觉识别系统，比如高校校歌、企业歌曲等；环境识别系统，比如企业路标、建筑等。

❖ 本章小结 ❖

策划本质上属于计划，公共关系有着类型多样的专题活动。在公共关系实务中，策划凸显了出来，成为公共关系活动不可或缺的环节和步骤，日益受到组织的重视。从管理的流程角度将公共关系策划程序划分为分析需求、落实策划人员、制订公共关系方案、评估和优化方案、审定和实施方案和结果反馈六个阶段。

公共关系专题是指企业为了特定的目的，围绕某一主题而精心策划的公共关系活动，其具有很强的主导性、时效性和创新力，对社会公众吸引力大、影响范围广，对推广和改善企业形象有着良好的效果，能够有效地策划公共关系专题活动是公共关系人员必须掌握和熟练应用的专业技能。公共关系专题活动包括：新闻传播类、公益赞助类、信息展示类及庆典类等。专题活动对于组织的形象管理意义明显，做好这些专题活动，发挥其形象管理的作用，需要精心的策划。

公共关系另一个重要的策划为企业形象识别（CI），一般来说，企业形象识别系统包括理念识别（MI）、行为识别（BI）和视觉识别（VI）三个构成部分。其中，VI 是基础，其应用也最广泛。CI 目前广泛应用于企业、高校、城市建设等。

⌘关键词

公共关系策划；公共关系专题；新闻传播类专题；公益赞助类专题；信息展示类专题；庆典类专题；企业形象识别（CI）；理念识别（MI）；行为识别（BI）；视觉识别（VI）

⌘练习与思考

1. 简述公共关系策划的含义及其流程。
2. 公共关系专题活动类型：______、______、______。
3. 阐述对外开放参观的意义。
4. 请分享一个你身边的公益资助的例子及其活动策划（如果有活动的话）。
5. 公共关系 CI 的组成部分：______、______、______。
6. 你所在高校是否已做 CI，如果已经做了，请阅读；如果没做，请参照中山大学视觉形象识别系统，为你的母校做个 CI 策划建议。

⌘实践与实训 12

城市 CI 调查

[性质] 校内调查活动

[主题] **城市形象调查**

[目标] 通过对自己感兴趣的某个城市（更可以是自己家乡或学校所在地）的调查，发现其城市 CI（可以是已经完成的，也可以是尚未完成的）的发展情况，加深对 CI 及其应用的理解。

[原理] 公关 CI 理论和策划。

[操作] 本次实践教学，可划分为三大模块：城市背景资料调查；城市 CI 发展现状，区分 MI、BI、VI 三个部分，尤其注重 VI 部分；城市 CI 发展建议。

资料获取建议：一方面，可以利用互联网搜索城市的背景资料；另一方面，利用学校图书馆的 CNKI 平台，搜索相关学术论文，寻找相关案例。

本次实践教学活动不分组，由学生单独完成，提交作业。

总课时：**1 课时**；主要是优秀学生作业的课堂分享。

[注意] 教师制定标准格式，包括三大模块，提高工作效率。

[成果] 学生作业。

[延伸] 教师注意收集优秀作业，作为以后教学的基本素材。

⌘拓展阅读

为加深读者对 CI 的理解和掌握，请阅读《CI 与品牌形象策划》（张照雨、都蕊编著，化学工业出版社，2011 年）一书。也可到图书馆借阅其他关于 CI 主题的书籍，以深入了解 CI 的内涵、意义及其制作，尤其关注各种 CI 案例。

第十三章

Chapter13

公共关系危机管理

☞ 导入案例

疗情下五菱形象管理的转危为机

自 2020 年 1 月 23 日武汉封城始的国内新冠疫情，对绝大多数企业来说都是巨大的冲击。原因在于新冠病毒的特殊传播属性，为彻底战胜疫情，面对面的交流受到局限，各行各业的活动也受到限制。

汽车行业也不例外，号称“秋名山神车”的五菱汽车制造商、上海汽车集团成员企业上汽通用五菱汽车股份有限公司，面对新冠疫情的冲击，其在形象管理上却逆势增色加分，为市场的复苏提前做好了准备。为控制病毒的扩散，行之有效的方式是戴口罩预防。而参照 2019 年全国口罩产能 50 亿只计算，以 5 亿人的需求总量、日需求 1 只口罩核算，仅仅 10 天就消耗完毕，足见当时口罩产能的巨大缺口。生产口罩离不开自动口罩机生产线的制造安装，五菱发挥其机械制造业优势，进行跨界转产，用时三天就完成了无尘车间改造，连续安装 11 条口罩生产线，使得口罩产能达 200 万只 / 天，强力支持了抗击新冠疫情的战斗。

五菱的口罩制造，为中央电视台新闻联播所关注。在面向全国观众的电视画面中，还有一句话非常亮眼，“人民需要什么，五菱就造什么”，这把五菱的企业目标形象展示得淋漓尽致。在转产口罩事件中，也充分树立了五菱的企业形象，真可谓“中国神车”。

资料来源：央视网《新闻联播》，2020-02-15。

| 学习目标 |

1. 掌握公共关系危机的含义、特点、类型、生命周期及危机成因。
2. 理解危机预防的意义，掌握危机管理计划的含义。
3. 掌握危机处理的基本原则和权变原则（5S 原则），了解公共关系危机处理的程序及其意义。
4. 能够分析典型性公共关系危机案例，结合相关理论，给出评价和建议。

第一节　公共关系危机

公共关系危机对公共关系的形成意义重大：现代公共关系形成有赖于危机管理的促进。现代公共关系创始人之一艾维·李曾成功处理过美国无烟煤工人大罢工和宾夕法尼亚铁路事故，其首倡的“公众需要被告知”思想得到认同并践行，使得自己名声大震，这在客观上促进了公共关系的发展。

在企业经营过程中，由于种种原因总是会不可避免地出现一些危机事件，危机是经营活动的影子。一项对世界 500 强企业的董事长和总经理的调查报告指出，约 80% 的企业家认为现代组织面对危机是无法避免的事情。既然危机不可避免，那么正确地处理各种危机事件就成为组织的正确选择。树立科学的公共关系危机观念，掌握公共关系危机的处理艺术与技巧，是有效清除危机影响、塑造组织形象、强化公共关系效用的基础。

一、公共关系危机概述

1. 公共关系危机的含义

公共关系危机是组织各种危机中的一种，是由组织内部或外部的某种非常规因素所引发的组织形象的非常规状态。一般来说，所谓公共关系危机是指组织由于突发事件或重大事故的出现，导致其面临强大的公众舆论压力或危机四伏的社会关系环境，给组织形象造成严重损害。若不迅速改变，甚至会影响到组织的生存。公共关系危机并非单独出现，有时和其他类型的危机交织在一起，比如人力资源危机、销售危机等。

2. 公共关系危机的特点

（1）突发性。突发性是指在组织（主要企业）毫无察觉或防备的情况下发生，对组织产生冲击和造成混乱。从导致组织危机发生的自然灾害角度，比如地震、泥石流、飓风、病毒流行等是突发的。从导致组织危机发生的人为角度，比如因为管理不严格导致的事故（英国石油墨西哥湾石油平台爆炸、日本丰田汽车质量事件）。导致危机的内在人为风险早已经潜伏下来，只是不知何时爆发而已，当然爆发是一个从量变到质变的积累过程。

从突发性的角度来说，组织及其人员，尤其是公关部和其人员，时刻都要有危机发生和防范的意识，才能临危不乱。

（2）危害性。危机的爆发必然给组织造成实质性损害，有时甚至危及组织生存，这也是我们关注公共关系危机的原因所在。危机的破坏力是巨大的，必须尽力防范和阻止。比如政府危机，民众的支持率和信任度会下降；企业危机，企业的市场和顾客会散失。这都是非常严重的，失去民众支持的政府和失去顾客的企业都是不可想象的。非营利组织发生危机也是危害巨大，比如学校、医院等。

但是危机爆发后，也给组织提供了一个检视自身风险应对能力的机会，危机的恰当处理也会带给组织新的收获，甚至化危机为机遇，为组织建立新声誉、树立新形象和解决组织重大问题等创造了机会。

（3）关注性。危机发生后往往成为舆论关注的焦点和热点。这有两个原因：其一，与公众利益密切相关，公众基于自身利益需要关注；其二，现代媒体和网络的发展，这使得密切关注成为可能。作为舆论的焦点和热点，那么组织在面对和处理危机的时候就更应该小心谨慎。

1989 年 3 月 24 日，埃克森公司“瓦尔迪兹号”油轮搁浅并泄漏原油，污染了阿拉斯加海湾，污染给当地居民的生活、渔业生产、自然环境、生态环境等都造成严重影响，这促使周边和非周边居民密切关注。2010 年 8 月 5 日，智利圣何塞铜矿发生矿难，每天都有电视直播，网络也迅速传播，成为全球关注点。

（4）普遍性。危机是普遍的，正如前述对世界 500 强企业领导人的调查结果显示，80% 的企业家认为企业危机无法避免。可以这么说，发生危机是常态，不发生危机才属异常，尤其对于一般性的小型危机更属组织常见危机。

（5）复杂性。复杂性表现在危机发生的原因是错综复杂的（后文论述），结果也是复杂的，比如企业产品出现危机时所要面对众多的诉讼人员。事实上，组织危机事件是系统性问题，一些问题的发生不仅仅是局部原因，更是一个大的系统问题导致了这样的结局。

比如阜阳“大头娃娃事件”，其原因就十分复杂：劣质奶粉的生产者、销售者唯利是图；监管者缺乏动力监管；老百姓缺钱；人的道德意识的沦丧等。

最后，解决系统性问题，单一的手段是无效的。

二、公共关系危机的类型

从不同的角度划分，公共关系危机有不同的类型。

1. 一般性危机和重大危机

按危机的程度和影响，公共关系危机可划分为一般性危机和重大危机。

（1）一般性危机。一般性危机主要是指常见的公共关系纠纷。从某种意义上说，公共关系纠纷还算不上真正的危机，它只是公共关系危机的一种信号、暗示和征兆。只要及时处理，做好工作，公共关系纠纷就不会转向公共关系危机，以至于造成危机局面。

（2）重大危机。重大危机主要是指组织面临不可抗力、重大事故、失误等造成的严重损失和突发性的危机，如地震、火灾等，它是公共关系从业人员面临的且必须及时处理的真正危机。

一般性危机与重大危机的界限并不十分明显，有时可以互相转化。从这个角度来说，组织也要重视一般性危机，尤其要预防其转化。

名震一时的某品牌口服液，最大年销售额曾达到70亿元，但它的倒台很简单、很轻易、很迅速。起因在于湖南岳阳一位老人喝了该口服液后死了，老人的儿子要求该企业赔偿。一家名牌企业遇到了人命官司，“人怕出名猪怕壮”，全国的媒体都把它作为很重要的一条新闻进行报道。官司持续了一年，最后法院做出判决，老人之死与该企业无关。但是这个判决已经毫无意义，因为法院受理这个官司三个月后该口服液就已经卖不动了。因为新闻界的报道，消费者都知道服用该口服液可能出人命。对于消费者来说，“吃死一个老头”和“可能吃死一个老头”没有区别。

2. 内部公共关系危机和外部公共关系危机

从危机与企业的关系程度以及归咎的对象看，公共关系危机可分为内部公共关系危机和外部公共关系危机。

（1）内部公共关系危机。内部公共关系危机发生在企业内部，这种危机的发生主要是由该企业的成员直接造成的，危机的责任主要由该企业内部的成员承担。内部公共关系危机具有下述特点：波及的范围有限，主要影响本企业的利益；责任的归咎对象是企业内部员工，因而相对来说容易处理；内部公共关系危机的客体主要以本企业的领导和职工为重点。

（2）外部公共关系危机。外部公共关系危机是与内部公共关系危机相对而言的，指发生在企业外部，影响外部公众利益的危机，企业可能也是受害者。外部公共关系危机具有如下特点：危机波及的范围相对较广，受害者大多数为社会公众；责任不在发生危机的某一具体的组织或其成员身上；不可控因素较多，较难处理，需要有关危机的各方面密切配合，共同行动。

3. 人为公共关系危机和非人为公共关系危机

（1）人为公共关系危机。由人的某种行为引起的危机属人为公共关系危机。对于企业来说，生产工艺缺陷、产品质量缺陷、工作人员失职、组织管理不善、人为故意破坏、恶意炒作等造成的危机均属此类。人为公共关系危机具有可预见性和可控性。组织如果平时采取有效的管理措施，有些人为危机是可以避免或减轻损失的。

（2）非人为公共关系危机。并非由人的行为而直接造成的危机是非人为公共关系危机，引发非人为公共关系危机的事件有地震、洪水、风灾、雪灾等自然灾难。非人为公共关系危机一般难以预见，具有不可控性，造成的损失通常是有形的，较容易得到内外部公众的同情、理解与支持。

此外，根据危机的发展程度或表现形式，公共关系危机还可分为显在危机和潜在危机。显在危机是指危机的趋势已经非常明朗，爆发只是时间问题，或者给企业带来直接而明显损失的危机，如爆炸、交通事故等。潜在危机是指处于潜伏阶段的危机，或危机已经爆发，但给企业带来的损失表现不明显的危机，主要在形象等软因素方面。

三、公共关系危机的生命周期

斯蒂文·芬克提出了公共关系危机的“四阶段模式”，即危机的潜伏期、突发期、蔓延期和解决期。

第一个阶段：危机潜伏期。该阶段为危机处理的易控期，但是由于具有不易察觉的特点，使得人们往往稍不注意就丧失了避免危机爆发的机会。所以，组织员工应该树立危机意识，尤其是高层决策者。

第二个阶段：危机突发期。时间上急速发展而刻不容缓和严峻态势的出现，表现在危机事态从不为人所知扩大到媒体广泛报道、公众广泛关注；危机已经影响到组织的正常活动、正面形象及声誉。

此阶段，危机管理者面临的巨大威胁在于危机的发展速度和巨大的破坏力。危机突发期主要有四个特征：①事态严重程度逐渐升级；②事态发展吸引越来越多的媒体介入；③社会组织相关的正常活动难以开展；④事态发展对社会组织的形象和声誉造成严重不利影响。

第三个阶段：危机蔓延期。此阶段是危机突发之后的蔓延扩大，也是四个阶段中时间较长的一个阶段，但如果管理得力，会大大缩短危机的持续时间和危机对组织的损害。此阶段组织一般已经度过最危险的时刻，属重要的危机管理时刻。

第四个阶段：危机解决期。此阶段，组织一般已从危机影响中解脱出来，但组织相关部门仍需保持高度警惕，因为危机有可能会复返。组织更需总结经验，设计制度来预防，为下一步的危机管理做好规划和控制。

危机的这四个阶段也并非绝对，但是一般都要经历这个过程。有时突发期和蔓延期甚至是联结在一起并且持续的，也有时潜伏期是察觉不到或组织无法控制的。芬克的“四阶段模式”如图 13-1 所示。

请问：危机的“四阶段模式”对我们有何启示？

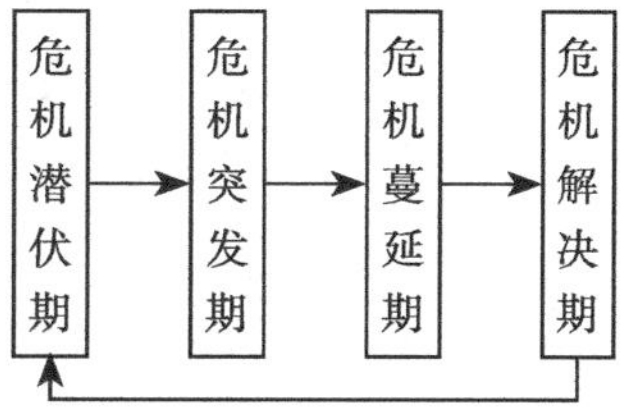

图 13-1　斯蒂文·芬克公共关系危机的“四阶段模式”

四、公共关系危机的成因

唯物主义观点认为，事物的运动发展受到内因和外因的共同作用，其中内因又是主导。一般来说，公关危机产生的原因也可以分为两大类：组织内部原因和组织外部原因。

1. 组织内部原因

（1）自身素质低下。组织自身素质低下不仅会引发公关危机，而且在公共关系危机出现之后也难以自觉有效地处理。就企业自身素质构成来说，包括普通工作人员素质和领导者素质，这两类素质低下都有引发危机的可能，特别是领导者自身素质低下（包括法制观念淡薄），导致企业危机的可能性则更大。

（2）管理缺乏规范。管理缺乏规范包括组织的管理制度和员工行为规范。组织的规章制度不健全，导致工作无定额、技术无标准、计量无规矩、操作无规程，给组织和公众带来极大的隐患。员工的行为不规范，导致员工生产不讲质量、服务不讲礼节、商务不讲信誉、职业不讲道德，损害公众利益和伤害公众感情。这些都会成为引发公关危机的根源。

2012年11月，有媒体报道山西某集团养殖45天“速成鸡”并提供给知名快餐企业。央视对“速生鸡”养殖场调查发现，为避免鸡生病或死亡，白羽鸡从第1天入栏到第40天出栏，至少要吃18种抗生素药物。最终人体会通过食用含大量抗生素的鸡肉而受到伤害。这些报道必然会对快餐企业产生冲击，降低消费者信任，形成消费危机。

（3）经营决策失误。经营决策失误主要表现为方向的失误、时机的失误、策略的失误等，各种失误的出现都可能导致危机的出现。在现代社会中，经营决策应自觉考虑到社会公众利益和自然环境要求，不能有损于公众、有损于环境，否则危机在所难免。

（4）公共关系行为失策。现代社会的公共关系工作应严格遵循以事实为基础，以公众利益为出发点的原则，以科学方法为指导，实现企业与公众之间的积极互动。如果违背公关基本原则，传播的信息不真实，方法运用不当，则会严重损害公众利益，导致组织与公众之间的关系恶化，形成危机。而且当代社会公众获取信息的能力更强，也更敏感。

2. 组织外部原因

（1）自然环境突变。自然环境突变包括天然性的自然灾害和建设性破坏两个方面。天然性自然灾害是不以人的意志为转移的，它往往给组织带来意想不到的打击，比如“5·12”汶川大地震就是对政府的考验。建设性破坏灾害包括污染破坏引起的气候异常、水土流失、烟雾事件等，比如雾霾天气。

（2）企业恶性竞争。恶性竞争即不正当竞争，在市场经济活动中，企业违反国家政策法令，采取弄虚作假等手段牟取利益，损害社会公众利益，扰乱社会经济秩序，包括企业间的互相攻击，这往往就会发展为企业的公关危机。

（3）科技负影响。科技进步能给企业带来发展的机遇，但也可能导致企业原有技术落后而出现危机。比如移动智能手机的发展使得非智能手机企业面临巨大的生存压力，裁员、转型等都容易导致各种各样的危机，包括公关危机。

（4）社会公众误解。公众对组织的了解并不是全面的，有时公众会因获得片面信息而对组织产生误解。不仅普通公众，新闻媒体公众、政府公众等都可能存在对组织的误解。

（5）公众自我保护。随着现代科技的发展和保护消费者法律的不断完善，消费者权益意识已经觉醒，有时会矫枉过正。而且现在消费者的自我保护手段和自我保护渠道较以往更加丰富，比如消费者可以在网络上发帖表达对某种产品的不满。

除了上述列举的危机发生的原因之外，还有劳资争议、敌意兼并、谣言、大众传媒泄密、恐怖破坏活动等其他因素都可以导致危机。组织在面临危机的时候，一定要在广泛收集、分析有关信息的基础上，对造成组织公关危机的原因进行深入分析，才能把握公关危机的症结，做到对症下药，有效地消除危机。

第二节 公共关系危机预防

公共关系危机预防是指对公关危机隐患进行监测、预控的危机管理活动。事实上，危机管理的关键是危机预防。英国公关专家里杰斯说："预防是解决危机最好的办法。"

一、危机预防的意义

在当前复杂多变的环境中，学会预防危机，避免危机的发生，能有效保护组织形象。此外，危机预防有利于培养员工的忧患意识和公关意识；有利于降低危机形成的概率；有利于及早消除公关危机；有利于提高公关危机的处理水平。已有调查显示，在世界500强企业中，被危机困扰的时间平均为60天，而没有应变计划的公司要比有应变计划的公司被困扰的时间长2.5倍。

二、危机管理计划

危机管理的核心是如何把"事前管理"做好，如何从机制上避免危机的发生，如何在"危险信号"还没有变成"危机事件"时就将其平息。要达到这一系列要求和目标，组织必须制订危机管理计划。

1. 危机管理计划

危机管理计划是社会组织为了预防危机发生或在危机发生的时候尽可能减少损失而制订的全面具体的危机预防、处理和控制的计划。

危机管理计划是危机处理的纲领性文件，是危机管理工作的全面反映。危机管理计划将危机工作程序化、明晰化，不仅可以预防危机的发生；而且在处理危机时，能够冷静、理智而又迅速地做出反应，减少危机损失；还可以抓住有利的时机，做到重塑形象、重整旗鼓的工作。

危机管理计划就内容而言，一般应包含：①概述部分。包括导言、目的、依据、对象、原则等。②正文部分。包括危机的预防与监测、危机发生时的处理、危机发生后的应对等。此外，危机管理的组织保障、经费保障等各项保障也应该包括在正文里面。

③附录部分。包括相关专业术语的解释、实施时间等内容。

2.《国家突发公共卫生事件应急预案》

为有效预防、及时控制和消除突发公共卫生事件及其危害，指导和规范各类突发公共卫生事件的应急处理工作，最大限度地减少突发公共卫生事件对公众健康造成的危害，保障公众身心健康与生命安全，依据《中华人民共和国传染病防治法》《国家突发公共事件总体应急预案》等法规，原卫生部于2006年制定《国家突发公共卫生事件应急预案》。这样一个应急预案是必需的。

读者请研读《国家突发公共卫生事件应急预案》，预案分为总则，应急组织体系及职责，突发公共卫生事件的监测、预警与报告，突发公共卫生事件的应急反应和终止，善后处理，突发公共卫生事件应急处置的保障，预案管理与更新和附则八个部分。预案的详细内容可见中华人民共和国中央人民政府网站。

第三节 公共关系危机处理

一、公共关系危机处理的意义

公共关系危机处理指在公共关系理论和原理的指导下，公共关系人员利用公关策略、措施和技巧，改变突发性事件造成的组织危机局面。事实上，危机管理还包括组织对危机的预测、监督、控制、协调、处理及反馈等一系列内容。

公共关系危机处理有利于重塑良好的公众形象；有利于减少各种损失；有利于协调与公众的关系；有利于增强内部团结。换言之，危机也是机会。

二、公共关系危机处理的原则

公共关系危机处理虽然没有固定的模式。但是，当我们面对已经发生的公共关系危机的时候，还是可以遵循以往经验所得出的一些原则。

1. 基本原则

（1）积极性原则。组织遇到危机的时候，应该有负责任的积极态度去调查、了解、分析、判断、决策，寻求最佳的解决方案，争取公众的支持与谅解或者外部专家支持，这是危机公关的基本态度。

（2）主动性原则。组织内部的公关人员要挺身而出，勇于承担责任，寻找解决问题的契机，变被动为主动，使不利因素变为有利因素。

（3）及时性原则。危机公关的目的在于尽最大可能地控制事态的恶化和蔓延，把因危机造成的损失减少到最低程度。事件发生后，公关人员要迅速做出反应，果断进行处理，赢得处理问题的关键时机，赢得挽救组织形象的宝贵时机。

（4）冷静性原则。组织及其人员在面对危机的时候，要保持沉着、冷静，富于理性精神，切不可急躁、随意，甚至信口开河。

（5）真实性原则。危机会伴随种种猜疑误解，甚至会流传出许多谣言。组织应本着实事求是的态度，公布事实真相，让事实说话，才能防止流言蔓延，避免进一步损害组织形象。

（6）灵活性原则。由于危机多属于突发性的，不可能有既成的措施性手段。因此，在组织危机管理预案之外，还应根据实际情况灵活处理。

（7）公众原则。在处理危机过程中，应把公众的利益放在首位，将公众的利益作为处理危机的前提和出发点。只有这样，组织才能圆满、有效地解决危机。

（8）人道主义原则。在某些情况下，危机会造成生命财产的损失。这时，危机处理首先要对受害者进行人道主义帮助，只有这样才能安抚受害者，尽快地化解危机。

（9）维护声誉原则。保护组织的声誉是危机处理的出发点和归宿，一切应急措施和活动必须围绕维护组织声誉展开。在危机处理全过程中，公关人员都要努力减少对企业信誉带来的损失，争取公众的谅解和信任。

2. 权变原则

权变原则（5S 原则）是指危机发生后为解决危机所采用的五大原则，包括承担责任原则（shoulder the matter）、真诚沟通原则（sincerity）、速度第一原则（speed）、系统运行原则（system）、权威证实原则（standard），5S 原则由游昌乔先生提出。

（1）承担责任。危机发生后，公众会关心两个方面的问题：一方面是利益的问题，利益是公众关注的焦点，组织应该承担责任。即使受害者在事故发生中有一定责任，组织也不应首先追究其责任，否则会各执己见，加深矛盾，引起公众的反感，不利于问题的解决。另一方面是感情问题，公众很在意组织是否在意自己的感受，因此组织应该站在受害者的立场上表示同情和安慰，并通过新闻媒介向公众致歉，解决深层次的心理、情感关系问题，从而赢得公众的理解和信任。

（2）真诚沟通。当组织处于危机漩涡中时，它们是公众和媒介的焦点。组织的一举一动都将接受质疑，因此不要有侥幸心理，企图蒙混过关，而应该主动与新闻媒介联系，尽快与公众沟通，说明事实真相，促使双方互相理解，消除疑虑与不安。沟通要做到诚意、诚恳、诚实。

（3）速度第一。俗语说“好事不出门，坏事行千里”，在危机出现的最初 12 ～ 24 小时内，消息会像病毒一样，以裂变的方式高速传播。而这时候，可靠的消息往往不多，社会上充斥着谣言和猜测，媒体、公众及政府都密切注视着组织的声明或行为。因此组织必须当机立断，快速反应，果决行动，与媒体和公众进行沟通，从而迅速控制事态，否则会扩大突发危机的范围，甚至可能失去对全局的控制。

（4）系统运行。在进行危机管理时必须系统运行，绝不可顾此失彼，只有这样才能整体把握，创造性地解决问题，化害为利。系统运行包括组织上上下下、组织内外力量的整合，组建班子专项负责，合纵连横、借助外力等内容。

（5）权威证实。在危机发生后，组织不宜一个声音向外发布信息，而应争取政府主管部门、独立的专家或机构、权威媒体及消费者代表的支持，请他们在前台替组织说真话，这样更容易使消费者解除对组织的警戒心理，而重获信任。

5S原则是很实际的危机处理原则，读者可以看下面案例中的5S体现。

1993年7月，美国百事可乐公司突然陷入一场灾难。流言说在罐装百事可乐内接连出现了注射器和针头。在艾滋病蔓延的美国，人们立刻把此事与传染艾滋病联系起来。

百事可乐公司第一时间（速度第一）采取一系列措施：一方面通过新闻界向投诉的消费者道歉，并感谢他对百事可乐的信任，并给予一笔可观的奖金以示安慰，还邀请其到生产线上参观。另一方面百事可乐公司不惜代价反复进行辟谣宣传，并播放其罐装生产线和生产流程录像，使消费者确认不可能被放入注射器或针头（承担责任、真诚沟通）。百事可乐公司与美国食品与药物管理局（权威证实）密切合作，积极调查真相，最后揭穿这是一件诈骗案。

最后，请读者思考一下，该案例是如何体现系统运行原则的？

三、公共关系危机处理的程序

组织在面对危机时，有一套反应迅速、正确有效的危机处理程序，是可以避免盲目性和随意性的。公共关系危机处理的程序主要包括以下几个方面。

（1）成立危机处理小组。处理组织危机事件要有一个统一指挥的核心，危机出现后应迅速成立危机处理小组，成员一般由组织高层、责任部门、公关部门等组成，也可吸收组织外部相关法律、政策、专业等方面的专家。

（2）深入现场，收集信息。危机处理成员应在最短时间内深入现场，与当事人取得联系，进行现场指挥抢救、事故原因调查工作。收集危机事件发生的时间地点、产生原因、伤亡损失、市场影响、媒体反应等信息。

（3）分析情况，确定对策。在对信息进行收集整理的基础上，研究确定应采取的对策、措施，制订危机应对方案。处理危机的基本对策大体包括：对组织内部的对策、对受害者的对策、对新闻界的对策、对上级主管部门的对策、对社会公众的对策等方面。

（4）主动联络媒介，引导舆论。危机事件发生后，各种传闻、猜测都会发生，媒介也会纷纷报道。这时组织应主动与新闻媒介联络，提供事件背景材料、危机发生的情况、组织采取的措施等资料，掌握舆论主动权，以组织发布的消息为权威信息源。

（5）组织力量，有效行动。重大危机往往涉及面较广，需要组织的各个职能部门统一行动，采取积极有效的行动，才能使危机得到有效化解。有效行动主要包括：组织力量亲临一线，安抚受害公众；争取其他公众、社团、权威机构的合作；寻找、创造机遇，重塑组织形象等。

（6）评估总结，吸取教训。危机过后，要认真评估危机处理的合理性和有效性，撰写危机处理报告，为以后处理类似的危机事件提供参照。同时，组织应当反思危机处理过程中的薄弱环节，提升危机管理水平。

（7）重塑组织形象。危机过后的组织形象重塑非常重要。重建组织形象的目标，具体说来分为四个方面：一是使组织公共关系危机事件的受害者或其家属得到最大的安慰；二是使利益受损者重新获得作为支持者的信心；三是使观望怀疑者重新成为真诚的合作伙伴；四是更多地获得组织事业发展的关心者和支持者。

四、公共关系危机处理的对策

我们可以从危机事件中的主要关系对象分析公共关系危机处理时的逐一对策，即根据不同的公众对象分别采取不同的对策。

（1）对政府部门。危机发生后，要及时向政府主管部门报告事态的发展进展，让政府主管部门了解组织的积极态度和事件的处理措施。同时，要积极争取政府部门的支持，推动组织尽早摆脱危机。

（2）对内部员工。及时在组织内部进行危机事件的信息沟通和关系协调，减轻组织的内部震荡，稳定内部员工对组织的信心，通过全体员工的齐心协力，共渡难关。员工的支持是组织面对危机的重要力量来源。

（3）对受害者。在调查危机情况的基础上，认真倾听受害者的意见，实事求是地承担责任，给受害人以同情和安慰，进行道歉赔偿，切实做到危机受害者的谅解。

（4）对新闻界。主动与新闻界取得联系，向新闻界提供事实真相和事件相关信息，争取新闻界的合作。充分利用新闻媒介与公众沟通，引导舆论发展趋向。若出现有关新闻报道与事实不符，应保持冷静和理性的态度，及时予以指出并要求更正。

（5）对社会公众。社会公众虽然不是危机事件的直接受害者，但对组织的舆论形象至关重要，在危机处理过程中，务必向公众树立组织敢于承担责任、知错必改的形象，求得社会公众的谅解和支持。

第四节　典型性公共关系危机案例

一、百事可乐 VS 肯德基

1. 百事可乐

1992 年，百事可乐公司在菲律宾大打推销之战，“今天，你就可能成为百万富翁！”的广告一连几星期充斥在菲律宾的报刊、电台、电视等各种传播媒介上。5 月 25 日，晚间新闻节目宣布：持印有“349”号码瓶盖的人可获得 100 万比索的巨奖。

由于百事可乐公司的差错，本来中奖的应该是一个，而印有“349”号码的瓶盖却有 80 万之多。一时间，菲律宾人无论游击队还是军方将领，无论是衣着光鲜的主妇还是赤脚的乡下人，都拧成一股绳手拿号码“349”的瓶盖蜂拥前往领奖，但百事可乐公司拒绝给钱。

百事可乐公司的食言惹恼了众多的获奖者。据统计，至少有 32 辆百事可乐运货车被人掷石块、纵火或推翻在地；有人甚至向百事可乐厂房和办事处投掷燃烧瓶与土制炸弹；有 22 000 人提出 689 项民事诉讼，向百事公司索取赔偿；另有 5 200 人提起刑事诉讼，控告百事诈骗。面对骚乱的发生，他们仓促做出决定：给每位持瓶盖者发奖金 500 比索。他们以为此事只涉及几千人，谁知一下子来了 486 170 人，结果所需金额超过了 4 000 万美元。

2. 肯德基

2010 年 4 月初，肯德基优惠网上发布，该公司特别推出了“超值星期二特别秒杀优惠券”：外带全家桶半价 32 元、香辣 / 劲脆鸡腿堡套餐凭券买一赠一等，此外“本券可打印使用，复印有效”。企业没有考虑到“复印有效”的后果，导致很多人复印然后来店购买。结果企业害怕了，退缩了，拒绝承认了，发个声明了事。

二、成功典范：强生公司“泰诺危机”

1981 年，强生在世界 500 强企业中排第 68 位，销售额达 54 亿美元。该公司研发的“泰诺胶囊”获得了客户的普遍欢迎，在 7 年内，该药就赢得了止痛药市场 37% 的份额，也让这种药成了公司的核心产品，它的销售额占公司总销售的 8%，利润也占整个公司利润的 15% ～ 20%。

1. 危机从天而降

1982 年 9 月 30 日早晨，危机从天而降，强生公司突然间被置于死亡的边缘。公司的管理者从打来电话要求解释的记者那里听说一起中毒事件，然而电话一个接一个，先是各媒体，后是药店、医生、医院、毒害控制中心，还有数以千计惊慌失措的消费者。有报道说，当天在芝加哥服用泰诺胶囊的人，7 人死亡，250 人生病住院。后续调查发现，人们服用的泰诺胶囊是强生下属的一个子公司所生产的，经检验药品中含有剧毒的氰化物。

2. 企业对策

统一行动。强生快速成立了以总裁和首席执行官为中心的危机处理小组，组成了包括公关部长在内的 7 人危机处理委员会。这个委员会连续 6 周每天都碰头 2 次，以解决危机发展中出现的各种问题，其间产品包装、广告以及如何在电视上露面等所有问题都必须经过委员会的讨论，然后才统一行动。

坦率面对。在面对公众和新闻界时，公司公关部坦率面对，承认在药品的生产过程中使用过氰化物，但对人体的危害微乎其微。同时努力以实验数据证明，事故并非公司生产过程中出现差错。

调查真相。产品收回后，强生公司立即协同联邦调查人员、医学人士，调查事件发生的真相。同时对800万瓶泰诺胶囊进行试验，查看其是否受到其他有害物质的污染。后来发现是人为投毒。

责任第一。从收回两批产品到在全国范围内收回，最后扩大到全世界，并在指定地点销毁。虽然中毒案仅发生在芝加哥，但仍然在全世界回收泰诺胶囊，为此强生公司共花掉1亿多美元，其中仅电报费就达50万美元。在整个危机处理过程中，强生公司的坦诚、愧疚和富有同情心给了大众很深的印象。

停止所有广告。强生企业发生危机之后，公司立即决定停止报刊、广播、电视中所有关于泰诺的广告。在危机公关开始的第一时间，企业就做出了这第一重大的决定，充分体现责任第一。

发布危险警告。危机发生时，强生通过媒体向公众发出了危险警告——在真相没有查清前，暂时不要服用泰诺胶囊。之后公司采取更积极的行动，彻底向新闻媒介敞开大门，公布事实真相。同时公司管理层通过媒体不断表示，公司坚决保护公众的利益，并保证彻底解决中毒事件，给消费者圆满的处理结果。公司还开通了热线电话，坦诚回答用户的一切询问。

与重要公众合作：强生利用媒体公开危机进展，让社会各界都对它产生了良好的印象，获得了宝贵的舆论环境。美国食品与药品管理局也一直站在强生一边，给它以有力的支持。

3. 泰诺危机处理成效

1983年1月3日，中毒事件过后三个月，泰诺的新广告首次在电视上亮相。与许多预测相反，泰诺在一年之内重新占领了原有市场份额的80%，强生承受了5 000万美元的损失和5 680万美元的广告额外支出，但确保了泰诺的继续前进。

❖ 本章小结 ❖

组织经营过程中，危机是常见的，如同人会生病一样不可避免，危机有一种类型即公共关系危机。公共关系危机具有突发性、危害性、关注性、普遍性、复杂性五个方面的特点。公共关系危机有不同的划分方法：一般性危机和重大危机；内部危机和外部危机；人为危机和非人为危机。危机产生的原因可以是内部原因，也可以是外部原因，甚至综合而起。危机生命周期包括潜伏期、突发期、蔓延期和危机解决期等四个阶段。

组织公共关系危机管理从预防开始，预防是对公共关系危机隐患进行监测、预控的危机管理活动，危机管理的关键就是危机预防。危机管理计划作为对危机事件的预防、处理和控制的书面计划，是危机处理的纲领性文件，对预防危机、处理危机意义重大。当危机不可避免地发生了之后，在面对和处理危机的时候要遵循基本原则和权变原则（5S原则为代表），组织才有安然度过危机的可能。同时，也要遵循一定的危机处理程序和对策。危机中也蕴含了机遇。

⌘关键词

公共关系危机；突发性；危害性；关注性；普遍性；复杂性；公共关系危机类型；危机生命周期；公共关系危机成因；公共关系危机预防；危机管理计划；公共关系危机处理；5S原则；危机处理程序；危机处理对策

⌘练习与思考

1. 什么是公共关系危机，公共关系危机有什么特点呢？
2. 公共关系危机的类型（以一你所知道的标准划分）：______、______。
3. 请阐述导致组织公共关系危机的原因。
4. 危机生命周期包括：______、______、______、______。
5. 综述危机管理计划。
6. 公共关系危机处理的5S原则是：______、______、______、______、______。
7. 谈谈你认为最重要的公共关系危机处理原则。

⌘实践与实训13

企业经营危机及处理

[性质] 校外活动之校友讲座

[主题] **企业经营危机及处理**

[目标] 通过来自社会的校友开设讲座，分享自身企业、所在行业所亲身经历的企业经营危机及对危机的处理，使同学在讲座中体会危机管理的价值，能够对危机预防与危机处理有较深入的认知和感悟。

[原理] 危机及其特征；危机预防；危机处理。

[操作] 教师在讲座活动中需要做以下三个方面的工作。

讲座前的准备：提前确定校友和主题，一般在授课之前就要利用假期安排好。适合的校友、恰当的主题是讲座成功的一半。确定校友和主题之后，还需要与校友一起做讲课内容的准备，需要把校友的经历与课程的理论结合起来，这样学生的听讲会更有效。讲座前，教师还需要根据教学现状设计讲座活动。

讲座中的控制：在讲座过程中，任课教师需要承担主持人的角色，全程参与，以控制好讲座的教学活动。一般流程包括：开场的介绍、校友主讲过程中控制纪律和进程、交流环节等。讲座时间控制在一个小时之内，余下半个小时为提问和交流时间。

讲座后的反馈：一方面，对校友讲座活动进行客观中肯的评价，为下一次的讲座活动做准备；另一方面，要对学生的感受和体会及要求有所了解。可以以作业的形式提交或者抽样问询即可。

校友讲座活动的工作量还是比较大的，课时约4～6课时，主要体现在讲座前的充分准备。当然，优秀的讲座可以且值得延续下去。

[注意] 教师充分准备最重要；学生也应提前预习知识和相关行业；注意礼仪。

[成果] 最好对校友讲座进行全程录像，既是成果材料，又是下一次完善的依据。

[思考] 假设你遇到危机时，要把握哪些最重要和最基本的原则?

[延伸] 教师可把讲座内容整理成为危机案例，作为今后教学的现实素材。

⌘拓展阅读

阅读暨南大学舆情与社会管理研究中心、凯迪数据研究中心编著的《舆情观察（第10辑）危机公关》(人民日报出版社，2015年)，此书集中了危机公关自身的危机，是对自身的一个反省。或阅读美国作者彼得·山克曼著的《爱@客户：微时代的危机公关》(中国人民大学出版社，2012年)，此书展示了微时代的危机公关。

第十四章
Chapter14

公共关系语言管理

☞ 导入案例

伟人演讲欣赏

1957年11月2日，毛泽东主席率我国党政代表团抵达莫斯科，参加“十月革命”40周年庆典活动，并出席世界各国共产党和工人党首脑会议。11月17日，在位于列宁山的莫斯科大学礼堂里，毛主席接见了我国留学生。当时，毛主席即兴发表的演讲，堪称经典。在演讲中，他说：“世界是你们的，也是我们的，但归根结底是你们的。你们青年人朝气蓬勃，正在兴旺时期，好像早晨八九点钟的太阳。希望寄托在你们身上。”当时的亲历者，在回忆中提到毛主席在莫斯科大学礼堂的演讲如同聊家常，有问有答，台上台下，欢声笑语一片。

“我没有别的，只有热血、辛劳、眼泪和汗水献给大家……你们问：我们的目的是什么？我可以用一个词来答复：胜利，不惜一切代价去争取胜利，无论多么恐怖也要争取胜利，无论道路多么遥远艰难，也要争取胜利，因为没有胜利就无法生存。”

看到这段演讲词，读者是否可以联想是谁在什么背景、什么场合发表的？这篇著名演讲词的作者是第二次世界大战时期的英国首相温斯顿·丘吉尔。当年，执行绥靖政策的张伯伦政府辞职，丘吉尔组阁。就在1940年5月13日，丘吉尔对议会下议院公开发表此演讲，使得英国下议院最终以381票对0票的绝对优势表明了对丘吉尔组建政府的支持。事实上，丘吉尔的文笔也相当优美，他曾经荣获诺贝尔文学奖。读者可以寻找相应的英文原文进行阅读。

资料来源：由笔者根据相关公开资料撰写。

| 学习目标 |

1. 知晓公共关系语言的一般性要求，比如语境、副语与体态语等。
2. 懂得学习和积累语言交流的技巧，尤其是积累的重要性。
3. 掌握演讲与谈判的普遍性，尤其是精心准备对于演讲和谈判的意义。
4. 对跨文化语言交流有所了解。

第一节　公共关系语言概述

语言是人类最重要的交际工具，是人们进行沟通交流的各种表达符号。人们借助语言保存和传递人类文明的成果，在不同的区域、不同的时间，针对不同的人群，语言都会有其独特的内涵和魅力。正因为这种独特的内涵和魅力，不断促进着人类政治、经济、文化等领域的进步与发展。进行公共关系活动使用的主要方法就是信息的沟通，而语言交流是信息沟通的最常见形式，如何运用公共关系语言技巧完成信息的巧妙传递是公共关系人员必修的一门课程。

一、公共关系语言交流的一般要求

1. 语境

语境是语言进行的时间、场合、地点等因素，一般对表达和领会前后语及上下文至关重要。公共关系活动交流过程中公共关系人员必须把握当时所处的情境，利用当时的时间、场合、地点等优势，借势发挥，才能事半功倍。如果利用不当或者不分时间、地点和场合随意与公关对象沟通，后果必然不堪设想。

2. 副语和体态语

人类交流一般可分为两种，即语言交流和非语言交流。波亚托斯认为人类的交际行为是三重结构的结合，除了语言之外，就是副语和体态语。人类在交流的过程中如果能将这三部分巧妙结合，一定能促成良好的沟通，达成完整意义上的表达。而大部分专家认为，在人与人面对面交流的过程中，约有 35% 的信息通过语言来传达，65% 的信息是通过非言语交际传达的。可见副语和体态语在人际交往过程中有着举足轻重的作用。

（1）副语，又称为“类语言”，它是发声系统各个要素的组合，是一种特殊的语音现象。这种语音现象有两种类型：一种是伴随有声语言出现的语音特征，如个人的音域、音速等；另一种是表意的功能性的发声，如笑声、哭声等。而在公关交际中的副语言我们通常指伴随有声语言出现的语音现象，主要表现为语调、语速、语顿、重音及笑声等形式。

意大利一位悲剧明星罗西应邀参加一个欢迎外宾的宴会。席间，许多客人要求他表演一段悲剧，于是，他用意大利语演绎了一段“台词”，尽管外宾们听不懂，却被他悲惨凄凉的语调和悲悲切切的表情所感动，在座的许多听众都不由流下了同情的眼泪。可是罗西的一位朋友却忍俊不禁，跑出厅外大笑不止。原来，这位悲剧明星朗诵的并不是什么悲剧中的“台词”，而是宴席上的菜谱。

（2）体态语狭义地可称为“肢体语言”，即用身体动作来表达情感、交流信息、说明意向的沟通手段；广义的体态语可分为动态体语和静态体语两大类，前者包括肢体和表情，后者有姿势、服饰（比如在一些场合，着装正式是表示对别人的尊重）、空间距离等。动态体语有肢体语和表情语，肢体语可分为首语和手势语，表情语可分为目光语和微笑语；静态体语有姿势语、服饰语和界域语，如图 14-1 所示。

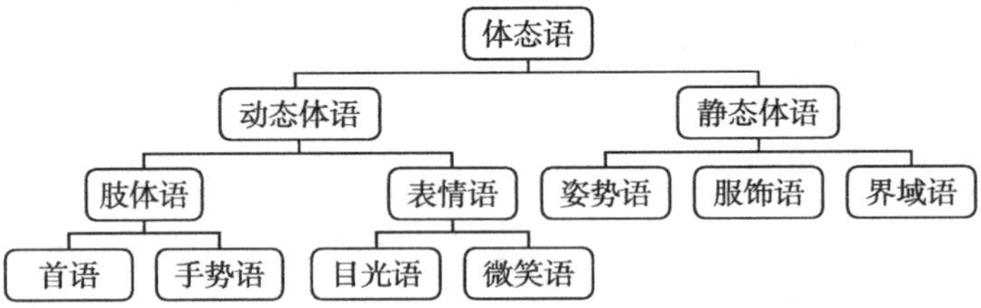

图 14-1 体态语的分类

比如手势语，经常被用来强调某一观点，加强语气。恰当地使用手势语能够吸引对方的注意力。相反，你也可以用表示消极的手势语来表达自己的不满、愤怒。相同的手势在不同文化中所蕴含的意思也不尽相同。打手势的动作稍有不同就可能会与原来的意图不同。对某种手势理解错了，也会引起意外的反应，甚至是意想不到的结果。

二、公共关系语言交流技巧

语言是人们沟通交流的媒介，公共关系语言更是在公共关系活动中发挥着不容小觑的作用，善于巧妙运用公共关系语言交流技巧，极力发挥语言交流的功能，是做好公共关系活动的一大保障。公共关系语言交流技巧可因人、因时、因地而异，其主要技巧包括幽默法、委婉法、模糊法、激将法、暗示法。

1. 幽默法

幽默是一种行为特征，它包括一些引人发笑的文字、令人愉悦的话语、使人乐呵的动作等，能够让本就欢快的气氛更加热情；能够让原本尴尬的场面瞬间变得不那么尴尬；也能够消除距离感，去除忧虑情绪，提高交流效率。幽默是一种友善和机智，是智商与情商的完美结合，但有时意外也可以造成幽默的效果。

2015 年诺贝尔和平奖授予了“突尼斯全国对话大会”。2010 年席卷阿拉伯的革命浪潮是从突尼斯开始的，突尼斯民众赶跑了独裁执政多年的前总统本·阿里，一个伊斯兰政党掌握了政权，但由于反对者要求更多权利和自由，政局陷入了僵持。在两名反对党领袖相继被暗杀之时，突尼斯全国的紧张情绪达到了高峰，反对党组织了要求新政府下台的大规模游行，多名反对党成员从议会退出，议会失去运行的能力。

这个时候，突尼斯总工会首先站了出来，然后与突尼斯雇主联盟、突尼斯人权联盟、突尼斯律师协会共同结成了“突尼斯全国对话大会”，共同号召突尼斯各党派和力量冷静下来，通过谈判来解决问题。这一呼吁受到了各方响应。但政治派别的磋商往往是艰巨的。巧合的是，在首次全国性对话会议上，一个小插曲有力地化解了会谈中即将出现的紧张气氛。在“全国对话大会”中，突尼斯人权联盟主席本·穆萨在台上发言，一个口误把“对话”说成了“猴子”，结果引发哄堂大笑，这个意外的幽默扭转了会谈中的紧张气氛。

资料来源：http://view.news.qq.com/original/intouchtoday/n3308.html.

2. 委婉法

俗语说，“直道跑好马，曲径可通幽”。很多人推崇说话应当直言不讳、开门见山，可更多实例表明开门见山未必最佳，有的时候会严重伤人自尊、破坏感情。无论什么事都是有话直说，未必就会收到很好的效果。与他人交谈时，如果能委婉地表达，看似轻描淡写，却能道出问题的实质，如此则妙不可言，可使语言交流的效果更佳。

古希腊寓言家伊索年轻时是一个奴隶，主人曾命他备办一桌最好的酒菜招待客人。开宴时，宾客们看到席上的菜肴全是各种动物的舌头，主人大吃一惊，忙问他是怎么回事。伊索回答：“舌头是引领各种学问的关键，不是最好的菜吗？”第二天，主人吩咐他再办一次宴会，菜要最坏的。上菜时，伊索端上来的仍是动物的舌头，主人暴跳如雷。伊索解释说：“难道一切坏事不是从口里出来的吗？舌头既是最好的也是最坏的东西。”舌头本身没有好坏之分，关键在于说出的话是好是坏。一句话，说得好是它，说得不好也是它。说话并不难，难的是把话说得入耳动听，说得巧妙艺术。

3. 模糊法

模糊法，是指在一定语境中，词语的具体含义并不确定，用不精确的语言回避一些难以正面回答的问题。

中央电视台播过的18集电视连续剧《光荣之旅》第5集中有这样一个情节。一次，季风突然问了贺援朝这样一个问题：“你跟我相处了这么长时间，你对我有什么评价？”贺援朝回答说：“只有四个字：你就是你。”说完，二人会心地笑了起来。贺援朝简单的回答为何能取得这样好的效果呢？关键原因就在于他巧妙地使用了模糊语言。这样的评价虽然与没评价没有什么两样，却产生了幽默的效果，使对话双方的关系更加融洽了，也使得对话的气氛更加轻松愉快了。如果贺援朝实话实说，运用精确语言对季风加以具体评价，弄不好就有可能使双方陷入尴尬的境地，不好收场。

4. 激将法

激将法是一种较为常见的语言技巧，在公共关系活动中使用时要看清楚对象、挑选正确环境及条件，绝对不能滥用。即便对象、环境和条件都符合，运用时也要把握分寸，不能过急，也不能过缓。过急，欲速则不达；过缓，对方则无动于衷，无法激起对方的自尊心，也就达不到预期目标。

读者可以回想一下，在自己的人生经历中，你的父母亲、老师或者长辈是否对你使用过激将法呢？达到他们的期望效果了吗？

5. 暗示法

暗示法是通过语言、行为等把自己的意向隐晦地传递给别人，并引起反应。暗示法可以通过人（语言形式、手势、表情等）传达，也可以通过情景（视觉符号、声音符号等）传达。

第二节 公共关系演讲

一、公共关系演讲概述

演讲又称作“讲演”，是指在公共场所，将有声语言和体态语言相结合，针对某个具体问题，鲜明、完整地发表自己的见解和主张，阐明事理或抒发情感，进行宣传鼓动的一种语言交际活动。据此，所谓公共关系演讲可以理解为：在特定的时空环境下，以语言为主要表达方式，并借助手势情态等公开地向公众传递信息、表述见解、阐明事理、抒发情感，以期感召公众、协调公众与组织之间的关系。

不论是演讲还是公关演讲，在我们的日常生活中都是非常常见的活动。比如在超市进行的新产品推介活动就是演讲，他们在公众面前对其新产品进行功能介绍，给人们示范新产品的使用，引导公众试用其新产品，直至购买新产品。因此，演讲属于沟通能力的一种类型，对于我们来说非常重要。

当我们在寝室面对自己的室友滔滔不绝地阐述自己观点的时候；当我们面对自己的父母亲等家人介绍自己的学校生活的时候；当我们在公司会议室做报告阐述自己观点的时候；当我们面对客户介绍自己产品的时候……这些是我们生活中的常见情景，其实都是演讲。演讲就在我们身边。

公共关系演讲具有特定的时空性、广泛的群众性、明确的目的性和强烈的鼓动性等特征。特定的时空性主要体现在演讲者演讲时所处的特定时间、空间，如火车上推销员面对车厢内的旅客进行推销，就是在特定的时空下，试想如果在大街上，又能吸引几个人的注意力。任何一个演讲都会有一定的环境，这个特定的环境会作用于演讲者与受众。公关演讲的群众性主要是指演讲的受众，演讲离不开受众，受众主要来源于最普通的老百姓。公共关系演讲的受众属于公共关系的客体。演讲明确的目的性是指公共关系演讲者会带着一定的目的（或称主题），演讲者通过不断传达与目的相关的信息，最终使受众接受演讲者所想要传达的信息和观点。演讲的鼓动性多指为了让听众接受某种主张、观点或者让听众获得新的知识和信息，从而使受众同意和支持组织观点，需要具备一定的鼓动人心的能力和技巧。

1963 年 8 月 28 日，为了争取民权，25 万黑人在华盛顿林肯纪念堂前举行盛大的集会，马丁·路德·金在会上发表了《我有一个梦想》的著名演讲，他的演讲慷慨激昂、鼓舞人心，每字每句都透露着对自由、民权的渴望和追求，这击中了当时几乎所有集会黑人的心房。当然，此次演讲效果非常好，马丁·路德·金后来成功带领黑人进行了许许多多争取自由和民主权力的活动，一时引起巨大轰动。

二、公共关系演讲的类型

在公共关系活动中，由于公共关系演讲所处的环境不同，受众各异，演讲目的不断变化，从而使得演讲的种类丰富多样。按照演讲活动的性质、特点等，可以把演讲分成如下类型。

从演讲内容分，主要有政治演讲、经济演讲、宗教演讲、法律演讲、军事演讲、教育演讲等。如前述马丁·路德·金的《我有一个梦想》就是政治演讲，因为演讲主题集中于自由、民权、平等等政治问题。按照演讲内容进行归类是对演讲最基本的分类。

从信息传播媒介分，主要有电视演讲、广播演讲、会场演讲，除了这些演讲，随着现代网络科技的发展与进步，网络演讲也成为现代演讲的一种形式。我国领导人在新年的时候，会发布新年贺词，面对全国人民进行电视演讲。

从演讲是否用稿分，可以将演讲分为即兴演讲、脱稿演讲、照稿演讲等；从演讲的场合上来划分，可以把演讲分为集会演讲、街头演讲、法庭演讲、教堂演讲等；从演讲者采用的主要表现手法上来划分，可以将公共关系演讲分为以叙事为主的叙述性演讲、以解说注释为主的说明性演讲、以感情传达为主的传情性演讲等；从演讲的情调上分，有激昂型演讲、深沉型演讲、严谨型演讲、活泼型演讲等。

三、公共关系演讲技巧

公共关系演讲技巧指为增强演讲效果而采取的一些手法，它是演讲形式与演讲内容的有机结合。演讲不是简单的说词，想要取得预期的演讲效果就必须掌握一些演讲技巧。演讲技巧主要有以下几点。

1. 有声语言技巧

公共关系演讲是一种口语表达方式，演讲通常都是一人独白，与听众是没有太多互动的，所以整个演讲过程就要求演讲者有缜密的逻辑、丰富有趣的内容和引人注目的体态语言等，否则很难完整地完成一场成功的演讲。这就要求演讲者能够在其发音、语调、模糊语言、节奏、眼神、动作等方面做足功夫。

2. 体态语言技巧

体态语言主要包括仪表姿态、表情眼神、手势动作等方面。它包括立与坐、眼神、手势、身体动作、步伐移动等。讲，是有声语言，给人以听觉形象；演，是无声语言，给人以视觉形象。俗话说“好花还要绿叶扶”如果说有声语言是红花，无声语言则是绿叶。光“讲”不“演”，或光“演”不“讲”，都不称其为演讲，只有动静相兼，将两者有机地融合起来，才能构成完整的演讲形式。唯声、色、姿、情相得益彰，方能称作上乘的演说。

3. 控场技巧

控场即控制场面，是指演讲者对演讲场面的有效控制。控场需要一定的技巧和方法，一般需要注意以下几点：①亮相得体。演讲者需要注意自己的步伐、态度、目光、面部表情等。出场后稍等片刻，待会场秩序稳定下来再开始演讲。②脱离讲稿。演讲不同于报告，需要情感传达，脱稿演讲有助于与听众的眼神与表情交流。③变换节奏。演讲不等同于朗诵，需要有抑扬顿挫的节奏，根据演讲内容变换演讲语速和演讲音调可以有效渲染演讲气氛，急速、强烈的节奏让听众紧张，低沉、悲凉的节奏让听众同情。善于利用节奏变换技巧是成功演讲的重要因素。④幽默诙谐。幽默在演讲过程中的作用是不可低估的。幽默的语言能使演讲现场气氛轻松、融洽，利于情感的传达。

4. 临场应变

技能演讲者想要巧妙地控制现场，除了需要具有很好的表情、手势、动作、语言技巧，还需要具有很强的控制场面的能力。演讲场面通常会有一些异常现象，会出现听众人群骚动或者是不专心听讲准备离席等情况发生。这时，就要求演讲者具有敏锐的洞察力和迅速做出应对措施的能力。一般可采取的措施有：引起兴奋，提神醒目；缓解矛盾，迂回取胜；因势利导，歪打正着。

一位节目主持人参加海南省狮子楼京剧团庆典，当她用充满激情的语言介绍京剧、剧团和来宾的时候，由于事先不了解情况，错把原本是花白头发的老汉——海南师范学院党委书记南新燕介绍成了“小姐”，面对全场哗然，她先向被介绍人真诚地道歉，然后侃侃而谈：“您的名字实在太有新意了，我一见到这三个字，立即想起了两句古诗‘旧时王谢堂前燕，飞入寻常百姓家’。这是一幅多么美的图画，今天这里出现了类似的情景，京剧一度是流行在北方的戏曲，而现在，京剧从北到南，跨过琼州海峡，飞到了海南，而且在这里安家落户，这又是一幅多么美的图画啊！”这里由于来宾名字的特殊性，让主持人将男士误以为是女士，结果造成意外情况的发生，但是主持人很是机智，立马将来宾的名字与诗词联系在一起，巧妙地避免了一时的尴尬。

资料来源：倪文锦．新编语文课程与教学论 [M]. 上海：华东师范大学出版社，2006.

上面介绍的演讲技巧是为了表现思想内容而服务的，演讲不能脱离内容而单纯追求技巧的炉火纯青，如果一味这样本末倒置只会适得其反。除了需要注意演讲技巧的训练，还需要对自己的演讲内容进行精心准备，因为没有人是天生的演说家，精彩的表演在于精心的准备。准备主要可以分为三个步骤：第一，精心准备材料。演讲前需要对演讲素材进行大量收集并整理，这样才能充实演讲内容；第二，认真构思。内容丰富固然好，但如果演讲出来的内容条理不清晰，逻辑思维混乱，也是无稽之谈；第三，做好试讲。虽说演讲很多时候需要临场发挥，随机应变，但如果能在演讲前做好一遍、两遍甚至更多遍的试讲，起码会让演讲者对演讲的内容更加熟络，这样在真正演讲的过程中就可以得心应手。

在此笔者谈谈自己的两个经历。其一，上大学时，同寝室一位室友是学校的学生会主席，同学们一直崇拜其在公众场合下的脱稿演讲，不但不紧张，而且善于鼓动大家的气氛。随着在一起的时间久了，我慢慢发现他原来是这样准备演讲的：在演讲之前写好演讲稿，然后可能把自己关在洗手间连续练上一两个小时。其二，工作时有过这样一次经历：在大一新生热情参与，几乎人人都有上台竞选班委的情况下，班级有学生在竞选班干部时提出“三心二意”，这个贬义词一出，一下就把几乎所有人的目光吸引住了，包括我。但随之而来的是对“三心二意”的新解：信心、决心、恒心；乐意、创意。这个技巧一下子让听众记住了演讲者。

第三节　公共关系谈判

一、公共关系谈判概述

谈判有广义与狭义之分。广义的谈判是指除正式场合下的谈判外，一切协商、交涉、商量、磋商等都可以看作谈判。狭义的谈判仅仅是指正式场合下的谈判。谈判是有关方面就共同关心的问题互相磋商、交换意见、寻求解决的途径和达成协议的过程。一般意义上的谈判，是指人们为了协调彼此之间的关系，满足各自的需要，通过协商而争取达到意见一致的行为和过程。比如平日里上街买东西，讲价就是一种谈判，这是一个相互协商，最后达到双方都能够接受一个价格的过程。

公共关系谈判相对来说范围更小，内容更具体。公共关系谈判主要是指社会组织为了改变与社会公众的关系，与公众进行谈判，以达到在维护公众利益的基础上树立组织形象的目的。

本田汽车零部件制造有限公司是本田的独资公司，成立于2005年，为本田在华企业提供汽车变速箱及发动机零件。2010年5月17日，部分员工因对工资不满开始罢工。5月21日，因传言公司已赴湛江等地大量招聘新工，公司不会给员工加薪，员工开始第二轮停工。5月22日下午1点多，公司通过广播宣布与“参与集体怠工、停工、集会，无正当理由不服从公司命令”的两名停工者解除劳动合同。当天下午2点多，停工员工复工。5月24日，公司公布了对停工事宜的解决方案：本田零部件公司员工的补贴提到120～155元不等，相比之前提升了55元。但是对厂方所给出的答复，员工并不满意，罢工仍然继续。5月27日上午，佛山本田要求员工签署一份“不罢工承诺书”，要求员工答应“绝不领导、组织、参与怠工、停工、罢工”，否则公司有权处理。但员工拒绝签署，并表示会继续抗争。5月28日，罢工继续进行。本田在中国的三家整车厂受到罢工事件影响，现已全部停工，当地政府已经介入协调。由于该企业工资制度落后、企业管理水平低以及公关能力不足造成的此次事件确实给业内人士一个警醒。该事件出于种种原因使得劳资双方的谈判并不是很成功。谈判中，一味只为个人或单方面组织的利益是不可能促成谈判圆满完成的，这就要求谈判双方都能够相互尊重、互惠互利。

资料来源：汽车中国，http://www.qi_che.com/bentianbagong.

公共关系谈判具有以下四个特征：信息的双向流动性，即谈判双方需要将各自的立场和观点表达清晰，以便双方能够做出相应的策略；结果的不可预知性，谈判结果在一般情况下是不可预知的，除非在一方处于绝对被动的情况下，谈判结果可能会因为谈判者的一个技巧或者谈判过程中突发奇想的一个应对策略而改变；合作性和冲突性的统一，谈判双方会注意到双方的利益而进行相互让步，但是也会尽可能多地为自己一方争取利益，这是一个合作与冲突并存的过程；科学性和艺术性的统一，在对谈判对手实力的评估、谈判环境的分析以及谈判方案的制订方面，体现更多的是它的科学性，而在谈判技巧、策略方面则更多的是谈判艺术性的体现。

二、公共关系谈判的种类

公共关系谈判按照不同的标准，可以将其分为不同的种类。

（1）按照参加谈判的人数对比来划分，可以将公共关系谈判分为一对一的个体谈判和多对多的集体谈判。多对多的情况下双方人数可能是对等的，也可能是不对等的。一般稍微重要的谈判都会是多对多的集体谈判形式，无论哪一方都不希望在双方都没开口的情况下就在气势上输给对方。撇开双方实力差距不说，还是人数较多的一方会处于主动状态。所以，一般谈判双方都不要轻易减少本方的人员。

（2）按照参加的利益主体的数量来划分，可分为双边谈判和多边谈判。双边谈判是指两个利益主体参加的谈判，而多边谈判则是两个以上的利益主体参加的谈判。两者相比较而言，多边谈判难度更大，由于利益主体相对较多，所以矛盾相对较多。多边谈判更加要求参加谈判的人员具有强大的自身素质和专业能力，如寝室协商晚上熄灯时间就是多边谈判。往往因人而差异，并不能达成一致。

（3）按照主体接触方式来划分，可以将公共关系谈判划分为口头谈判和书面谈判。口头谈判很好理解，就是面对面谈判，而书面谈判则是指通过信函、电报、电传等方式进行的间接谈判。书面谈判相对来说省时、省力、省空间，但只适用于交易条件比较规范、明确，内容相对简单的谈判，如果涉及内容较复杂，书面难以传达的，还是采用面对面谈判更为保险。

（4）按照谈判进行的地点来划分，可以分为主场谈判、客场谈判、中立地谈判。

主场谈判。主场是指就两方或者多方中的一方而言，那一方所在的地盘，如2008年奥运会，就中国而言，这是中国的主场。而主场谈判顾名思义指的是对谈判的某一方而言，在其所在地进行的谈判。比如，将我们同国外企业进行的商务谈判安排在我国境内，我们就处于主场谈判的位置。主场谈判的主场方比客场方更加了解谈判环境，可以依靠自己的渠道，充分收集各种信息资料；也方便与自己的上级、专家顾问保持沟通、商讨对策等。主场谈判对于主场方来说显而易见是很有利的。有些大公司原则上会规定，一旦客商来到公司所在地，必定请客商来公司的谈判室进行谈判，这种做法是有其道理的。

客场谈判，相对于谈判中的一方而言，谈判是在另一方所在地进行。这种类型的谈判中人处于被动状态，不仅要受旅途劳顿之苦，而且也会因为不适应环境而在谈判中产生心理紧张、情绪不稳定等。当然客场谈判也有其优点，客场谈判可以节省迎客接客的时间精力和开支，同时在谈判遇到僵持时还可以借必须回国请示而暂时退出谈判。客场谈判对于“被邀请者”来说环境陌生，如果能在谈判前对环境进行深入调查和了解，做好计划方案，将有助于其谈判。

中立地谈判，是指谈判双方选择在所在地以外的场所进行的谈判。此种谈判对谈判双方来说相对公平，使得双方处于一种平等的状态。但是由于需要到双方所在地以外的场所进行谈判，双方都需要花费很大的费用。

（5）按照时间长短来划分，可以分为短期、中期、长期谈判。一般一个月以内可以结束的谈判称为短期谈判；一个月以上、半年以内可以结束则为中期谈判；而长期谈判则半年以上才可以结束。在1972年以前的15年里，中国与美国的大使级会谈进行了134次，这是典型的长期谈判。

（6）按照透明度来划分，可以将公共关系谈判分为公开谈判、半公开谈判、封闭式谈判。公开谈判，谈判本身不保密，谈判的时间、地点、过程、结果均可公开；半公开谈判主要是指有关谈判内容以及谈判安排在某一特定时间，部分地对外进行披露的谈判类型。在半公开谈判的条件下，谈判当事人一般根据自己的需要来选择对外公布的谈判信息及公布这些信息的时间。在有些情况下，部分地对外公布谈判信息有助于提高企业的形象；封闭式谈判是对谈判的所有信息都不外露，绝对保密。

（7）按照谈判态度与方针划分，可以分为软式谈判法、硬式谈判法、价值谈判法。软式谈判法，一般适用于双方具有良好长期的合作关系，更加注重达成协议；硬式谈判法，立场强硬，不注意尊重对方利益和寻求双方共同的利益，只关注自身；价值谈判法，依据公平和互利的标准严格看待双方利益，此种方法在谈判中被采用得比较多。

三、公共关系谈判的程序

公共关系谈判是需要按照一定程序进行的，谈判双方了解并熟知谈判程序是谈判能够进行的前提和基础。一般的公共关系谈判程序如下。

（1）公共关系谈判程序准备阶段。这是谈判双方都没有接触的阶段，如果谈判前不备功课，指望在谈判过程中等对方“出手”，然后“见招拆招”，那便是给对方谈判取胜的机会。这个阶段非常重要，所谓“凡事预则立，不预则废”“知彼知己，百战不殆”。同等条件下，谈判组织对谈判所涉及的信息掌握得越多，取得谈判胜利的概率就越大。在谈判准备阶段，谈判方需要充分收集他方信息，研究策略和战术，制订周密的谈判计划，以确保谈判过程中将失误降到最低。

（2）交锋阶段。这一阶段就是双方相互对立的时刻。双方会在相互陈述各自意图、目的之后，围绕各自的目的和主题进行讨价还价。双方会有人做出让步或者妥协，在维护各自利益的条件下达成协议，但双方也都会在谈判前设置好各方的底线，如果一旦被触碰到底线，并且无可退路，谈判很可能会以中止或者失败告终。这就要求谈判者能够在谈判前做好充分应对措施，并且需要谈判者能够具有很高的谈判技巧和心理素质。

（3）终结阶段。谈判或许会因双方都不愿让步或者一方强势相逼、太不顾及对方利益而以失败告终，也可能是双方愉快达成共识。如果谈判成功，谈判各方当事人需要把谈判内容及结果以一定的法律形式确定下来，以保证接下来双方交易过程中有可靠的依据。而这个法律形式往往是在谈判结束后双方相互签订合同，以表明双方已达成共识并会按照合同规定履行相关法律责任。

四、公共关系谈判的策略

无论是哪种类型的谈判，无论谈判前做了多少准备，谈判技巧和策略在谈判过程中都不能缺失，对谈判技巧了解得越多，成功的概率就越大。常用的谈判技巧通常有以下几种。

（1）适可而止。无论是做事还是做人，都要懂得适可而止，如果过分苛责和贪恋，只会适得其反。

（2）设立限制。比如说时间限制，在这一方面，法国人比较擅长，也惯用设立限制这一技巧策略。跟法国人谈判，他们会严格限制议事日程。在严格的日程控制下，迫使其谈判对手只能就某一问题或只能运用一种特定的方式进行谈判，从而加大对手的谈判压力。

（3）出其不意。谈判不一定要中规中矩、按部就班，有时候出其不意，给谈判对手一个措手不及也是一种巧妙的谈判技巧。

（4）投石问路。通过提出一个试探性的条件，得到对方回应。根据对方反应判断其意图，从而做出应对决策。比如说在报价方面，当卖方报价后，买方并不需要马上还价，而是提出一个要求卖方降价的假设条件，在卖方的回答中判断卖方在价格上的回旋余地。

（5）纵横交错。使用这种策略，可以把许多事情都牵扯到谈判中来，这样可以以此一事的让步换来彼一事的进展，给对方一种眼花缭乱的错觉，使得对方无法精准判断到底哪一个才是我方的真正意图。但是在我方提出的小问题上切不能过分纠缠，以免小题大做，本末倒置，最后被对方反攻过来，得不偿失。

（6）蚕食策略。就是想要达成目标不能一口咬定就要那样的结果，可以一步一步从小开始争取，积少成多。

谈判大师罗杰·道森曾举过一个十分恰当的案例，孩子们是天生的谈判高手，他们使用蚕食策略得到自己想要的一切。他的女儿朱莉娅高中毕业时，想要罗杰·道森送给她一份毕业礼物。她想要3种礼物：一趟为期5周的欧洲旅行，1 200美元零花钱和一个新的旅行包。女儿非常聪明，她没有一开口就提出所有的要求。她是一个非常优秀的谈判高手。开始时，她只是提出要去旅行，过了几个星期，她又用书面方式告诉罗杰·道森，旅行时所需要的零花钱大约是1 200美元，她希望我能满足她的这个要求。然后，就在即将开始旅行时，她又告诉罗杰·道森："爸爸，你不会让我拉着这个破破烂烂的旅行包去欧洲吧？其他孩子都有一个新的旅行包。"毫无疑问，她想罗杰·道森给她买一个新的。设想一下，如果她一上来就提出所有要求，罗杰·道森很可能会立刻拒绝买新旅行包，并且会要求她减少零花钱。

资料来源：中国营销传播网，http://www.emkt.com.cn/article/553/55331.html.

（7）声东击西。这一策略是指一方为达到某种目的和需要，故作声势地将洽谈的议题引导到某些并非重要的问题上去，以使对方造成错觉。使用此策略的一个目的，往往是掩盖真实的企图。比如"围魏"的真正目的是"救赵"，"指桑"的真正用意是"骂槐"，而"项庄舞剑"则"意在沛公"。之所以要掩盖真实的动机，无非是怕真实的动机一旦暴露，就很难实现目的。只有在对手毫无准备的情况下，才容易实现目标。声东击西的策略就是要达到乘虚而入的目的。

（8）情感投资。情感投资最重要的目的很简单，就是要在谈判中凭借当事人之间畅快的交流，和对手达到彼此信任、理解的程度，从而能够打下深厚的感情基础。如此一来，即便在谈判过程中遇到棘手的难题和矛盾，也会为顾忌双方的情谊而相互让步。

第四节　跨文化语言交流

由于各国的文化、历史等的不同，导致人们的思维意识和行为倾向有很大的差异。很多时候人们之间的沟通可能会因为这些文化语言差异而产生交流障碍。为了减少和避免文化冲突，使跨文化交际活动有效进行，必须培养学习者的跨文化意识，提高其自觉避免和化解文化差异带来的不必要矛盾。具体措施如下。

1. 提高差异存在的意识

意识对行为具有能动作用，要想人们在交流沟通过程中能够相互避免和消除文化差异带来的不便，需要人们在思想上有这个意识。在意识到应该以积极、宽容的态度去努力沟通的基础上付诸行动，才能减少交流过程中因不理解双方文化语言差异而造成的失误。

2. 消除文化中心主义

人类自出生便生活在以周边环境为主的文化下，思维模式自然被周遭文化固定。当根深蒂固的文化理念遇到与之有差异甚至截然不同的思维模式，便是文化冲突的开始。过分以本国文化为中心，而歧视和排挤其他文化，必然会带来文化语言交流冲突。想要跨越文化交流障碍，还需要尽量消除文化中心主义的思维模式，客观、公正地认识和理解文化。

3. 迎合文化趣味

在跨文化语言交流过程中，除了要更正自己的固有意识之外，还需要处处留意对方语言文化中的忌讳点与兴趣点，以及熟知某种文化下该用什么样的语气与推理风格，挖掘对方平日适应的文化趣味，尽力与之相吻合。

4. 语言诙谐幽默

在与不同文化环境下的人交往时，往往会因为语言环境的差异而造成一些尴尬场面，碰到这种场面就需要我们能够运用高度语言技巧去化解尴尬，而幽默诙谐的语言便是最佳的选择，赢得对方会心一笑的同时化解双方的不适，一举两得。有的时候也可以运用幽默的语言去间接并且不露痕迹地博得本方的尊严。

5. 不卑不亢

每个国家都有其自己的专属文化，这些文化都会被赋予很多奇特的特征，都会有其他文化不能及的地方，当把这些文化放在一起的时候便很难说哪一种文化才是最好的。在面对其他文化时，我们不应该盲目自卑，崇洋媚外，也不应该狂妄自大，盛气凌人。因为我们都是平等的。

❖ 本章小结 ❖

公共关系语言管理非常重要，语言是人们日常生活中沟通的基础，也是公共关系沟通的基础。离开了语言，沟通难以形成，难以达到预期效果。语言交流有一般要求和一系列技巧，做到这些，语言交流的效果就更容易实现。对技巧，虽然包括幽默法、委婉法、模糊法、激将法、暗示法等，但更侧重于平时的积累。

公共关系演讲与公关谈判广泛存在于我们的日常生活中，当然包括正式的演讲与谈判，尤其要掌握其中的技巧与策略，这一方面可以参考别人总结的已有技巧和策略；另一方面在于自己的日积月累。无论演讲与谈判，要达到预期效果的首要因素是充分的准备，尤其是各方面信息的收集与准备，甚至可以达到事半功倍的效果。最后，伴随着全球化的发展，跨文化语言交流也愈发重要。这其中最重要的是以交流对象为中心，切勿以自我为中心。

⌘关键词

公共关系语言管理；公共关系演讲；公共关系谈判；语境；公共关系谈判策略；跨文化语言交流

⌘练习与思考

1. 公共关系语言交流的一般要求：______、______、______。
2. 对于公共关系语言交流的技巧，请举两例：______、______。
3. 对于公共关系演讲的技巧，请举两例：______、______。
4. 对于公共关系谈判的策略，请举两例：______、______。
5. 请列举你生活中演讲与谈判的事例（最近一次发生且说明对象、效果、启示等方面）。
6. 对于演讲与谈判，选取其中的一种，请说说如何做好。

⌘实践与实训 14

公关谈判模拟

[性质] 模拟训练

[主题] **模拟公共关系谈判**

[目标] 通过模拟公共关系谈判的流程，学生需要了解公共关系谈判准备的重要意义、谈判技巧的作用，以及谈判的整个流程，进一步提高其谈判实际操作能力。

[原理] 公共关系谈判基本原理。

[操作] 在操作上，按照准备、实施、点评三个步骤进行。

首先，学生根据自愿的原则，组成谈判小组，每组 8 ～ 12 人为宜，各组推选组长。由组长在一起协商，交流确定主题和谈判的双方。关于主题的确定，谈判小组长需与任课教师沟通，老师给予适当的辅导。确定主题之后，双方小组需进行知识储备和任务分工。

然后，进行谈判实施，可选择在商务谈判实验室。如果条件不具备，也可选择在会议室，甚至教室，但需移动一下桌椅，模拟谈判结束后归位。谈判实施按照寒暄期、探测期、交锋期、签约期四个阶段进行。

最后，学生总结与教师点评。在模拟谈判结束之后，首先由组长进行总结，总结成功的地方与不足的地方。最后，教师进行点评。

总课时：**2 课时**；时间控制在一个半小时，若无教学安排，可适当延长。

[注意] 毕竟属于模拟谈判，为确保过程的完整性，一般不需要拉长时间进行交

锋，更重要的是总结和点评，这个阶段的时间教师要保证；当学生较多，教师任务繁重时，可考虑邀请同事分组进行评议。

[成果] 对具备条件的学校，可以将谈判全过程摄影，课下进行观看与总结。

[延伸] 教师需特别向学生强调谈判准备的意义。

⌘拓展阅读

请阅读美国罗纳德·B. 阿德勒、拉塞尔·F. 普罗科特著，黄素菲、李恩翻译的经典著作《沟通的艺术：看入人里，看出人外》(插图修订第14版，世界图书出版公司，2015年)。

第十五章
Chapter15

公共关系社交管理

☞ 导入案例

礼仪之手

手，人体重要的组成部分，双手有十指。手的功能是抓、握、提东西，写字等，还有挠痒，无法一一概述。除了这些基本的功能，手还有社交功能，比如当今时代人与人见面握手。手，可谓礼仪之手。

自古以来，手就被用来见面打招呼。我国古代有拱手礼、作揖礼、抱拳礼。

拱手礼，是相见或感谢时常用的礼节。行礼时，双手互握合于胸前。一般男子右手握拳在内，左手在外。拱手礼的适用范围较广，今天仍然有生命力。拱手礼一般可避免无法握手时的尴尬，比如手疾、手污，或者面对很多人而无法一一握手问候。

作揖礼，是在拱手礼的基础上演化而来的。一般宾主相见，首先拱手为礼；然后双手再前推，身子略弯，表示向人敬礼。在穿长衫时，行作揖礼，更具风范。

抱拳礼，手法与拱手礼是一致的，只是左手舒开为掌，右手仍然为拳。抱拳礼为我们汉族传统礼仪，多见于习武之人。事实上，抱拳礼的名称更适用于拱手礼的手形，但拱手礼有可能首先出现且习武之人用拳更适合。

无论拱手礼、作揖礼还是抱拳礼，基础礼节都是拱手。拱手时，左右手根据不同场合，有不同用法。一般男子是右手在内，左手包于外，称为“吉拜”，常用于过年等喜庆场合；反之为“凶拜”，一般用于吊丧。女子的手势和男性相反，有男左女右的俗语。之所以右手在内、左手包于外，一说古人以左为敬，也有说攻击别人时，通常用右手。

而拱手是敬人，左手在外示人，表示真诚与尊敬。

与此类似，当自然站立时，双手若并拢，也是左手抱在右手之上以示尊敬。

腾讯QQ表情中有抱拳礼且左右手的位置可谓标准。只是未区分男性、女性，这个问题倒不大，礼仪也要进步，当今时代并非过去“男尊女卑、男女有别”的时代。一家互联网企业能如此注意传统文化，甚是感动。

最后，你知道毛利人见面是怎么打招呼的吗？

| 学习目标 |

1. 了解公共关系社交，并能应用到生活中。
2. 掌握公共关系社交之沟通能力。
3. 掌握公共关系礼仪的内容，可实际应用于生活中。
4. 了解传统礼仪和国外礼仪。

第一节 公共关系社交

一、公共关系社交概述

公共关系社交是指在公关实务活动中，组织因为需要而利用人际传播手段（言语或文书）与公众进行交往、联系、沟通的行为和方式。公共关系社交区别于私人交往最根本在于透明性，而私人交往往往是隐秘的。公共关系社交还具备这些特征：广泛性、双向性、情感性、礼仪性。广泛是针对其公众而言；双向是一种追求；情感是人际传播所遗留的；礼仪是一种要求。

公共关系社交有着丰富的形式。人际对话：交谈、访谈、通话、会谈；会议交往：工作会、报告会、座谈会、研讨会、答疑会、信息发布会、谈判会；联谊活动：联谊会、招待会、宴请、舞会、文娱活动、参观活动；文书沟通：公文、说明书、展销文字。概括来说，包括两大类：言语和文书。其中前三类属于言语形式，后一类是文书形式。公共关系社交可以达到传递公共关系信息、沟通协调关系、广交朋友、完善自我等方面的功能。其中，最主要的是与其公众沟通信息。

近年来兴起的公司年会就属于公关社交的一种形式。这种活动一般在公历年年末举办，最终目的还是总结工作，为新的一年做准备。年会可以包括员工总结、公司总结、公司联谊、年终奖励、公司聚餐等形式。无论如何，年会拉近了公司老板与普通员工的距离，制造了话题，提升了形象。

二、公共关系社交心理理论

在社会交往中，想要充分引起对方的注意和兴趣，可通过仪表、语言、学识名望等来寻找双方的共同点。志向、兴趣、同缘（如学缘、地缘、战友），尤其同缘在社会交往中的分量更重，一般可迅速拉近距离。通过吸引和趋同，最后形成一致的追求，包括工作、学习、利益、情感、生活等方面。

国家之间的交往有时也需要借助人际社交的手段。1954 年，周恩来总理出席日内瓦会议，其风度折服了所有人。周总理风度翩翩，他一出现即吸引了周边所有人的眼球，包括正在采访其他领导人的国外记者朋友们。

三、公共关系社交之沟通能力

具体来说，沟通能力指一个人与他人有效地进行沟通信息的能力，包括外在技巧和内在动因。实际上从穿衣打扮到言谈举止等一切都体现了沟通能力。比如校庆大会，作为学校的一分子，需要体现对活动的重视，在参加的时候，从穿衣打扮一直到与校友、来宾的交流等方面都可以表现出学校的积极风貌。

与人说话的交谈能力是沟通能力的基础，试想交谈能力都欠缺的人，如何与他人进行有效沟通？有很多人可能就苦恼自己的交谈能力。据此，笔者有两个建议：

首先，有些人与人交流的能力可谓天生注定，他可以同时与很多人进行交流，可以把一屋子的朋友照顾得周到细致，而没有人会觉得被冷落。这样的人具备领导人的潜质。

其次，具备专业的水平，在与人交流的能力欠缺的时候，可以发展自己的专业水平，比如某项体育运动、品酒、画作、音乐、电影等。专业水平的训练，一旦在与他人找寻到共同话题的时候，自然就可以进行深入畅快的交流沟通。

四、公共关系言语交往

交谈能力对应的是言语交往，言语是最广泛且表达最充分的形式，言语交往也是公关的基本操作技术，同时是公关人员的基本素质要求。

1. 公共关系言语交往的特点与原则

言语交往具备这样的特点：即时感染力强、容易理解、针对性强，可以得到及时的反馈。言语交往得到了广泛使用，但是使用多了，也容易被人忽略一些基本原则：诚恳原则、平等原则、礼貌原则、针对原则、准确原则等。尤其针对原则，言语交往的对象决定了内容、形式。

公共关系言语交往包括：交谈、赞美与批评、说服、会议语言等形式。

2. 公共关系言语交往之交谈

对于交谈，选择合适的话题：热点、问讯、兴趣均可，如英国人见面多说天气；应避免涉及隐私和自己不了解及忌讳的话题；言语应文明，做到语气平和及不能有脏话，“我”字尽量少用，避免给人一种自我中心的印象。

交谈过程中，适当的请求可以刺激和激励别人，比如发问；也要学会拒绝别人，可以说“不”，一个不会拒绝别人的人不会成功；最后也要善于结束谈话。

3. 公共关系言语交往之赞美与批评

有个名词叫“欣赏教育”，事实上这更是一种教育理念。欣赏好过批评，更能调动人的积极性。与欣赏类似的就是赞美别人，但是赞美应该得体适度、真诚具体（更确信）、把握频率，以间接赞美为宜。

因为边际效用递减，所以总赞美是不好的，需要适当的批评，但批评应该做到与人为善、方式恰当、推己及人、旁敲侧击。

4. 公共关系言语交往之说服

说服起到劝诫和疏通的功能，一般应以理服人、以情感人。说服的方式或技巧有：以反代正、欲抑先扬、类比释理、引证权威、反向激将等。

5. 公共关系言语交往之会议语言

会议语言是公关人员在其组织的各种会议活动上使用的沟通语言。与私下交流语言存在差异。有时呆板，不如私下语言灵活。但会议语言也是可以调节的，如利用广开言路、恰当引导、适时小结、调节气氛、适当结束等方式。公关人员有一项重要的任务就是写发言稿。

五、公共关系文书交往

公共关系文书是公共关系服务的各种文字形式体裁的统称。一般来说，公共关系文书的对象特定、格式规范、追求时效、跨越时空、情感浓厚；主要形式有：公文、通知、工作报告、公函、会议纪要、贺词贺电和贺信、祝词及祝酒词。文书的格式相对固定，比如专用信函格式，由标题、称呼、正文、结尾、落款、附件等组成；请柬格式，由标题、称呼、正文、结尾、落款、附启语等组成。

第二节　公共关系礼仪

一、礼仪概述

1. 礼仪的概念

礼仪是在人际交往中，以一定的、约定俗成的程序方式来表现的律己敬人的过程，涉及穿着、交往、沟通、情商等内容。礼仪可以大致分为政务礼仪、商务礼仪、服务礼仪、社交礼仪、涉外礼仪等五大分支。

公共关系礼仪与一般礼仪存在差异：一般礼仪更注重自身素质修养，公共关系礼仪更注重宣传性；一般礼仪更注重传统美德，公共关系礼仪关注时代性；一般礼仪注重个人形象，公共关系礼仪注重组织形象；一般礼仪注重民族性，公共关系礼仪更考虑国际化。

礼仪涉及仪表、语言、接待服务、商务、待人接物、宴请、外事等方面。

2. 礼仪的作用

公共关系礼仪有着十分重要的意义。首先，公共关系礼仪是公共关系实务中一项重要的内容；其次，公共关系礼仪是社会组织与公众的桥梁，是社会组织取得公众信任和理解的重要手段；最后，公共关系礼仪贯穿于整个公关实务中。

礼仪不仅贯穿于公关实务中，我们日常生活的方方面面也都离不开礼仪，尤其在社交中。以衣、食两个方面来说，它们都有一系列约定俗成的礼仪规范。比如在不同的场合，需要注意不同的穿着以示对他人的尊重；饮食更有纷繁复杂的礼仪，如主人劝食后方才举筷等。

二、仪表礼仪

1. 仪表概述

仪表包括仪容、仪态和气度，具体指人的身材形体、容颜、健康、姿态、行为举止、服饰、气质、风度等。具体包括人体美、仪容美、服饰美等三个方面。

仪表是外在方面，外在离不开内里的衬托。在短期内，第一印象非常重要，会起到决定性作用；但长期而言，不仅第一印象的外表发挥作用（首因效应），而且内在可能发挥作用的空间更大。不能金玉其外，败絮其中。事实上，不仅要金玉其外，而且要修炼其中。

2. 人体美

人体美包括很多方面，现在的女生都非常注意身材，男生也应该注意身材，尤其大学毕业之后，步入事业有成的中年之后，更不能肥胖。形象不佳是其一，比如啤酒肚；其二是肥胖对健康严重不利，易导致心脑血管疾病。

人体美的标准并非绝对，过于纤瘦也是不健康。我国盛唐皆以丰满为美，包括美国历史上早期的男子也以大肚为荣。其实，人体美的最高标准为健康，健康及由此散发出来的气质才是最美。

3. 仪容美

人的仪容包括皮肤、面部、发型等方面。女士非常在意仪容，几乎每位都是专家。对于男士来说，如果留意到这些，打理起来也不是很麻烦。

以笔者自己的亲身经历为例，大一阶段还留个小胡子，自以为很有型，当然后来在友人再三提醒下才意识到不妥而处理掉。每个人都一样，把自己收拾得妥妥当当的是对别人的尊重。

4. 服饰美

服饰在仪表礼仪中是最重的一块。“人要衣装”，当然看场合，适宜才是最高的原则。我们毕业找工作会面试，此时应着正装：女士着套装，男士着西装。在此，笔者综合一些西装的穿法（有借鉴、有体会）供参考：

西装属于正装，应该与里面的衬衫、脚下的高跟皮鞋，还有领带或领结一起搭配穿着。天气炎热可脱掉西装上装或搭在胳膊上，也可仅着衬衫，戴领带。

袖口商标一定要剪掉，袖口和裤脚切不能卷起，也不能过短。

西装衬衫的领口、袖口应稍露出西装上装领口、袖口一两厘米，穿好后，自然站立、手自然下垂时，可从背影看到衬衫的领口、袖口。

双排扣西装一定要全部扣上，单排扣可不扣或仅扣一粒；打领带时，领带尖不能触到皮带。

西装上衣、裤子口袋内切忌鼓鼓囊囊，西裤上也不可挂钥匙。

穿西装时宜将全身上下的颜色控制在三种之内；切勿穿白色袜子，深色皮鞋。

内容还有很多，需要读者在以后的生活中积累。

三、接待礼仪

1. 接待礼仪概述

接待，尤其初次见面非常重要。熟悉之后，可以随意一点。如果初次见面印象不好，可能也就失去了进一步熟悉的机会。所以接待礼仪不能不重视。接待礼仪中包括拜访，需要提示的是，在拜访重要人物之前应预约，切不可贸然前往。

2. 介绍礼仪

看似简单的介绍，其实不然。最重要的是介绍的顺序。一般而言，先将男性介绍给女性，年轻者介绍给年老者，职位低的介绍给职位高的，主人介绍给客人，迟到者介绍给早到者。注意是“介绍给”，可概述为介绍是由轻给重。这点非常重要，与后面的握手是连接在一起的。

同时，介绍时切勿手指他人介绍，距离较远时，手指合并成掌，用手掌的指尖指向对方。

3. 握手与名片礼仪

在介绍之后，一般是握手的礼节。握手仅限右手和对方右手，很少用左手。

承前述介绍，握手的基本顺序：上级、女士、长辈或主人在先；下级、男士、晚辈或客人应该先问候，待到对方伸出手之后，再回应。若介绍反了，就会把握手主动权弄乱，有时会造成不必要的尴尬。比如长辈刚侍弄好花园，手上还有泥巴，而先介绍长辈给后辈且后辈的手在介绍后已伸出，此时就会把长辈置于尴尬的境地，握手会弄脏后辈的手，不握又是怠慢。但介绍顺序对了，长辈可点头示意而避免尴尬。介绍顺序对了，后续的接待都不会错。

同时，握手的时间长短和力度应适当把握，尤其男士与女士握手，点到为止；与多人握手的场合，一般先高后低；军人一般先行军礼，再握手。

介绍、握手之后可能递送名片，名片代表了一个人，所以一般双手递送，对方也双手接握，还要看一下，然后放入包内或上装口袋，切不可放入裤子后面的口袋。

4. 乘车礼仪

在接待中，通常离不开交通工具。小轿车的 1 号座位在司机的右后边（上下车便利），2 号座位在司机的正后边，3 号座位在司机的旁边。若只有一位领导，座次随他自己选择；若有两人乘坐，先让 1 号领导选择，若他选择司机旁，另一个人就座后排；若他选择后排，另一个人就座前排（若坐后排，根据上车的习惯，一般会把 1 号领导挤到 2 号座位上）。中轿车的主座位于司机正后边第一排。中轿车第一排 1 号座位的位置是临窗的，便于视察，属于 1 号领导的座位，如果后面有空位，第一排座位一般就让领导一个人独坐，其他人从前往后依次排序就座。

四、语言礼仪

1. 礼貌用语

"听其言，观其行"，语言也能体现一个人的内在修养。生活中有很多语言礼仪，比如敬语、谦语、雅语等，还有称谓，如称呼学弟或学妹、师弟或师妹、师兄或师姐，这种感觉倍显亲切。

2. 交谈细节

交谈应该谦虚，充分尊重交谈的对象；交谈一定要区分对象，与不同的对象应该交流不同的内容；交谈也要注意分寸，不同的场合、对象，可以说的内容及程度是不一样的，也要保持适当的心理距离。

交谈中还有两个要点：其一，话题应选择对象所擅长的，交谈对象在其专业领域才有体会，这样才有的说、有的分享，你也能获得要点；其二，善于倾听，激发别人语言的兴趣，我们要善于做倾听者。当然，交谈是互相的、互动的，你这样对待别人，别人也会和你聊你的专业，这样你就成为发言者，他成了倾听者。

五、商务宴请礼仪

请设想家宴的时候，八仙桌的座次是如何安排的？在酒店宴请的时候，圆桌的座位又是如何安排的呢？设想这种情况：假如你新婚的小舅舅和小舅妈由大舅舅和外公带着来你家玩，你父亲、爷爷、母亲及自己都在家，隔壁能喝酒且与你们家关系融洽的张叔叔也在家。请问，如果在家安排吃饭，八仙桌的座次怎么安排？如果你父亲决定到酒店请客，座次又如何安排？读者可以根据自己的经历思考一下。图 15-1 是八仙桌与圆桌座次安排。左边为八仙桌，以地图中“上北下南”标示方向；右边为圆桌，最下的横线表示包间的门（这个门是不区分方向的；但在八仙桌中，门一定是南向而开的，这依据农村的房子格局而设，也是正门采光的现实需要）。

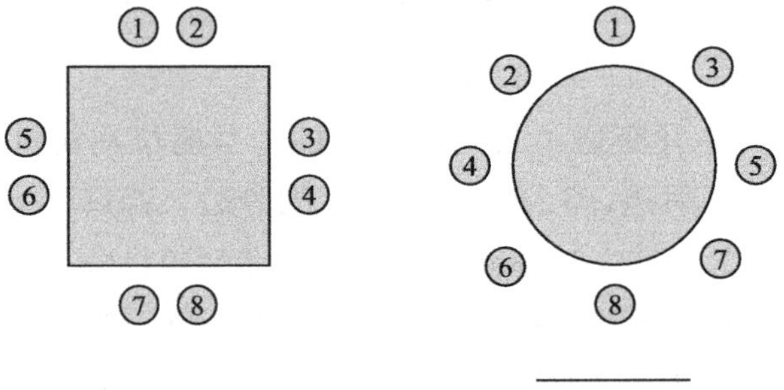

图 15-1 八仙桌与圆桌座次安排

1. 传统八仙桌宴请座次

如图 15-2 所示，八仙桌上右为“横头位”，也称“上横头”，辈分最高者的座位，同辈中以外公为先；上左为“国老位”，仅次于外公的长辈的座位；右上为“头位”，大舅舅的特定座位，因辈分在“横头位”“国老位”之下，却是酒桌上的主角；左上为“陪位”，二舅舅的座位，若无二舅舅，可请姑父、姨父入座；右下为“吃水头”，顺着逆时针方向，从此位开始斟酒，故有“水头”之说，此座位的客人应是能饮之人；左下为“副陪位”，可请姑父、姨父入；下右为“斟酒位”，需斟酒接菜；下左为“陪酒位”。

对这部分开头设想的情况，你能否安排家宴的座次呢？

2. 圆桌宴请座次

图 15-3 为一个包间的圆桌情形，主人 6 的背后是包间门的位置。门的位置是非常重要的，据此确定第一主人位，这样第一主宾位自然也出来了。基于通行的位置原则：以右为上，主宾 1 位于主人 1 的右手边；基于交流的需要，主人和主宾是隔开坐的；特别注意的是，背对门的位置一般不适宜安排宾客在此，这是不礼貌的或者门是要自己人把守的。

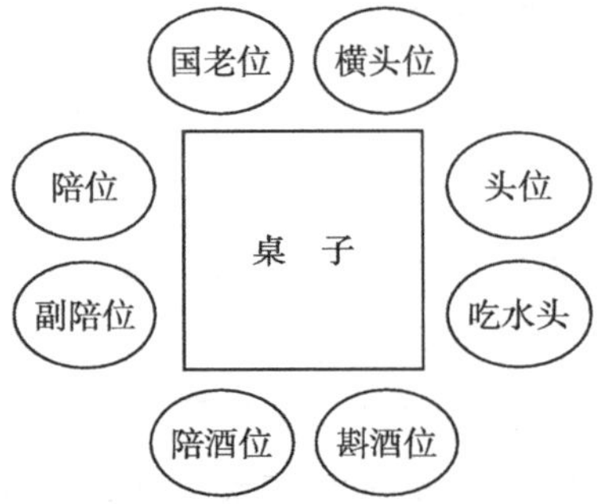

图 15-2 八仙桌座次安排（存在地区差异）

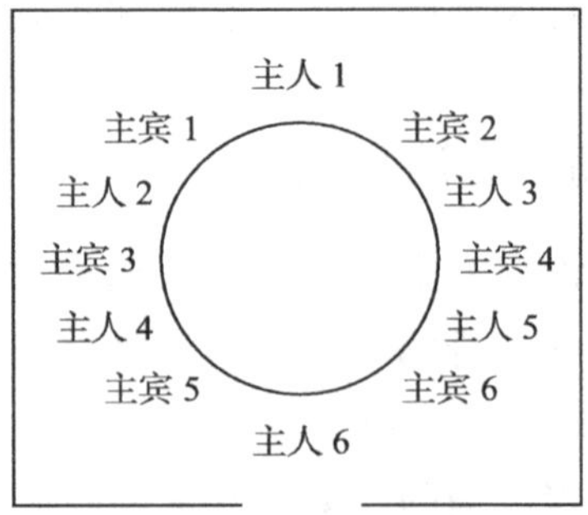

图 15-3 圆桌座次安排（存在地区差异）

对开头设想的情况，圆桌可以这样安排：主人 1：爷爷；主宾 1：外公；主宾 2：大舅舅；主人 2：父亲；主人 3：母亲；主宾 3：小舅舅；主宾 4：小舅妈；主人 4：张叔叔；主人 5：自己。余下的位置空了。此外，也可以主人 1 的左手边，家人一路下来；主人 1 的右手边，宾客一路下来。这种分法简洁快速。

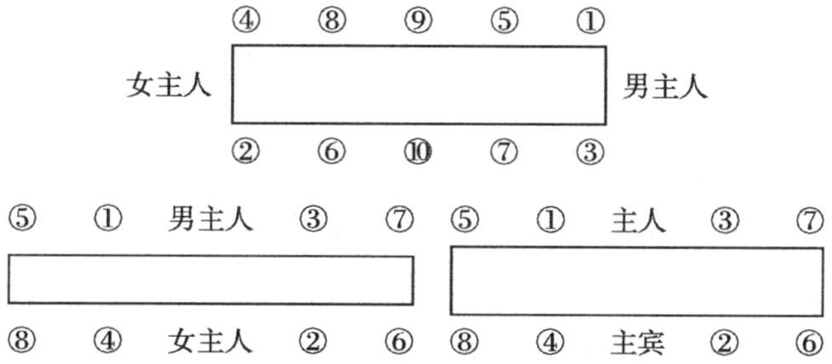

图 15-4　长条桌座次安排（三种情况）

❖ 本章小结 ❖

公共关系社交与礼仪的内容异常丰富，尤其是公共关系礼仪。这些内容虽然属于人际交往的范畴，但公共关系活动需要社交，且公共关系活动内容最终要归结为人与人之间的来往，这样的话，礼仪就显得异常重要。公共关系社交包括两个方面的内容：言语交往、文书交往。公共关系礼仪在公共关系中的特殊地位还在于礼仪的目标——树立形象，这与公共关系是一致的。礼仪包括仪表礼仪、接待礼仪、语言礼仪、宴请礼仪等方面。

⌘关键词

公共关系社交；公共关系言语交往；公共关系文书交往；公共关系礼仪；仪表礼仪；接待礼仪；语言礼仪；宴请礼仪

⌘练习与思考

1. 公共关系社交形式：______、______。
2. 列举三种公共关系礼仪：______、______、______。
3. 圆桌宴请，主宾一般位于主人的左手还是右手？
4. 思考自己的言语交谈能力，并思考需要从哪些方面进行提高和完善。
5. 思考自己身边的某种礼仪，请你完整地描述出来。

⌘实践与实训 15

母校校庆活动策划

[性质] 校内策划活动

[主题] **学校校庆活动策划**

[目标] 通过综合性的校庆活动策划，让学生了解自己的母校，掌握社交与礼仪的实际简单操作，学会策划活动。

[原理] 公共关系礼仪与公共关系社交基础知识。

[操作] 假设你所在母校为省教育厅直属高校，今年是其建校周年（查看校史确定），将举行校庆活动，上午开庆祝大会，下午组织领导参观学校，傍晚是招待晚宴，最后是简短的文艺表演。省里主管教育的副省长和教育厅厅长及相关职能处处长，所在地级市市长及主管教育副市长等全程参加，学校的校级领导（党委书记、院长和党委委员）、各职能部门和院系领导全程参加。

（1）确定庆祝大会的参加人员、安排座次和发言；

（2）确定参观活动内容；

（3）招待晚宴假设在某酒店举行，安排参加人员、讲话嘉宾及座次（圆桌）；

（4）文艺表演的内容。

教师进行布置，分小组（6～10均可），一般在课后由学生小组自主完成。由教师选择优秀的当堂汇报，由于汇报内容较多，一般每组至少15分钟，选择五六组即可。汇报结束由教师和其他同学一起评出不恰当的地方及理由。

总课时：**2课时**；时间：一个半小时。每组学生分享15～20分钟，汇报后即评。

[注意] 真实模拟自己学校的状况，可参考国内名校校庆活动的设计和内容。

[成果] 保留学生作业，尤其是优秀作品。

[思考] 步入工作岗位，对于这样的节庆活动该如何设计？可自我假设一种状况进行构思。

⌘拓展阅读

请收看中央电视台《百家讲坛》之“金正昆谈礼仪”，并写读后感。

第四篇

拓 展 篇

第十六章
Chapter16

国际公共关系

☞ 导入案例

中国国际进口博览会

2017 年 1 月 20 日，美国前任总统特朗普在国会大厦的就职演说中提出“美国优先”的政策并给出购买美国产品与雇用美国员工的实现路径。

如何购买美国产品，非常重要的一招在于限制进口。由于中国一直是美国最大的贸易逆差国，由此发生了严重的中美贸易争端。从 2018 年 1 月最初开始的洗衣机和光伏产品，到铸铁污水管道配件、铝箔产品等，再到 500 亿美元商品、1 000 亿美元商品、2 000 亿美元商品、3 000 亿美元商品，直至 5 500 亿美元商品，贸易争端持续升级。

而早在 2017 年 5 月 14 日，习近平主席在北京“一带一路”国际合作高峰论坛上宣布：中国将从 2018 年起举办中国国际进口博览会（简称“进博会”）。进博会由商务部和上海市人民政府共同主办，并设有专门机构——中国国际进口博览局，承担具体事务。自 2018 年至今已经连续举办三届，第四届在筹备中。前三届，按一年计，累积意向成交 578.3 亿美元、711.3 亿美元、726.2 亿美元，成果丰硕。

进博会是世界上首个以进口为主题的大型国家级展会，在美国掀起的全球贸易保护主义抬头背景下，我国政府坚持扩大开放，向全世界共享中国国内市场、共享中国经济增长的成果，推动全球经济复苏，有效树立了负责任的大国形象，与封闭、保守形成鲜明对比。

资料来源：根据新浪财经和腾讯财经相关报道以及中国国际进口博览会官网整理而成。

| 学习目标 |

1. 知晓全球化的概念、程度、表现及其影响。
2. 掌握国际公共关系的含义、特征、范畴。
3. 了解国际公共关系的工作方式，尤其是对外传播媒介。
4. 掌握国家的国际形象。

第一节 国际公共关系

一、国际公共关系背景（全球化）

1. 全球化状况

全球化就在我们身边。对于全球化状况，从微观企业角度来说，当今世界一流的企业多是跨国公司，其营业额的一半甚至更高比例来自国外市场。尤其美国，其经济的发展多依赖于美国一些名列前茅的知名企业的支撑，然而这些知名企业的发展又离不开与世界上其他国家的合作。

2020 年 12 月 29 日，加利福尼亚州，库比蒂诺。苹果公司发布了 2020 财年第四季度业绩。公司公布本季度收入达到 647 亿美元，国际销售占 59%。㊀

除苹果公司的国际销售高权重之外，还有沃尔玛、通用汽车、可口可乐、埃克森美孚等全球知名公司。

在宏观的国际贸易中有个概念——对外贸易依存度，是指一国进出口总额与其国内生产总值之比。对外贸易依存度可分为进口依存度和出口依存度。

请收集数据并分别计算我国 2020 年对外贸易的三个依存度数值并说明其各自含义。

2. 经济全球化

经济全球化（economic globalization）指经济活动超越国界，通过对外贸易、资本流动、技术转移、提供服务、相互依存、相互联系而形成的全球范围的有机整体，即物质生产要素、产品甚至劳动力在全球范围内自由配置、自由流通。经济全球化是全球化的最重要组成部分，经济的交融自然会带动各国政治、文化等的接触。总而言之，经济全球化是根本，由此引起政治全球化、文化全球化等。这些可统称为全球化。

对经济全球化，还有一些概念：经济自由化是指政府放松或取消对要素及产品流动的管制，实现要素和产品配置的市场化，是经济全球化的主要成因之一，而全球化的形成又进一步促进了经济的自由化；经济一体化，是指一定区域范围内，以政府为主导，

㊀ 数据来源：苹果公司官网。

通过协议等形式将各国经济在不同领域、不同层次上联系起来，加强彼此间的合作和依赖，比如北美自由贸易区；经济国际化，是指资源配置以本国为主，同时利用其他国家的资源和市场，一般用在微观企业的身上。但是经济全球化是最能反映当今世界经济的特征的。

3. 全球化表现

（1）传统的国际性分工向世界性分工转变。国际分工经历了从部门间分工到产业间分工，再到产品间分工的不断深化的过程。真正意义上的国际分工是伴随着产业革命和机器大工业的形成而建立和发展起来的。但到了20世纪80年代末，在经济全球化背景下，自然资源和劳动力等传统生产要素的作用趋于减弱，而技术、信息、人才和创新机制等知识性要素的作用趋于增强。国际分工的形成机制也发生变化，由市场自发力量决定的分工发展到由跨国公司和区域经济集团内部的协议性分工。

（2）世界多边贸易体制的形成。世界贸易组织（WTO）于1995年1月1日成立。世界贸易组织是当今唯一的在组织上取代关贸总协定（GATT），协调和约束各成员贸易政策、法规和措施的政府间的国际组织，而多边贸易体制即WTO所管理的体制。世界多边贸易体制是一个自由贸易导向的体制；是一个基于规则的管理贸易体制；是建立在国际贸易既有格局基础上的非平衡的体制；是一个处于不断强化过程中的体制。

（3）各国金融日益融合。各国金融日益融合，比如银行业的《巴塞尔协议》，该协议第一次建立了一套完整的国际通用的、以加权方式衡量表内与表外风险的资本充足率标准，该协议不论在发达国家还是发展中国家都适用。

各国金融日益融合还表现为区域性的金融业务一体化。与此同时，金融市场也在不断扩大，比如全球外汇市场上的日均交易额已经从2007年的3.2万亿美元上升至2020年6.6万亿美元，全球经济正在继续增长，全球贸易也正在大幅增长，这无不在呈现着全球金融市场扩大的强劲势力。

（4）投资活动遍及全球。外商直接投资（foreign direct investment，FDI），是指一国的投资者将资本用于他国的生产或经营，并掌握一定经营控制权的投资行为。跨国公司是当今FDI的主体。跨国直接投资成为经济增长的新支点，增长的速度要高于经济增长率。如今，发展中国家的对外直接投资也日益活跃，比如说我国的对外直接投资，经过20多年来的探索和发展，已逐步形成了一定的规模。

（5）跨国公司的作用日益显著。随着全球投资、贸易的发展，跨国公司的数量在剧增。越来越多的跨国公司把多国发展战略调整为全球化发展战略。全球化经营已经成为企业经营的常态。大型的跨国公司日益全球化，控制了75%的技术转让、90%的生产技术和80%的FDI，跨国公司内部及之间的贸易占到全球的2/3以上，世界经济的发展已离不开跨国公司。

（6）经济带动文化、人才等全球化。文化全球化同经济全球化一样，是一种世界发展的趋势，因为通信技术的发展，尤其是现代网络科技的发展，使人们的交流更加容易，文化之间的交流更便捷，因此产生了共识，比如西方的快餐、白色婚纱、钢琴等。同时，我国的中式餐饮业、武术等也传播到了西方。除了上述的物质文化的全球化以外，还有价值观念的全球化，各国的价值观念千差万别，但在环境保护、打击毒品等方面还是有很多共性存在的。

人才全球化，是人才流动国际化的必然结果。不同肤色、不同种族、不同国别的优秀人才聚集在同一地区或同一组织已经是较为普遍的现象。来自不同国家和地区的人才具有不同的文化传统、不同的思维特征、不同的创新能力，他们聚集在一个团队里往往能发挥各种文化交融互补的协同效应。

4. 全球化影响

全球化在生产上的体现是分工，分工带来资源的配置效率提升，在各种贸易理论中都有论述；在消费上的体现是多样化，产品消费的多样化给消费者福利带来直接的增加。无论在生产还是消费上，全球化都会产生益处。除此之外，经济全球化还会带动各种文化的交流汇合，在汇合中增进对彼此文化的了解，在了解的基础上进行兼收并蓄，从而促进各国文化乃至经济的繁荣。

不仅在宏观上，微观企业也从全球化过程中获利颇丰。美国的跨国公司在全球化过程中获得了巨大的收益。可口可乐公司，在 1990 年全球最佳业绩跨国公司排名中仅仅位列第 23 名，而到 1997 年便取得了第 2 名的好成绩，其利润增长了 60.5%，可口可乐成功的重要因素在于获得了全球市场，在全世界 200 多个国家和地区中有 195 个在销售其产品。新的市场是其取得利润增长的根源。此外，美国也得以输出资本和技术，进口廉价的制成品。甚至吸引全世界最优秀的人才，这些人才为美国的经济、文化等各方面的发展做出了巨大的贡献。

全球化的影响不仅有正面影响，也有负面影响。由于经济全球化背景下的世界各国经济是相互紧密联系的，只要一国的经济出现危机，其他与之相关的国家必定难逃浩劫，从而形成世界性经济危机；经济全球化还容易导致国家经济和行业发展的不平衡，并且加大发展中国家和发达国家之间经济发展的不平衡，这种不平衡主要表现在发达国家与发展中国家之间的贫富差距继续扩大；经济全球化对国家主权的冲击。经济全球化在一定程度上损害了发展中国家的经济主权，跨国公司大量的对外直接投资已经以多种形式影响着包括发达国家在内的各个国家的经济主权。

二、国际公共关系概述

1. 国际公共关系的含义

国际公共关系指一个国家或国家的组织对其国外公众进行的形象管理活动，区别于一般公共关系在于公众的国籍存在差异，但两者的目标是一致的，都是管理组织形象。或者这样理解，公共关系三要素中，当公众国籍属于国外的时候，就属于国际公共关系的范畴了。当然，这里的国际公共关系不仅包括国家与国家之间的公共关系，小至一家企业与其国外公众的关系也属于此范畴。

国际公共关系可分成三类：政府的国际公共关系，是指一个国家的政府运用传播手段协调其与特定国际公众关系的活动；企业的国际公共关系则是指在全球化背景下，国内企业运用传播手段协调其与特定国际公众的关系，在国际上进行的企业形象策划和产品形象树立活动；国际组织的国际公共关系，国际组织是具有国际性行为特征的组织，可以解决国与国之间的各项事务，它是三个或三个以上国家（或其他国际法主体）为实现共同的政治经济目的，依据其缔结的条约或其他正式法律文件建立的有一定规章制度的常设性机构。国际组织也需要借助公共关系活动扩大其影响力。

2. 国际公共关系的范畴

如同企业国际化经营一样，有的企业会把国外市场当作补充、一部分或者很重要的一部分，有的企业则会站在全球角度经营，比如可口可乐就再也不会进行母国市场和海外市场之分。所以，对从事国际经营的企业来说，其公共关系就复杂了。

3. 国际公共关系的特点

国际公共关系与一般公共关系在基本原理、目标等方面一致，但两者存在差异性，表现在以下方面。

（1）对象不同。两者最主要的区别在于公关对象不同。国际公共关系的对象是国外公众，可以是外国的企业、顾客、中间商、政府、金融机构、新闻媒体等，而一般的国内公关对象也可以是上述性质的个人或组织，但有国别的差异。国际公共关系的公众所处的生活环境、文化差异、思维观念与一般公共关系的公关相距甚远。

（2）文化背景不同。由于地区环境的差异，各地人们的生活制度、社会制度、思维方式、宗教信仰、审美情趣等存在很大差异，也会使得人们的衣食住行、风俗习惯、生活方式、教育程度、语言文字、价值观不同。文化背景主要包括以下几个方面：物质文化水平、教育普及程度、法律体系、语言文字、价值观、宗教信仰、审美观念等。

（3）跨度不同。国际公共关系的公众来自国外，首先表现在环境跨度方面，如果按地区分类的话，我们可能面对的是亚、非、拉、北美、西欧等不同国家。如果按经济发展状况来分类，我们主要面对的是发达国家和发展中国家；其次表现在语言跨度上，语言是千差万别的，即使同样一个名词，在不同的语言背景下含义也不同；再者就是表现在技能跨度方面，这主要体现在公关人员的自身技能上面。对国际公关人员的技能要求更高，比如语言的精通、较强的洞察力和敏锐的反应能力等。由于环境、语言、技能等跨度较大，进行国际公关活动相对来说更复杂。

在国际公共关系的三个特点中，最根本的还属文化背景的差异，它是导致一切差异的根源。

丰田汽车在处理“脚踏门”事故召回事件中，中、美消费者的待遇存在巨大的差异。在美国，丰田提供“上门召回”服务，对亲自驾车返厂召回的消费者补贴交通费用，并在汽车修理期间提供同型号车辆使用。而在我国，并未给予国内车主任何补偿。当丰田董事长丰田章男历经艰难地结束美国国会听证会之后来到我国，舆论断言其此行将十分困难。然而丰田章男除了“真诚地道歉”“由衷的歉意”“郑重道歉”三次致歉之外，什么也没留下。

在丰田的这次危机公关事件中，之所以对两国消费者存在较大的差异，是因为美国在汽车召回方面的法律制度十分成熟。按照美国2002年通过的一个交通安全法规，厂家隐瞒严重质量缺陷及相关真相的，负责人将面临判处15年徒刑，厂家付出少则1500万元多则上亿元的罚款。而在我国却没有这样的产品召回法律。这属于典型性的文化背景导致的公关策略差异。

4. 国际公共关系对我国的意义

经济全球化、全球一体化是当今世界的发展趋势，世界逐渐成为一个整体，人们的沟通交流已不再局限于国内，而是走向世界。改革开放以来，对外开放并逐步扩大开放成为国家的基本国策。政府部门、国内企业等都需要与国外公众进行交流与沟通，这就要求发展国际公共关系，需要运用国际公关手段向国外的公共舆论和市场传播自己的信息，树立自己的形象。

我国近些年的外交和经济的成就离不开国际公关。国际公共关系对我国的对外贸易、国家形象管理等方面有巨大的意义，具体表现在：国际公共关系有助于促进国际贸易交流；有助于推动民间科技、文化的传播；有助于增进了解；有助于掌握信息；有助于吸引投资。跨国活动本质在于交流，决策的重要依据之一是形象。国际公共关系在交流沟通、管理形象方面均发挥着重要的作用。

国际公共关系对我国企业走向国际市场也有着巨大的意义。企业在从事市场经营的同时，不仅需要营销上所谓的“4P”，而且离不开形象的支持，即公共关系活动。企业在国际市场同样需要面对顾客、员工、政府、媒体、社区等复杂的关系网络，理当并获取各类别公众的支持，这是企业国际公共关系的目标。

1971年10月25日，在联合国第26届联大会议上，新中国在联合国的合法席位得以恢复。同年11月，毛泽东在接见出席第26届联大代表团成员时十分高兴地说过：非洲兄弟把我们抬进了联合国。这得益于新中国成立后，我国与非洲国家独立开创了中非关系新纪元。半个多世纪以来，双方政治关系密切，高层互访不断，人员往来频繁，经贸关系发展迅速，其他领域的合作也富有成效，在国际事务中的磋商与协调日益加强。我国向非洲国家提供了力所能及的援助，非洲国家也给予我国诸多有力的支持，比如联合国席位的恢复。真诚友好、平等互利、团结合作、共同发展是中非交往与合作的原则，也是中非关系长盛不衰的动力。

还比如我国北京从申报到成功举办1990年的第11届亚洲运动会、2008年的第29届夏季奥林匹克运动会、2010年上海世博会，以及已经申报成功的2022年北京冬季奥林匹克运动会。这些国际性活动之所以能够获得广泛的支持，离不开我国在国际上形象的提升。

第二节 国际公共关系工作

一、国际公共关系的工作内容

国际公共关系工作的主要内容是通过与广大国外公众的沟通来管理国际公共关系主体的形象，将国际公共关系主体成功推广出去。具体来说，国际公共关系的主要工作内容包括以下几项：

1. 收集信息

因为国际公共关系活动与国内公共关系活动存在环境的差异，甚至在不同的国家其公共关系活动的背景都是不同的，所以对于国际公共关系工作来说，收集信息就显得异常重要。一方面，收集信息是了解对方；另一方面，只有在收集信息的基础上才能准确地传播信息（事实上，凡涉及国际经营，收集信息都是工作的第一步）。一般来说，收集的信息有政治、经济、社会文化、技术、法律、自然环境等方面背景信息，基于其首个英文字母可概述为PESTLE。除了一般环境信息之外，还有公众信息、市场信息、竞争信息等也是必不可少。当然收集的信息还包括组织自身信息，这也属于公关的日常工作。

2. 传播信息

国家想要在国外树立起自己的形象，就必须将自己国家的政治、经济、文化等信息传播给受众；企业想要在国外立足，也必须将企业文化、理念等传播给国外政府或者国外消费者。传播信息是公共关系的基础，传播信息也是信息选择、甄别的过程。选择有利于主体形象的信息内容进行组合、传播，以达到树立和管理主体形象的目标。

3. 情感交往

除了国际公共关系的信息工作之外，还需要国际公关人员掌握与公众进行情感交往的公关技巧。公关人员需要本着热心服务、以诚相待的态度与公众进行互动沟通。通过与公众建立和维护良好的情感关系，使公众更好地接受主体信息。这类似在谈判中，利用感情牌轻巧获胜。

二、国际公共关系的工作原则

由于进行国际公共关系活动是与国外公众进行交流，受制于巨大的文化差异，所以在开展国际公共关系活动时需要遵循以下原则。

1. 针对性原则

由于国际公共关系的公众是国外人士，对象与国内一般的公共关系活动完全不同，他们可能会有独属于自己的思维方式、价值观念、语言习惯。所以如果想要与国外公众顺利地完成国际公关活动，就必须了解他们，了解他们的思维方式、价值观念、语言习惯及习惯接触的传播媒体，在了解的基础上做好传播信息的具体方案，才可能达到最好的传播效果。

2. 互相尊重原则

这里的相互尊重主要是指公共关系主体之间、公共关系主体与公共关系客体之间的相互尊重。事实上，无论是国内的一般公关关系还是国际公关关系，都需要彼此相互尊重，然后才有相互沟通的效果。这就要求在追求自身利益的同时，也要尊重国外公众的政治观点、风俗习惯、宗教信仰等。

3. 平等对待原则

与相互尊重一样，平等对待是国际交往中需要遵守的最基本的原则。虽然会存在国土大小、经济发展状况差异、文化水平程度不同的现象，但国际公关人员要能够在沟通交流的过程中平等对待一切国外公众，对他们都一视同仁，这是最基本的礼仪要求。

4. 互惠互利原则

在开展国际公共关系活动时，需要在照顾自己利益的同时考虑对方利益。公共关系本质上即是充分考虑对方利益。所以，在进行国际公共关系活动时需要双方进行协商，努力达成互相都满意的方案，力争双方利益互补，共同发展。

5. 实事求是原则

进行国际公共关系活动需要讲究职业道德，讲究实事求是，以事实为理论依据来开展公共关系活动，也是艾维·李的“说真话”原则在国际市场的运用。

三、国际公共关系的工作方式

国际公共关系的工作更多的是信息传播活动，其工作方式更多体现沟通渠道。国际公共关系的信息传播渠道基本可以概括为如下几个。

1. 大众传播媒介

大众传播媒介的传播能力在国际公共关系活动中相当强，这是受众日常生活中经常会接触的传播媒介，比如说我国对外的大众媒介有《人民日报》(海外版)、*China Daily*、《中国建设》、中国国际广播电台、CCTV 海外频道、VOC 等。当然除了本国的一些传播媒介以外，许多国外的媒介也是我们的阵地，如果能将国外的传播媒介（尤其是受众经常接触的）运用得当，传播效果会更佳。不过随着网络的发展，打破了地理区域等各种界限，加上网络媒介传播成本低、传播速度快，因此会备受国际公关人员的喜爱。

2. 国际组织

国际组织包括全球性和区域性的国际组织，如 IMF、WTO、EU 等。这些国际组织掌握其成员的所有资料信息，各公关机构可以通过这些国际组织获取目标的资料，并且可以将自己的相关信息存储于国际组织，方便其他成员浏览与了解，以达到信息传播的效果。

3. 民间渠道与政府渠道

民间渠道是国际公共关系信息传播的重要途径，其中民间渠道主要有商会、工业协会等，我国引进国外的资金或者技术设备，许多都是通过民间人士或组织牵线达成的。

政府，尤其是对外经济管理部门，带有权威性的同时还掌握着大量的信息，这对社会组织尤其是工商企业的对外交流颇有作用。我国常见的政府渠道主要有驻外使领馆、新华社等，如果能与相关政府部门做好密切关系，对国际公关来说减少了不少信息收集的精力和进行公关活动的障碍。

4. 华人社团

我国在海外有 8 000 万到 1 亿的华裔。华裔，尤其是华人华侨，作为我国与世界各国发展政治、经济、文化关系的桥梁，扩大了我国对外影响，促进了中外和平友好事业的发展。华侨、华人遍布世界，许多国家的华人组织机构发挥了民间外交的独特优势，积极主动地与当地政府沟通、联系，增进了华人与当地其他民族的友好相处，增进居住国与祖国的了解互信，一些华人政治家的活动也极大地推动了中国与世界各国的联系、交往和友谊。华人华侨在促进新中国同一些国家建立外交关系，缔结友好省市、友好城市，发展政府和民间的合作与交流方面做了大量的工作，比如在中印（印度尼西亚）复交、中韩建交中，华人华侨都起到了良好的促进作用。

5. 其他渠道

进行国际公共关系活动还有很多其他渠道，比如利用国外合作者，利用国际公关广告媒介，利用影视媒介来传播等。尤其后者，相对来说，通过影视媒介成本更低，且宣传效果良好。可以在制作影视作品之前了解公众的兴趣所在，投其所好，将国家形象或者企业形象的宣传植入影视作品之中，并且将影视配上多国语言，适用于多国宣传。

第三节 国际公共关系案例

一、我国国际公共关系：国家软实力

1. 国际形象及影响因素

国际形象是指国际社会公众对该国有形表象、精神内涵和国家行为及其结果的总体评价。良好的国际形象有助于国家在国际交往和竞争中占据主动，进而有效实现国家发展战略，从而在国际上占有举足轻重的地位。国际公众是认识和评价一国国际形象的主体，其认知主要分为国家有形表象、国家精神内涵和国家行为及其后果三个

层面。

国家国际形象是构成综合国力的重要组成部分，也是综合国力的体现。一国综合国力一般包括物质、制度、精神三个方面。物质主要包括国家的疆域、人口、自然资源和在此基础上形成的国家经济、科技、军事实力等硬实力的总和；制度包括国家的经济、政治、文化等制度，以及实行上述制度的各种机构设施个体对社会事务的参与形式等；精神要素则包括民族的文化心理和社会意识两个层面。在国际社会中，硬实力决定国家的国际地位，而精神要素以及制度要素转化为对外吸引力和影响力，即所谓软实力。国际形象属于软实力的内容。

一个国家国际形象的塑造包含两个方面的任务：既要着力提高国家的整体实力，又要在国际舞台上展示、宣传自己，积极引导国际社会的认同。一国国际形象一般受到这些因素的影响：国家的客观状况因素，比如GDP、军队实力；跨国交往因素，具体包括经济交往、外事往来、文化交流、国际性活动、人口跨国流动等；传媒因素，媒体的宣传报道也非常重要；国际公众的既有形象与思维定式因素。

2. 国际形象课堂调查

英国广播公司（BBC）于2007年公布的一项全球调查结果显示，在调查中的27个国家的2.84万人中，共评估了全球12个国家。调查结果显示，国际形象最好的前三名是加拿大、日本和法国。

美国《时代》周刊2009年公布了一项调查，调查中有56个国家12万民众参与，共评估全球20个主要国家。调查结果显示了国家形象最好的前六名分别是：日本：77%；德国：72%；新加坡：71%；美国：64%；中国：62%；英国：59%。

在前两项西方国家主导的调查中，日本都高居前列。在英国BBC的调查中，日本排第二名；而在美国《时代》周刊的调查中，日本更居第一位。这值得我们反思。有些是客观的，我们必须承认，比如日本的经济增长、日本的对外援助、日本国民的素质等。

⊙ 课堂调查

请对下列国家的形象，依据自己的判断，分别给出最好的三个国家和最差的三个国家：美国、英国、德国、加拿大、法国、新加坡、以色列、日本、俄罗斯、印度、巴基斯坦、伊朗、委内瑞拉、巴西、伊拉克、苏丹、缅甸、越南、朝鲜。给出你的结论并谈谈你的理由。

3. 我国国际形象及管理

旧时代的中国闭关锁国、与世隔绝，造成我国国际形象的严重扭曲。新中国成立后，尤其改革开放，拥抱世界，我国国际形象发生了翻天覆地的变化。

根据当代中国与世界研究院发布的《中国国家形象全球调查报告2019》，2019年6月至9月，该机构开展了第7次中国国家形象全球调查（2019）。调查范围包括全球22个国家，涵盖亚洲（中国、日本、韩国、印度 、印度尼西亚、沙特阿拉伯、土耳其）、欧洲（英国、法国、德国、意大利、俄罗斯、西班牙、荷兰）、北美洲（美国、加拿大、墨西哥）、南美洲（巴西、阿根廷、智利）、大洋洲（澳大利亚）、非洲（南非）等不同区域的公民。每个国家500份，合计11 000份样本。调查采取定量研究方法，并严格执行在线调查的国际标准。

调查显示：2019年，海外受访者对中国的整体印象为6.3分（满分为10分），较2018年提升0.1分；海外发展中国家对中国整体形象好感度较高，得分达7.2分，呈现持续上升趋势。另一可喜的现象是海外18 ～ 35岁受访者对我国整体形象打分最高，为6.6分。

我国国际形象的改变，离不开改革开放以来，我国不断增强的政治、经济、科技、文化等构成的综合实力；离不开进博会、奥运会、世博会、冬奥会、亚运会等各领域综合性盛会的举办；离不开我国对外公关事业的发展，如“四大对外传媒”：中央电视台海外频道、国际广播电台、新华社以及《中国日报》；离不开孔子学院的创设，传播了我国的语言及文化；离不开全国近1亿农村贫困人口的脱贫，加速了世界减贫进程，协助了世界减贫事业……

请问：你能否列举提高我国国际形象的例子？并尝试构思新策略。

二、企业的国际公共关系：中石油国际管道项目的公关工作㊀

1. 企业及项目概述

石油行业在石油开采、加工之外，还有管道运输等关键节点。中石油旗下有中国石油管道局工程有限公司承揽能源通道建设，不仅参与西气东输管道系统、陕京输气管道系统等国内能源通道，还走出国门，参与中亚天然气管道系统、中缅油气管道、中俄东线、坦桑尼亚天然气管道等国外长输油气管道建设，总里程超过12万公里。全系统服务石油行业企业，如埃克森美孚、BP、壳牌、沙特阿美、中国海油、中国石化等。

企业十分注重企业公民责任，在管道建设沿线国家和地区守法经营、依法纳税，促进了区域经济社会发展，获得坦桑尼亚总统颁发的杰出贡献荣誉证书，以及苏丹政府颁发的杰出贡献奖；积极开展驻村扶贫、医疗救助、抗洪救灾、捐资助学、修路架桥、志愿服务等社会公益活动，获得中国企业社会责任优秀企业、中国红十字博爱奖章等荣誉；努力建造社会效益和经济效益高、资源节约和环境友好型工程，推进企业与环境的和谐发展；尊重员工个性差异，创造和谐包容的工作环境，促进员工能力和知识的增长，维护员工的合法权益，建设和谐健康的劳动关系。

集团在泰国承建了一个项目，新建一条从位于泰国中部的Wang Noi计量站到泰国北部的Nakhon Sawan接收站的天然气输送管道。项目内容复杂，其工作范围几乎包含

㊀ 资料来源：①中石油旗下管道局工程公司主页简介；②高云龙，等．国际管道项目中的公共关系工作实践[J].交通企业管理，2016，31（12）．部分内容进行了改写。

所有的作业（除项目招标文件中规定的管线的前20公里的永久征地外），具体包括征地、临时超占地、障碍物移除、许可办理等，此外还需负责社区关系维护以及沿途因工程建设所引起的各种纠纷。

2. 泰国项目公关工作实践

泰国项目面临复杂的工作形势，项目全长192.5公里，线路前20公里连续定向钻穿越水稻田，并伴行在役管线。后170公里完全利用曼谷至清迈国家主干道，是泰国人口最为密集的地区之一，商店、住户和加油站众多，仅穿越各种道路就超过1 400条。沿线要进行64处定向钻穿越，204处顶管穿越，1 100余次道路开挖。伴行电线杆6 000多根，地下供水和市政排水管网复杂，通信线路不计其数，除涉及几千户私人业主外，更需要协调公路、供电、供水、河务、通信、铁路、警察和军队等相关的10多个部门。而工期仅两年，需要协调的关系众多且复杂，其公共关系工作具体包括两部分：其一，许可、征地，即为工程开展扫清障碍；其二，社区关系，有效处理投诉，为工程的顺利开展保驾护航。在公共关系工作的具体组织与管理实施上包括以下几点。

（1）组织方式的选择。

1）征地许可的排查及分包。由于项目时间紧、任务重且风险极大，为控制风险，在项目前期对全线状况进行全面排查，摸清工作量，并据此选择当地有经验的公关公司进行分包，将征地许可与征地费用锁定，把风险掌握在可控范围。

2）构建本土化公关团队。为有效应对施工损害及社会关系维护，必须建立自己的公共关系团队并尽量做到本土化，以保证语言交流畅通，确保能融入当地文化与社会习俗。

3）注重统一协调。确定征地许可分包商与本土化公共关系队伍并非万事大吉，还需考虑如何统一协调。协调工作主要由公关关系负责人员进行整合。

在此基础上，泰国项目确定中方公共关系负责人进行全面协调，公共关系人员完全本土化，在组织形式上扁平化。首先做到人员可控；然后确保所有问题能在第一时间得到反映并获得解决方案，保证进度可控；最后进行征地许可工作的外包，锁定费用，实现风险可控。

（2）管理和执行方法。

1）加强管理的精细化。为有效实现公共关系工作降低风险要求，不断加强管理的精细化，做到处处在计划之中，事事心里有底，并把随机变为可遵循的程序。项目前期，为全面把握作业带风险，对全线做了全面图片记录，并建立多个矩阵对进度进行跟踪。为保证全线1 000多处大开挖道路施工的有序进行，公共关系部与施工单位共建的状态表，将每条道路穿越的时间精细到某一天，力保许可与施工时间合拍。

2）执行的灵活开放，巧妙借力。公共关系工作处于各方利益的交集点，涉及多方利益。在具体执行和管理中，逐一分析各方利益，找准突破口，借合适的力量排除障碍。例如，该工程面临由光缆和水管等大型公共设施引起的阻碍，风险巨大。公共关系团队将工作置入整个项目范围，甚至整个开放的外部环境中，做到内内、内外融合，调动一切力量为我所用，把设计方案最优化；协调施工分包商，统一施工组织计划与外协进度。

（3）注重工作提升。

1）因势利导，化弊为利。积极掌握对外交流的主动权，服务项目进展。利用对外交流的机会，中方对全线进行优化，仅通过主动获取开挖许可的方式就把项目从初设的373条顶管优化为200条，大大节约了项目成本，缩短了工期。在与各方建立良好关系的同时，主动寻找有利于我方的变更索赔线索，不断积累新的索赔点。利用处理抱怨、投诉的机会，收集分包商的施工影响，记录第一手材料，为对分包商的反索赔做支持准备，取得良好效果。

2）文化窗口，助力市场。公共关系工作与当地社会紧密相连，深入当地生活，充分利用此沟通机会，树立企业良好形象。在施工过程中，注重对当地财产和环境的主动保护。通过各种社会公益活动与当地政府、居民充分互动。在项目顺利推进的同时，企业文化与当地风俗深深融合，不仅在工程方面展现了我方实力，更是体现了国际大公司的担当与风貌，赢得了各方的信任，为扎根泰国、进一步开拓市场扩展了更广阔的空间。

三、国际组织的国际公共关系：WHO 甲型流感病毒丑闻

2010年1月，欧洲理事会卫生委员会主席、德国流行病学专家沃尔夫冈·沃达格宣称，甲流疫情被严重夸大。沃达格说："这是21世纪最大的医学丑闻之一……在我们眼前，其实只有轻微的流感和一场造假的疫情。"欧洲理事会当月通过对世卫组织应对甲流的过程展开调查的议案。该议案指出，甲流的危害性可能被一些制药公司刻意夸大，促使世卫组织宣布疫情大爆发，从而使这些公司在"没有任何财政风险"的条件下，赚到巨额利润。

据联合国网站新闻中心4月12日报道，由29名专家组成的独立委员会从当天开始在瑞士日内瓦举行会议，就世界卫生组织对甲型H1N1流感的应对工作进行审议。世卫组织被指夸大甲流疫情。

2010年6月7日报道，由《英国医学期刊》和英国调查采访局公布的调查结果显示，世界卫生组织的3名专家从生产达菲的药厂收受贿赂，有意制造了甲型流感病毒的恐慌。这3名收受贿赂的WHO专家分别是：美国弗吉尼亚大学病理学专家弗雷德·海顿博士、美国密歇根大学的阿诺德·蒙托博士、莱斯特大学的卡尔·尼科尔森博士，他们从生产达菲的厂商那里收取了钱财。甲流的"本性"其实温和，但其危害性被一些制药公司行贿的专家刻意夸大，促使WHO宣布疫情大爆发，从而使这些公司得以轻松赚到数十亿英镑。

集体讨论：丑闻中的WHO如何应对其公众，重新树立起一个负责的、有良心的形象？

❖ 本章小结 ❖

当今时代，全球化趋势明显。全球化影响了社会生活的方方面面，包括公共关系。企业、公关人员都应具备跨文化交流的意识。许多企业更是需要直接进行跨国公共关系活动。只要公众的国籍发生变化，就可归入国际公关活动的范畴。国际公共关系与国内公共关系存在对象、文化背景、跨度的差异。其中文化背景属于根本性差异。随着我国综合国力和国际社会影响力的提升，国际公共关系对我国有着异常重要的意义。在国际公共关系工作中，尤其要注意收集传播信息、换位思考，可以运用的工作渠道多种多样。

对我国来说，国际形象亟须提高，尤其在我国国际地位转变的背景下，迫切需要加强我国国际形象管理工作。

不仅国家，跨国公司、国际组织都离不开国际公共关系。

⌘关键词

全球化；国际公共关系；政府；跨国公司；国际组织；国际形象；跨国媒介；华人社团；综合国力

⌘练习与思考

1. 国际公共关系主体：______、______、______。
2. 国际公共关系最主要的特征：______。
3. 请列举国际公共关系的信息传播渠道（三个即可）：______、______、______。
4. 请列举我国主要对外大众传播媒介（两个即可）：______、______。
5. 国际形象是指国际社会公众对该国______、______和______及其结果的总体评价。
6. 对改善我国的国际形象，可否给出自己的思路呢？
7. 列举跨国公司的国际公共关系活动，按照新闻规范写出即可，不可用教材已有的案例。

第十七章

Chapter17

网络公共关系

☞ 导入案例

网络平台企业的网络危机：大数据杀熟

2018 年 12 月，国家语言资源监测与研究中心、人民网等机构联合主办的“汉语盘点 2018”揭晓仪式在北京举行，其中年度十大新词语包括了“大数据杀熟”。在线上平台购买机票、酒店、电影、电商、旅游等产品，同样的商品或服务，老客户看到的价格反而比新客户要贵出许多，这被人们总结为“大数据杀熟”。

典型的案例包括携程的“酒店同房不同价”（2018 年 5 月）、“我被美团会员割了韭菜”（2020 年 12 月）等。这些现象都严重伤害了企业形象，最终不利于网络平台企业的成长和发展。

2020 年 10 月 1 日，我国文化和旅游部正式施行《在线旅游经营服务管理暂行规定》；11 月 10 日，市场监管总局也对《关于平台经济领域的反垄断指南》进行公开征求意见，明确不得使用大数据杀熟，切实维护消费者利益，促进平台的长远发展。

资料来源：根据人民网、凤凰网等相关报道整理而成。

| 学习目标 |

1. 掌握网络的交流本质、网络公共关系的含义。
2. 掌握网络作为公共关系载体的优势；同时，掌握网络公共关系的评价及发展阶段。

3. 网络公共关系职能：组织形象的网络展示、网络信息的收集与监测、公众网络舆论的引导、网络危机公关等，可通过 BBS/ 论坛、QQ、博客等实现。
4. 能从经典网络公共关系案例中获得启发。

第一节　网络公共关系及其发展

一、网络公共关系概述

1. 网络概述

根据 2020 年 9 月 29 日，中国互联网络信息中心（CNNIC）发布的第 46 次《中国互联网络发展状况统计报告》显示：截至 2020 年 6 月，我国网民规模达 9.4 亿，互联网总普及率为 67%；其中手机网民规模达 9.32 亿，网民中使用手机上网的人群高达 99.2%，如图 17-1 所示。

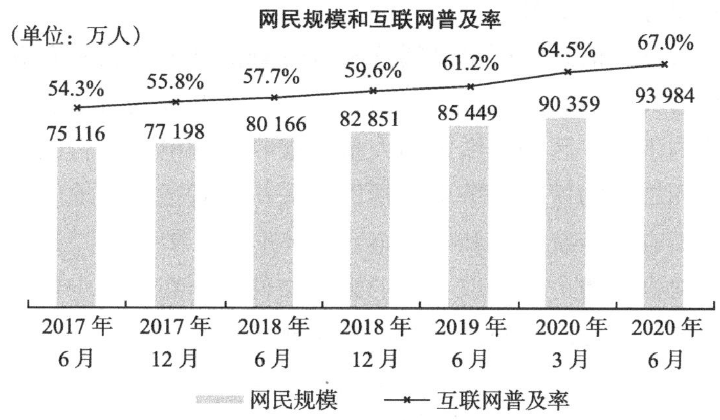

图 17-1　我国网民规模和互联网普及率

资料来源：中国互联网络发展状况统计调查。

从硬件结构上看，网络是服务器、用户和线路之间的联结；但从本质上来说，网络是一种交流媒体，是促进人和人之间相互沟通、相互参与的互动平台。网络可以比任何一种传统媒体都更快、更经济、更直观、更有效地把信息传播开来。

伴随着网络中信息的交流，产生了各种各样的内容：人们相互交流商品或服务产生了网络商业，相互交流思想或见解产生了情感与信任，个人和组织通过网络中的言语行动为自己打造了在网络世界中的形象，而这种“虚拟形象”又无时无刻不影响着现实的世界。

网络作为一种新型的大众媒体，较传统媒体在传播上有更多的特征。网络媒体作为公共关系载体的优势有以下几点。

（1）即时传播。在网络媒体中，新闻内容总在不断滚动更新。借助数码摄录设备等现代数字化影像处理和通信工具，网络新闻记者可以很方便地进行事件“现场直播”，在网络上第一时间图文并茂地报道出来，特别是面对突发事件的时候，网络信息编辑比传统报刊、电视、广播时间更短暂、更迅捷，公众在网络上可以即时看到事件的发展进程，网络后台的编辑们还可以迅速调出与事件相关的背景图文资料，让社会公众更全面更直观地了解事件真相、新闻后面的故事和细节。比如，从 2001 年美国“9 · 11”恐怖事件，到 2008 年 5 月 12 日的汶川大地震，在世界上所有的新闻媒体中，这些事件的首次信息发布都是来自网络。

（2）多媒体整合。区别于传统媒体单一的传播形式，网络集多种媒体传播于一身。这里的多媒体有两个概念：一是多种信息形态的整合，网络不仅可以用文字、图片进行信息记录，网络流媒体技术的发展还使得影音图像也被整合到网络传播中来。另一种则是多个传播平台的整合，除了主流的网络新闻、论坛讨论外，网络技术的发展使得更多种类的新型传播平台开始被大众接受并运用，即时聊天工具的群功能、博客、微博、维基百科等。

多种信息形态的整合提高了信息的传播效果，同时，多个传播平台的整合也大大提高了信息的覆盖率和有效达到率。

（3）有效重复阅读。信息的可重复阅读和方便查询是公共关系有效传播的一项重要评估标准。在传统的大众传媒中如何保留信息并进行方便查询对于公共关系从业人员来说是一项非常烦琐的工作。区别于纸媒的大量剪报收集和电视电台的影音文件存档，网络海量的存贮功能和快捷的搜索引擎可以帮助公关从业者很方便地收集到相关的信息资讯。对于普通受众而言，传统纸媒和电视电台媒体时代，要查询“过时”的新闻需要到图书馆查阅相关的剪报或费力去调取存档的影音文件。而在网络中他们只需要在搜索引擎中输入相关的关键词就可以轻松调出需要的信息。

（4）目标公众直达。网络上的人们大多是“群体化”活动，网络巨大的信息量和多种类型的网络空间让不同地方的人通过趣缘、地缘等结为网友，活跃在特定的网络里。网络媒体与传统媒体最大的不同就是，网络具有小众性甚至是个体性的特点。网络媒体所依赖的信息传播方式是以受众为导向的，而且网络受众依据自己的需求查阅自己感兴趣的信息，登录特定的网站，获取自己需要的信息。随着网络搜索引擎技术的迅速发展，受众还可以通过简单的关键词寻找到想要的信息材料。这一变化带来的直接结果就是，组织可以通过面对特定网站、网络空间，将信息直接送达目标公众。

（5）多对多的互动交流。在网络传播中，受众与传播者或者受众与受众之间可以在一定程度上直接进行双向交流，这就是网络“多对多”的交流特性，也被称为网络交互性。互动交流是网络上信息发布的低门槛和信息传播方式灵活性而带来的直接结果，事实上，互动性不仅仅体现在“传—受”双方交流的增强，还体现在整个信息形成过程的改变。在网络世界里，信息传播的主体不再如以往那样单一，而是倾向于多元和繁杂。从网络属性上看，政府、社会组织、企业乃至个人都可能成为信息传播的主体。而主体的多元化又带来了信息来源、传播方式、价值观念的多元化。在一个真正互动的环境中，信息不再是依赖于某一方发出，而是在双方的交流过程中形成的。也就是说，不再有信息传播的控制者，而只存在信息传播的参与者。但是仅仅把网络的互动性简单理解为网站与网民“一对多”的双向传播关系是不够的。

事实上，网民之间“多对多”的互动关系是互动中的一个重要部分，甚至可以说，没有网民之间“多对多”的互动关系，网站与网民的互动，无论从强度、频度还是效果上都十分有限。这真正意义上达到了格鲁尼格提出的公共关系传播最理想的状态——双向对称传播。组织的公共关系活动可以很方便地在这种互动交流中获取更多来自信息受众的声音，把握网络舆论走向，为网络信息的监测提供了便利条件。

（6）全球化的信息覆盖。网络是一个没有疆界的海量存储空间，其网络技术可以让全世界任何一台连接在互联网上的电脑都通过相同的访问地址同时共享一个信息，实现了信息地球村的梦想。公关从业者为组织发布的信息不再受到地域的限制，海外的目标公众也都可以方便地获取。比如 2008 年 5 月 12 日 14 时 28 分，四川汶川爆发地震，震中的几个县城顷刻间变为废墟。震波从四川省扩散开来，波及了大半个中国，北京、上海等远离震中数千里的城市都有明显震感。当人们还沉浸在地震的惊恐中时，美国 CNN 就在网上发布了名为《中国发生 7.8 级地震，震中位于四川省汶川》的信息。此时，离发生地震还没有 5 分钟，这一信息是美国地震局在地震当时测量到的数据。消息刚登载出来便开始在网络上爆发式地转载，仅仅不到两分钟的时间，国内已经获知 CNN 公布的数据，全世界立刻都将目光转向了中国四川省汶川。由此可见，网络媒体有着惊人的全球化信息覆盖能力。

2. 网络公共关系概述

在新的历史条件下，网络媒体技术的发展使得信息传播的渠道、方式和内容，相比传统媒体更加多元化、复杂化，管理的难度也增大了。互联网媒体，其信息来源更加多元，传播路径更加复杂，互动平等交流的影响力在公众身上更加明显。网络公关随之兴起，目前国内对网络公共关系的定义主要有以下几种。

（1）“公共关系”的英文原文是 public relations，简称公关，那么网络公共关系也就是指企业在网络空间的公众关系。网络的空间存在着形形色色的“大众群体”，企业通过其网络上的各种存在形式，以及通过采取各种的方式与网络公共关系增进了解，进而维持与公众的良好关系，以此来加强品牌的影响力，促进品牌的推广。

（2）网络公共关系是由于计算机网络的迅猛发展而给传统公关带来的一种创新形式，它以互联网作为信息传播的手段来开展公关活动，为企业改善自身形象、提升市场知名度、创造商机提供了更多机会。

（3）网络公共关系（PR online）又叫线上公共关系或 E 公共关系，指组织通过网络发布组织信息，监测组织的环境，与公众保持交流沟通，有效引导公众舆论等公共关系活动，经营组织形象，协调沟通组织内外关系；传播组织文化，从而为组织创造有利的环境，是现代公共关系的新思维方式、新策划思路、新传播媒体。

网络是现代社会解决危机冲突必需的沟通工具。由于网络的参与性和互动性所带来的网络公共关系的发展，必将对传统的公共关系思想、模式和管理带来诸多的变革。但网络公共关系并不是完全在虚拟化的空间里运作，而是网络环境下的公共关系。它建立在传统公关的基础上，是公关活动在网络中的延续。网络公共关系是从网络的特征和公关业的需要这两个角度出发，对公关方式做了重新演绎和创新，相比较于传统公关，它有以下优势：

（1）组织能掌握信息发布的主动权。网络公共关系的主体可以是网络上的各种社会组织。网络所特有的互动性使组织在网络公共关系中的主动性得以凸显。网络环境中组织几乎在公共关系活动的任何环节都可以拥有主动权，摒弃了传统公共关系必须借助传统传媒以及必须通过其“把关人”信息过滤，使组织能够即时发布信息而不必借助传统媒体，可以直接与公众交流并对公众产生影响。比如可以在网络上通过网上论坛、BBS、新闻组、电子邮件等直接面向目标公众及时发布新闻，并且不受篇幅、媒体空间与时间的限制，不需要通过新闻媒介的审批，打破了传统公共关系活动利用新闻媒介的局限性，使组织能够更好地开展公共关系活动，能按自己的想法去影响目标公众，达到公共关系目标，同时有助于与新闻记者保持密切的联系，建立良好的新闻媒介关系。

（2）公众在信息传播中的地位得以提高。在网络公共关系活动中，公众对组织的影响变得更直接、更迅速，因为传统公共关系活动的信息传播和反馈过程相对过长，公众从知晓到行动有一个时间差，组织公共关系人员可利用这个时间差调整、改进下一步的行动；而在网络上信息传播与反馈速度快、范围广，有关组织的信息可以迅速传遍整个网络，引起公众的反应，导致组织公众环境的迅速变化；同样，公众的意见、态度、观点和行为也会迅速在网络上扩散，对组织产生重大影响，甚至会决定组织的成败。因此，网络公共关系从业者必须充分认识到公众的权威性，对信息传播的内容、方向、范围有更加准确的预测，监控公众的反应，及时采取有效措施化解对组织的不良影响。可见，寻找公众、确定公众、分析公众内在的联系及具体存在方式，是增强网络公共关系活动目的性、针对性的必要环节。

（3）信息的传播时空更广泛。从传播的内容广度来看，网络公共关系中组织有足够的空间传播内容详尽的信息，并可通过与其他相关信息的超链接增加信息容量，实现组织与公众之间的即时互动。从传播的地理空间上来看，互联网彻底打破了区域国界的限制，为经济全球化背景下的现代组织特别是跨国组织开展国际公关活动提供了有力工具。从传播时间上来看，网络上可以全天 24 小时随时发布新闻，消息一有更新即可播出，不必为传统媒介的排期问题大伤脑筋，这种媒体的即时性是传统媒体无法比拟的。网络打破了传统的地缘政治、地缘经济、地缘文化的概念，形成了虚拟的以信息为主的跨国界、跨文化、跨语言的全新空间。

（4）信息量大，可实现多方共享。在工业化的大规模生产时代，传统营销有两种“强势”营销手段：传统广告和人员推销。它们不考虑公众是否需要这类信息，企图凭借信息强制灌输的方式在消费者心中留下深刻印象，人们常以“不断轰炸”来形容传统营销方式。公共关系与广告、人员推销有着显著区别，它虽然也以信息传播形式为主，却是一种柔性调节手段，目的是调节企业与公众的关系，以此提高企业形象，促进产品销售，维护企业利益。人们可称它为“软”营销工具。网络公共关系由于网络的特点强化了传统公共关系的这一特性。在真实世界中，由于信息容量有限，企业公共关系资料中许多不是特别重要的信息只好删去。在网络中则没有容量限制，而且可将企业公关资料链接到其他相关信息上，“超链接”这个功能使网上互动性公共关系资料的信息容量远远超过真实世界中的静态公共关系资料。

（5）多媒体的信息更能感染公众。网络的传播方式更加多样，利用了包括音频、视频、图片、文本、动画等多媒体方式，其传播速度和途径具有先天优势，在企业形象塑造过程中发挥着举足轻重的作用。在网络传播中，新型的信息和网络技术把文字、数据、图像和声音等融为一体的多媒体信息，实现了传播方式上的突破。随着网络技术迅速向宽带化、智能化、个人化方向发展，用户可以在更广阔的领域内实现声、图、像、文一体化的多维信息共享和人机互动功能。企业网络公共关系可利用网络多媒体的特性，努力创造虚拟化的社会生活形象，以此作为公关调节手段。与电视广告目标明确地销售产品不同的是，企业借助互联网的高科技手段以丰富的表现手法努力创造某种氛围，在这种氛围中体现企业的形象，这是网络公共关系的妙处之一。它不依赖强制的信息灌输来强化印象，在不违背网络礼仪的前提下，利用网络传播的特点营造潜在的销售氛围，协调企业与公众的关系。

网络媒介作为一种新兴的信息传播工具，以其诸多明显的优势对传统媒介提出了巨大的挑战，并给企业经营管理带来了深远的影响。与此同时，也不应忽视网络媒介同传统媒介一样，可能具有一些自身难以克服的弊端。

（1）垃圾信息问题。由于网络媒介的虚拟性及“把关人”角色的淡化，在充分保障公众言论自由权的同时，也为虚假无用信息和有害信息的产生创造了条件。首先，在传统媒介条件下，信息往往来自少数新闻媒体，而网络上的信息却来源广泛；同时，网络信息发布成本低廉、身份隐匿、无限复制、传播迅速，加之没有了“把关人”的过滤，使虚假信息的产生及传播更为便利。其次，由于网络媒介的特殊性，大量的垃圾邮件和过时信息等无用信息得不到及时清理，因此占用了大量网络资源。再次，大量的信息导致的信息爆炸使人们感到无所适从，大大增加了有效信息检索的难度。

（2）公信力缺失。网络媒介的即时性、交互性等特征使人们对网络媒介的公信力提出质疑。首先，与传统媒介相比，网络媒介可以分钟甚至秒钟作为单元传播，新闻可以在瞬间发布。然而，速度和时效在准确、公正、完整之间存在反比关联，快速导致的最大风险往往是容易出错。网络媒介的实时性使其失去了对信息确认、核查和进一步思考的时间，也失去了对受众负责任的思考，结果必然导致对真实性的忽视。其次，由于网络媒介打破了传统传播者的身份限制，每个人都可以成为网络媒介的传播者，这就导致了大量不了解信息传播道德规范，未经专业培训的人加入了传播者的行列，而这些传播者的个人知识、道德水平以及传播动机是不一致的，因此无法像传统媒介条件下，专业的新闻采编人员一样严格按照新闻规律运行网络媒介。再次，网络媒介无法确立像传统媒介中负责过滤、审核信息的“把关人”，由于缺乏有效的把关，网络信息在一定程度上变成了一种真假难辨、良莠不齐，包含各种目的信息的大熔炉，这使网络媒介的公信力更加遭到质疑。

（3）不利信息传播速度更快，易形成“公共关系危机”。不利信息主要来自两个方面：一是网络上的恶意攻击行为，如竞争对手对组织形象的恶意丑化，散布流言，黑客的入侵并对组织网站的恶意涂改等行为；二是组织负面事件形成的不利信息。“好事不出门，坏事传千里”，与组织正面信息相比，负面的内容往往容易扩大。在互联网上，借助网络传播面广、速度快等特性，“坏事传千里”的负面效应更加凸显，使世界上任何角落的一个小小信息都可能对组织造成灭顶之灾。

二、网络公共关系发展

网络公共关系是随着现代电子技术和传播技术的发展和应用而诞生的。据专家分析，广播由商业开发到拥有 5 000 万听众，共花了 38 年时间；电视机从商业开发到拥有 5 000 万用户，共花了 13 年时间；1995 年，互联网开始商业运用，到 1999 年仅 4 年时间就扩展到了 240 个国家，1.2 亿用户。网络的飞速发展为组织进行公关活动、管理组织形象、与公众取得沟通搭建了一个优质的平台，网络公共关系应运而生。

美国网络传播学教授谢尔·霍兹曾经将网络公共关系发展总结为四个阶段：网络技术科研阶段、互联网商业化阶段、网络媒体概念化阶段和网络技术深入发展阶段。

1. 网络技术科研阶段

网络的使用基本上局限在部分科研人员之间，网络媒体更大意义上只是一个未来媒体的概念，并没有被公共关系行业所发掘利用，所以在此不做详述。

2. 互联网商业化阶段

此时互联网逐渐商业化，无意识的网络公关活动出现。这个阶段网络技术尚未发展成熟，未能达到公共关系传播的要求，公关从业者对其认识也偏少，专业化程度低。网络仅仅作为一个日常工作联系、交流沟通的简单工具，还没有上升到传播的层次。即便在当时已经有先知的组织开始在网络上搭建自己的官方网站用来发布信息，但也只是实体组织线下信息的一个网络投射，是传统媒体传播的一个补充，在介绍层面上对组织进行宣传，尚未达到真正意义上的公关层面目的。

3. 网络媒体概念化阶段

此时网络媒体概念形成，公关从业者开始接触网络。网络经过一段时间的技术革新和用户普及，上网意识开始逐渐深入公众，网络媒体的概念正式宣告形成，公共关系从业者开始逐步介入网络，并着手一些简单的网络公共关系实践活动。组织的公共关系部门开始与网络技术部门交涉，加强对组织官方网站的管理权限，组织网站不再是简单的展示，更多融入了企业形象识别的因素。一些传统的公共关系活动也开始在网上寻找实践方式，例如企业组织产品的网络展示、网络新闻、网络公示等。

4. 网络技术深入发展阶段

此时网络技术不断发展，网络媒体的概念得到进一步扩充，网络在大众传播活动中的作用越来越凸显。公关从业者开始重视网络传播，并开始研究各种网络传播工具，不断开发新的网络公共关系实践方式。同时，网络公共关系的概念被提出，网络公关软文、电子邮件公关、搜索引擎竞价排名、网络危机公关等概念先后出现。随着网民规模的不断扩大，网络媒体传播发展越来越显示出其威力，例如来自 CNNIC 的调查数据显示，在 2008 年四川汶川地震发生后，有 87.4% 的网民通过互联网来了解相关地震新闻报道，在新闻信息获取中，网民对网络媒体的选择使用超过了电视。

第二节　网络公共关系职能实现与工具

一、网络公共关系职能实现

1. 组织形象的网络展示

组织形象的网络展示主要是通过组织的官方网站来实现的。组织的官方网站是组织在网络这个虚拟社会中的实体展示，可以称为组织的第二门户，也是组织最重要、最权威的消息发布平台。官方网站是用来发布组织官方的信息、主导第一话语权的阵地，主要有以下基本功能。

（1）全面、有效地展示组织的各方面信息。组织在传统媒体上发布信息，一是受到媒体的版面或时段的限制；二是受到信息发布成本的限制；三是信息受到发布单位、记者或作者等信息“把关人”的过滤，使组织自己往往不能“畅所欲言”，不能将自己的意愿更加真实、全面、充分地传递给目标受众。公众仅能从一些支离破碎的信息中了解组织，形成对组织的印象。在互联网上，由于网络媒体海量信息存贮和低成本的特性，使组织可以几乎不用考虑信息容量的限制和贮存的成本，绕过信息“把关人”直接建立信息发布的平台与公众进行信息交流，全天 24 小时不间断地向公众进行组织的展示，组织真正把握了自己的第一话语权。此外，网站为组织展示自己的形象提供了一个表现手法多样化的、面向全球的崭新舞台，组织的理念、标识等都能通过网站完整、及时和低成本地传播出去，网站也有助于展示组织的产品形象、经营形象、员工形象、领导形象、环境形象和文化形象等。

（2）搭建组织独立沟通的平台。组织拥有自己的官方网站，也就标志着其具有了独立的网络沟通能力。通过官方网站，可以使组织与相关公众保持密切联系。官方网站分为内部网和外部网两个部分，内部网是一个闭合的网络空间，一般只对组织的内部公众开放。内部员工可以通过内部网站上信息的查询，了解组织的最新政策、方针等动态，股东可以查询组织的经营情况及相关报表等。外部网是面向所有外部公众开放的网络空间，对外展示组织的产品或主营业务，公布组织最新的社会活动事务，公示组织就某一事件的态度等。此外，官方网站还能使组织及时获得相关公众的反馈信息。网站可以提供电子邮件、BBS、网上聊天室等反馈渠道，也可加入专门设计的信息调查表，由于使用极其方便，相关公众又与组织有或多或少的利益关系，因此他们比较乐意通过这些方式给组织提供即时的反馈信息。

（3）与潜在公众建立联系。现在利用互联网搜索来获取信息者越来越多，组织建立了网站，潜在公众在搜索相关信息时就能找到组织网站，了解详细信息成为知晓公众，并可能因此与组织建立联系，进一步转化为行动公众。以企业组织为例，越来越多的供应商、采购商、分销商、投资者、顾客都已逐渐习惯利用互联网来搜索相关信息，特别是世界各国大的采购商更是主要利用互联网来寻找新的产品和新的供应商，因为这样做的费用最低，效率最高。他们搜索到企业网址，并通过企业网站去了解产品及相关信息，决定是否与企业建立联系，向企业投资、向企业供货、销售或购买企业的产品。

2. 网络信息的收集与监测

网络信息的收集与监测需要进行三个阶段的工作：信息搜索、信息审核、信息监测。

（1）信息搜索。搜索的过程实际上就是寻找包含组织相关信息的网站、讨论列表和其他网络资源的工作。其中包括组织的官方网站、网页、门户网站的新闻组、各个网络论坛的讨论列表、BBS 电子公告板、博客等。搜索的最常见工具就是网络搜索引擎等，网络使用者利用有效的关键词搜索，在很短的时间里便可以一网打尽提及关键词的网页。但此工具的缺点就是由于是关键词支持模糊查询，目标信息与垃圾信息同时出现，需要一个较长时间的筛选过程。

网络发展到今天，人们通过网络来完成越来越多的事情，如学习、交流、购物、消遣等，这些行为被记录下来，成为可以被分析的数据。“大数据”时代，更高级的计算机和更科学的算法使得可以不用随机分析法（抽样调查），而采用所有数据进行分析处理，人们的预测、判断、取舍和抉择正变得更加基于这些数据的分析，而非知觉和经验。

（2）信息审核。对于网络上组织相关信息的安全审核是网络危机预警至关重要的一环。这样的审核应该被列为一种例行的工作，定期不定期地进行。此外，为了防止安全隐患可能对组织造成的损害，还应该建立一套直接报告和问题管理的机制。

审核通常包括以下几个方面的工作。

1）测定组织官方网站信息发布的数量、质量和准确性。

2）对网站上以前与组织有关的内容和关于组织的讨论进行评估。网络用户非常关注某些网站的变化，如果这种变化事发突然，可能会导致网络用户对组织、部门或相关事务的理解与实际情况产生错位。

3）检查受众反馈的与组织网络行为有关的预想和期望。

4）评估组织的数据安全性和网络安全性。如果安全性受到破坏，或者信息在无意间被泄漏到其他地方，这些情况都可能损害组织的声誉。

5）制定一套完善的标准和程序，衡量并评估组织的网络行为的结果。例如，网站流量、信息回访率和持久度、访问者行为（询问、留言、意见等）。

（3）信息监测。要对整个网络进行全景监测是一个很不现实的想法，网络上的网页、新闻专题数量每天都在以一个庞大的数字递增，加上难以计数的 BBS、博客、网络社区和时时刻刻都在增加的实时聊天信息和电子邮件，网络上的“声音”众多而繁杂。此外，还有网民自己更新的博客等流媒体，这些都需要公关从业者对网络上一些影响力大、关注度高的网站、BBS、博客等进行实时的信息收集与监控。此时，搜索引擎提供的一些有用的信息，如百度搜索旗下的百度统计可以提供网站流量的专业分析，百度数据研究中心可以提供权威的网络数据研究，百度风云榜可以提供当前和历史的热点事件，百度指数则可以提供搜索权威的关键词数据分析，百度精算可以衡量大数据广告效果。目前舆情分析主要能够完成以下功能。

1）捕捉互联网观点，从量级趋势上诊断一种观点的支持、传播数量，从而诊断该观点是否具备关注度与传播度，能否形成舆情。

2）基于具备一定关注量级且经过二次传播的舆情，甄别传播节点，提取节点调性，分析节点影响力，摹画舆情传播路径。

3）对舆情参与者的共性特征进行勾勒，如性别、年龄、地域及兴趣点。

4）从互联网海量舆情中，机器自动识别、挖掘、聚类事件，分析事件热度，梳理事件来龙去脉，基于事件做舆情全面分析。

5）从海量语句中提取识别观点语句，定性语义正负倾向，提取主要观点，挖掘敏感言论，为舆情健康程度打分。

6）提供预警功能，当关注舆情的讨论量或负面数量到达阈值时以短信或邮件方式通知客户，不错过舆情黄金时间。

公关从业者在获取到有价值的信息后应立刻进行跟进，密切关注事态的发展，并进行信息的整理和数据分析，及时将信息进程报告给管理层。在监测过程中应该尽量有针对性，信息搜索的时候可以把组织作为一个整体来搜索，也可以针对组织的某行为进行搜索，并即时甄别利好信息与危机信息。

3. 公众网络舆论的引导

网络舆论是网民对某一焦点表现出的有一定影响力的、带倾向性的意见或言论。熟悉网络舆论的特征，对于公关从业人员在网络环境下开展工作有着至关重要的作用。对于公共关系传播而言，通过“话题策划”，借助媒体和公众，进行置入式的软性传播是较为明智、效果更佳的传播策略。通过网络媒体议程设置，把社会的注意力和社会关心引导到特定的方向，帮助网民提高对组织的认知，从而达到引导舆论的目的。此外，充分利用网络意见领袖在网络中的号召力，在网络公关中有着事半功倍的效果。虽然网络舆论一定程度上是现实舆论在网络上的投影，但仍有一些不同特征。

（1）观点的多样性。在传统社会，人们由于害怕孤立，会对优势意见采取趋同行为，进而把某种观点确立为主导意见形成舆论。但由于网络匿名制的实现，受众通常都隐藏自己的真实身份，在虚拟世界中人们减少了对周围事物的顾忌，减少了人们的从众心理。网民更崇尚自由、追求个性，在网络上对自己的想法和观点畅所欲言。网络传播的个性化使舆论主体呈现分众化趋势，网络传播的出现突破了大众传播由点到面单向的线性传播方式，实现了信息传播的双向互动。受众不再是纯粹的听者，也掌握了话语权；传播者也不再占有绝对的话语主导权和控制权。

（2）表达的非理性。与传统媒体相比，网络传播的信息量非常大，面对骤然放大的舆论表达权，公众在表达观点、宣泄情感的过程中，容易出现从众心理，容易轻信传播内容，“情绪化问题”和“情绪型言论”较多，冲动、急躁、偏执、专横，不加分析地试图将不满情绪都通过自媒体网络的形式发泄出来，把在自媒体网络的非理性发声当作缓解精神压力的方式。

（3）传播的不可控性。在网络媒体中，公众表达更加自由，这给兴趣相同或思想观点一致、希望参与到一起讨论的公众提供了可能。然而，一旦某个话题聚集了相当多的人时，就会出现“舆论爆炸”，话题涉及的问题就会被放大，事态的发展也就越来越不可预测，尤其当渲染信息在自媒体网络上传播时，就会强化和扩大矛盾，引发危机。

（4）内容的不可靠性。正确的舆论必须基于事实，然而，由于网络信息传播中缺少传统媒体的过滤程序，网民匿名性、成分的复杂性和“去中心化”的传播致使信息不断产生裂变，巨大的信息量导致信息的甄别和筛选越来越艰难，公众很有可能把“谣言”当作真实，引发的舆论也会带来严重的负面影响。

4. 网络危机公关

网络环境下的危机公关包括两个含义：“网络危机的公关”和“危机的网络公关”，两者都隶属于危机公关的研究范畴，不同的是，前者是运用网络公关手段应对由于对组织带来负面影响的恶性信息的网络传播直接导致的危机事件，即网络传播对组织造成的危机；后者则是指非网络传播引起的其他类型危机事件的网络公关活动，即组织应对现实中发生的危机事件时，借助有效的网络传播，缓解危机带来的影响。下面重点分析一下“网络危机的公关”。

伴随着网络技术的不断革新和提高，网络媒体也突飞猛进地发展着，新形式的网络媒体平台不断涌现出来。对于组织而言，网络媒体一日千里的发展成了一把双刃剑：一方面，网络信息传播的快速、海量、无疆界特性以及其他媒体不具备的开放性和互动性，更利于将信息传递给目标受众；另一方面，由于网络媒体的信息来源和信息品质难以控制，组织时时刻刻都面临着危机的强烈威胁。网络媒体的各种公共关系传播优势在遭遇网络危机的时候，就会立刻转变成为打击组织形象的致命武器。危机不再是可以一次性处理完毕的，谁都可以随心所欲地进行N次传播；危机也不再可能被有效控制在一个范围之内，很可能在转瞬之间就已经传遍全球；危机也不再是一个媒体、一个群体关注的焦点，而是众多眼球的焦点。网络危机的成因主要有以下几点。

（1）信息转移。这一类危机可以形容为传统媒体的转移效应。在跨媒体合作的情况下，某个在传统媒体中爆发出来的危机信息，很快就会有相关网络媒体开始跟进。网络的各种特征将被用来扩大化地传播危机信息，还很有可能会在网络上引起广泛的争议，也许原本只是一个小问题，通过网络的扩大化传播，上升到成为真正的危机。

（2）网络谣言。网络谣言是网络上十分常见的对组织具有很强杀伤力的网络危机。造谣者出于娱乐，发泄私愤或者因商业竞争或政治斗争的需要散布网络谣言。造谣者抓住网络受众不能直接了解事件真相的缺陷，运用具有视觉冲突性的语言和图片进行信息发布，被蒙蔽的网民受到情绪感染后又不断转载信息，使得谣言在网络上呈分散状迅速传播开来。组织的目标公众接收到谣言信息，如若得不到正确的引导将对组织形象带来极大的影响。

（3）民族文化冲突。很多跨国组织都遭受过这类危机，并衍生到网络形式。宗教、民族文化冲突一直是当今世界难以调和的矛盾问题。

（4）弱势群体舆论共鸣。相对于组织来说，个体的受众处于一个相对弱势的地位，如果双方沟通上或者行动上有冲突，个体在网络中的弱势言论很容易引起同情和共鸣。共鸣者进一步将不利于组织的言论传播出去，许多个体就会站成统一战线与组织形成对立。很多看起来不起眼的对组织的网络投诉最终都发展成为破坏组织与公众关系的大危机。

（5）网络恶搞。娱乐性是网络的又一大特征，上网的人所处的年龄阶段、受教育层次以及社会阶层都不一样，其各自的网络行为都有自己的特色，只有娱乐是大家共同的需求。从网络媒体的娱乐化新闻，到网络语言中的娱乐化符号，娱乐充斥在网络的各个角落。当网络的娱乐精神发展到一定程度的时候，娱乐从自娱到他娱，再到娱他。这种恶搞在网友看来只是娱乐，但对品牌来说则可能潜移默化地形成不良印象。

从以上对于网络危机原因的分析上我们可以得知，组织应该掌握好危机发展的规律，防患于未然；或者在萌芽阶段就抑制事件的发展，及时与公众进行对话，处理好组织与网络公众的交涉方式，做好舆论的有效引导。在利用互联网开展危机公共关系传播时主要应注意以下几条原则。

（1）形象原则。组织通过网站及其他互联网工具传播信息时，要始终牢牢把握传播的所有信息都应有益于树立巩固的、积极的、负责任的组织形象，任何有损组织形象的信息都应予以重视，不能放任其发展不理会。

（2）时效性原则。危机一旦发生，“救急如救火”，时间因素显得最为关键。网络危机发生与传播活动展开之间的时间间隔越短，其传播效力就越大。因此，在危机中及时站出来表明处理态度往往会给公众留下正面的印象。危机中的组织形象策略要坚持快速反应原则，争取主动、抓住时机、勇于决断，制定针对性对策，引导舆论。当然，在快速决策的同时，组织必须不断寻找有关媒体和公众的新信息，收集有关危机进展的新情况，应增强策略的灵活性和可变性，避免因信息滞后导致策略的盲目性和冲动性。

（3）互动原则。在危机发生后要稳定绝大多数公众的恐慌情绪，赢得公众的理解和支持，最需要的是从关心公众的角度出发，真诚及时地对外宣传，加强与公众的沟通。既包括组织与网络公众之间的信息互动，还包括组织与内部员工、大众媒介、投资者、政府及社区等多方面的信息互动。在利用互联网开展危机公关的各个环节都要注意信息的双向流通，切忌单向灌输。

（4）整合原则。虽然网络在危机公共关系传播中，有它相对于其他传播手段的独特优势，但是在危机公共关系传播中，单纯依靠互联网是不够的，组织一定要把它与其他各种公共关系传播方式（例如报纸、杂志、广播、电视等）有机结合起来，才能收到良好的效果，各种平息危机的传播手段是相互促进、互为相长的，不可偏废。

（5）引导原则。网络的特性决定了在今天的危机处理当中，意见领袖的作用变得非常重要。网络媒体的速度比报纸、杂志快，意见领袖对于事件的定位往往左右了传统媒体的声音。

二、网络公共关系工具

网络因其低成本、定位准确、传播速度快、影响范围广等特性被越来越多的公共关系活动所运用，微博、博客、论坛、社交网络、社区等相互连接，形成一个庞大的信息流通网络，给网络公共关系活动带来无限可能。互联网时代，新技术和新应用层出不穷，公关从业者必须随时予以关注，否则很快将被时代淘汰。表 17-1 来源于中国互联网络信息中心（CNNIC）的统计数据，从中我们可以看出中国网民对各类网络应用的使用率的变化。视频类可谓异军突起；余下皆为各类型工具、如支付、信息获取、娱乐等。

表 17-1 我国网民各类网络应用使用率比较

2008 年 6 月			2015 年 6 月			2020 年 6 月		
序号	网络应用名称	比例（%）	序号	网络应用名称	比例（%）	序号	网络应用名称	比例（%）
1	网络音乐	84.5	1	即时通信	90.80	1	即时通信	99.0
2	网络新闻	81.5	2	网络新闻	83.10	2	网络视频	94.5
3	即时通信	77.2	3	搜索引擎	80.30	3	短视频	87.0
4	网络视频	71.0	4	网络音乐	72.00	4	网络支付	85.7
5	搜索引擎	69.2	5	博客 / 个人空间	71.10	5	搜索引擎	81.5
6	电子邮件	62.6	6	网络视频	69.10	6	网络购物	79.7
7	网络游戏	58.3	7	网络游戏	56.90	7	网络新闻	77.1
8	博客 / 个人空间	42.3	8	网络购物	56.00	8	网络音乐	67.9
9	论坛 /BBS 访问	38.8	9	微博	30.60	9	网络直播	59.8
10	网络购物	25.0	10	网络文学	42.60	10	网络游戏	57.4

1. 企业门户网站

企业门户网站，连接了企业内外部，尤其企业内部与外部之间的沟通，是企业信息资源的集成。企业员工、顾客、供应商、合作伙伴、媒体、政府等均可从门户网站平台获取信息，也可延伸为网络交易平台，如华为商城、小米商城、苹果商城等。企业门户网站，不仅集成客户交易、售后平台，而且可根据企业意愿，集成更多系统，如新闻发布系统、内部沟通系统、人力资源管理系统等。

互联网已经迈入移动互联网时代，在企业门户网站基础上，企业不断整合、开发新型网络公共关系工具，如企业QQ公众号、微信公众号，尤其后者。在即时通信工具网络应用使用率迅猛发展的推动下，微信为代表的各类型的即时通信工具功能日益强大，全方位满足企业的各项需求，获得企业的青睐，且可后来居上，是企业门户网站建设的重点方向。

2. 即时通信工具

即时通信（instant messaging）是目前互联网上最为流行的通讯方式，各种各样的即时通信软件层出不穷；服务提供商也提供了越来越丰富的通讯服务功能，QQ、微信、飞信、Skype等都属于此。基于即时通信平台，更有大量组织公众号涌现。即时通信工具是开展网络公关的必备工具，是进行在线客服、维护客户关系等有效沟通的利器，有了即时通信工具，可以实现与消费者零距离、无延迟、全方位的沟通，甚至是与个人建立一对一的关系，满足其特别的需要，比如意见反馈、信息定制、投诉处理等。同时与媒体记者、股东等重要公众建立联系也离不开即时通信工具，在此基础上交流信息、建立感情等，可以通过保持良好私人关系达到公共关系的目的。

即时通信工具的合理利用，既可以与客户保持密切联系、促进良好关系，也可以达到有效促进销售、品牌推广等目的。由于减少了中间环节，采用的是“面对面”的方式，即时通信工具中的交流亲和力更强，传播效果更好。但比起其他网络媒体，即时通信是一个更为封闭的媒介，通过它进行分享的公关内容必须是有限的、对目标受众真正相关且有价值的，否则可能会引起反感。

3. 微博

微博是SNS社区的一种，SNS，即社会化网络（social networking services）；另一种常用解释是“ social network site”，即“社交网站”或“社交网”。按照六度分割理论，每个人的社交圈都不断放大，最后可以成为一个大型网络。这是社会性网络（social networking）的早期理解。后来有人根据这种理论，创立了面向社会性网络的互联网服务，通过“熟人的熟人”来进行网络社交拓展，如Facebook、微博、微信、人人网、开心网等。社会化网络更强调以网络用户关系为主，而不是以信息为主。它改变了网上信息流动以及网络用户的互动方式，以往的网站只是单纯聚集信息并向网络用户传播，较少互动反馈沟通。社会化网络以网络用户为基础，具有以下特点：①用户之间自由互动交流，媒体与受众之间界限模糊，受众与媒体产生双向交流。②内容的产生与共享，大部分内容由用户产生，并且内容公开，有各种手段方便用户之间共享。③在社会化网络上，更重要的是关系而不是内容，用户会因共同话题而聚集在一起。

❖ 本章小结 ❖

网络的本质是人和人之间的交流工具。网络公共关系，是新媒体时代最为热门的一种公关形式，在经历了商业化、概念化和深发展三个阶段之后的今天，网络公共关系突破了传统公关的时空限制、传统媒体的限制，使组织拥有更大的主动权和传播优势。网络公共关系是公共关系在新载体的应用。

网络公共关系职能包括：组织形象的网络展示、网络信息的收集与监测、公众网络舆论的引导、网络危机公关等方面，可以使用论坛、即时通信工具、博客、微博、微信朋友圈等工具来实现以上的四个方面职能，使得组织掌握信息发布的主动权，也使得公众在信息传播中的地位得以提高。

⌘关键词

网络；网络公共关系；网络传播；网络公共关系发展阶段；网络公共关系职能；公众网络舆论；网络危机公关；网络公共关系职能工具；意见领袖；社会化网络

⌘练习与思考

1. 根据自己的网络使用经历，谈谈网络对我们的影响。
2. 网络作为公共关系载体优势：______、______、______、______、______。
3. 网络公共关系的发展阶段：______、______、______、______。
4. 网络公共关系职能：______、______、______。
5. 网络公共关系职能实现的工具：______、______、______。
6. 谈谈你身边的网络公共关系的例子并做一个简单的评价。

第十八章
Chapter18

行业公共关系（旅游业）

☞ 导入案例

一位游客等于两吨煤

山西省是我国的煤炭大省，其煤炭资源储量在全国首屈一指，并且畅销全国，这为山西的地方经济发展带来了巨大的活力。但近一年来，伴随我国经济结构的转型，煤炭销量下降，这给山西的经济增长带来巨大的压力。2015 年山西 GDP 增速为 3.15%，山西一煤独大的产业结构，让其去产能的任务繁重。在这样的背景下，发展非煤产业、促进经济增长就显得很迫切，这其中就包括旅游业。

2016 年 3 月 6 日，在全国人民代表大会山西代表团的媒体开放活动中，赴山西履职省委书记仅仅 17 个月的王儒林，在回答记者的提问时，用 17 分钟的时间，简要概述了山西悠久的历史以及丰富的文化旅游资源。他甚至现场当起导游介绍山西的山水资源，山比如五台山、太行山、吕梁山、芦芽山、王莽岭、北岳恒山等；水比如娘娘滩、老牛湾、桑干河、壶口瀑布等；有山有水有关口，他还顺口念出雁门关、平型关、杀虎口。此外他还说到晋祠、王家大院、乔家大院、鹳雀楼等，以及佛光寺、南禅寺、华严寺、广胜寺、普救寺和永乐宫。

在这一大串的推荐后，王儒林坦言文化旅游对山西的作用，他同样引用数据：根据相关部门的计算，如果海外一位游客来山西，平均消费 360 美元，相当于山西出口一吨半优质焦煤；如果国内客人到山西，平均消费 960 元人民币，相当于山西出口两吨动力煤。

由此可知旅游业对山西的重要性，尤其是在经济结构进行调整的阶段。当一个地区的某个产业占到GDP的10%时，这个产业即可称为当地的支柱产业，旅游业属于第三产业，相较于传统的第二产业，它的发展所需投入和产出都具有优势。而旅游业由于其自身的特征，更多地依赖形象，而非有形产品的质量、价格等因素。因此，旅游业是公共关系的一个重要的应用领域。当然，不仅旅游业，读者自觉将所学公共关系知识运用于其他行业中，这是公共关系学课程的最终学习目标和要求。

资料来源：腾讯网，http://news.qq.com/a/20160307/000016.htm.

| 学习目标 |

1. 了解行业公共关系，知晓旅游公共关系的定义和三要素，理解旅游公共关系的出现理由。
2. 掌握旅游公共关系的特点和原则。
3. 可以自觉运用公共关系和旅游公共关系原理，分析各种旅游公共关系现象。

第一节 旅游公共关系的构成要素

一、行业公共关系简述

伴随着社会的发展，公共关系的重要性越发显现。以竞争关系为例，在古代社会，人与人之间的竞争以体力竞争占主导；现代社会，人与人之间的竞争更多地看智力竞争。企业也一样，传统的企业竞争是非此即彼的竞争，异常残酷和激烈，关乎生存；但现代企业，可以出现既竞争又合作的双赢关系。不论智力为代表的软因素，还是双赢竞合关系，都离不开形象。换言之，现代社会是无法离开公共关系的。

公共关系的应用领域非常广泛，最广义的公共关系主体三类型：企业、政府、非营利组织，囊括了全方位的社会组织。事实上，个人也可以借鉴公共关系的基本原理，为人际关系服务。几乎所有社会组织都需要形象管理，自然旅游业也是离不开公共关系的。公共关系应用于不同的行业，就属于行业公共关系了，比如旅游公共关系、学校公共关系、城市公共关系等。

对行业公共关系，教材仅阐述旅游公共关系，希望达到抛砖引玉的效果。读者朋友可以依据公共关系学的基础理论和原理，对自己所在行业的形象管理进行演绎和实践。

二、旅游公共关系概述

旅游公共关系的构成要素包括目标、主体、客体及沟通途径。其中，旅游公共关系主体和旅游公共关系客体最为核心。

1. 旅游及旅游业

旅游是指带有观光、娱乐性质的出行。我国古代有皇帝的“巡游”；文人墨客的“漫游”；徐霞客的“壮游”等。旅游发展到今天一些因素成为必备，如旅行、游玩、消费、经济等。当涉及成为一个行业的时候，就演变为旅游业。对很多地方来说，旅游业产值占当地 GDP 早已超过了 10%，旅游业已经成为当地实实在在的支柱产业。

世界近代旅游业由托马斯·库克开端于 1841 年，他不仅组织了专车（火车），而且与英格兰米德兰铁路公司订立合同，由他负责组织客源，铁路公司为他安排火车。这样他成为一名真正的火车旅行代理人。托马斯·库克于 1845 年正式成立托马斯·库克旅行社，总部设在莱斯特，专门从事旅行代理业务。这便是世界上第一家旅行社。托马斯·库克旅行社成立后，决心组织一次真正的消遣性的观光旅游。1845 年 8 月组织了一次从莱斯特到利物浦的纯消遣性火车旅行。托马斯·库克为组织好这次旅游，亲自提前沿线试走一趟，与各地客栈老板商订了旅客的吃住安排，确定了沿途游览观光的地点，然后将其编印成《利物浦之行手册》，分发给旅游者。这是世界上第一本旅游指南。

资料来源：保继刚．旅游地理学 [M].3 版．北京：高等教育出版社，2012.

2. 旅游公共关系主体

旅游公共关系主体包括两个类别：其一，旅游直接相关者，包括旅行社、景区、酒店三类别；其二，旅游管理者，包括旅游行政部门、旅游行业协会。旅游直接相关者是最主要的旅游公关主体，从安排和实施旅游活动到为旅客提供食宿等服务，全部包括在内。旅游管理者也至关重要，在我国，旅游行业协会的作用弱化，旅游行政部门就显得更突出。旅游行政部门的作用体现在：为旅游企业（旅行社、酒店、景区）和旅游者提供行政服务；进行宏观指导；监督和纠正不当行为。

我国风景名胜区等级划分为：从高到低依次为 AAAAA、AAAA、AAA、AA、A 级，其中 5A 级为我国旅游景区最高等级，代表着我国的世界级精品旅游风景区，包括故宫博物院、黄山、秦始皇兵马俑博物馆、布达拉宫景区、九寨沟景区、桂林漓江风景区、广州长隆旅游度假区等 302 家（截至 2020 年 12 月）。读者可自行查阅旅行社、酒店方面的行业基础信息，以进一步加深对旅游业的了解。

3. 旅游公共关系客体

旅游公共关系客体中最核心的当属旅游者，是旅游公共关系主体的主要对象。旅游者可划分为：实现型、当前型、潜在型。对于旅游公共关系主体来说，这三种类型的旅游者都非常重要，而且三种类型的旅游者几乎概括了所有人。以景区主体为例，对于实现型和当前型旅游者，应努力保证充分的吸引力，以吸引再次返回或积极扩散传播；对于潜在型旅游者，努力吸引其实现旅游。

除了旅游者之外，旅游服务群体（酒店）、旅游管理群体（国家旅游行政部门）、旅游干预群体（媒介）等在某些情境下，也会成为旅游公共关系的客体。旅游管理群体的国家旅游行政管理部门、工商管理部门、卫生行政部门等可以成为景区的客体；媒介，尤其是大众媒体更容易成为旅行社、景区、酒店的客体。

第二节　旅游公共关系的特点与原则

一、旅游公共关系的特点

1. 极强的服务性

旅游公共关系如同旅游一样，具备极强的服务性。首先，从旅游业本身看，它属于服务性行业，服务意识对经营活动的好坏有着根本性的影响。其次，从旅游公共关系服务的对象看，任何一个组织的一项公关活动，都是在为整个旅游行业服务，其中既包括了旅游主体和客体，也包括了旅游目的地和客源地，比如旅行社开发新的景点对旅行社、旅游者、景点等都有益。

巴黎里兹饭店的记车牌制度：法国巴黎的里兹大饭店有这样一条制度，凡是到该饭店居住的客人，接待生在帮顾客打开车门时，都必须为顾客记住每一辆搭载的出租车号码。酒店的解释为：巴黎有1.4万辆出租车，如客人有物品遗忘在车上，这是帮助客人找回失物最佳的方法。此外，接待生还必须记下客人大件行李数目，一旦客人短少行李，能很快查出行李是遗失在机场或是出租车上。凭借这一到位的细节性服务，里兹大饭店在顾客中赢得了良好的形象，在竞争激烈的同行中，一直保持很高的入住率。

资料来源：百度文库。

2. 极大的变动性

旅游是一种变数很大的活动。外部环境的变化、旅客情绪、心理的变化，都会产生各种各样新的情况，这就要求旅游公共关系工作能够适应这种变动性。为此，旅游公共关系工作需要提前做好规划工作，同时保留一定的弹性；旅游工作的工作方式要有更大的灵活性。

3. 极广的交际性

在旅游公共关系传播中，人与人之间的交流和传播与其他公共关系传播相比，占有更大的比例和更重要的地位。首先，其他生产组织（如工厂）的生产过程与消费过程是脱节的。旅游行业的生产和消费则是同步的，生产的过程就是消费的过程，所以，每个生产环节都与公众交往有关。其次，旅游行业的产品主要是服务，旅游部门的每一个员工都担负着美化主体形象的任务，所以，人际交往是他们的主要工作。极广的交际性是旅游公关工作的突出特点。

二、旅游公共关系的原则

旅游公共关系工作需要遵循一些基本原则，包括以公共关系需要为准绳，以主体形象为核心，以客观事实为依据。

1. 以公众需要为准绳

在旅游公共关系中，旅游组织依赖公众的旅游需要而存在；旅游组织依靠客源的扩大而发展壮大。所以，旅游公共关系主体必须把旅游公众的利益放在第一位，在主体利益与公众利益发生冲突时，置公众利益在前；旅游公共关系主题要以满足旅游者的需要为自己努力的方向，即主体紧紧围绕“游客需要”，这等价于营销学上的“顾客就是上帝”的观念。

2. 以主体形象为核心

在旅游公共关系中，最核心的是主题形象。尤其是旅行社、景区、酒店等旅游直接相关者的形象，这个形象是它们的生命。就旅游组织而言，旅游主体是生产精神产品（塑造形象）的机构，旅游主体的工作内容的核心是提高主体的知名度和美誉度。

对旅游主体形象的管理，体现在：规划主体形象，塑造主体形象，监测主体形象，紧紧以主体形象为核心。

3. 以客观事实为依据

旅游公共关系的目的是增强主体与公众的相互了解和相互信任，而这种了解和信任只能建立在尊重客观事实的基础上。这就要求旅游组织发布的信息要实事求是；公关人员反馈给公众的信息也要客观、公正。

旅游公共关系主体只有遵守旅游公共关系的三原则，才能做好旅游事业。如今，人们对旅游的需求日益变化。传统的旅游满足于观光和游览，而现代的旅游仅以观光和游览不一定能满足旅游者的需求，旅游者对参与更有兴趣。旅游主体需要适应新的需求变化。旅游主体的形象管理是最重要的内容，旅游的目标、体验、评价等无一不与形象密切相关。最后，客观事实也非常重要。尤其景区，需要依据客观事实进行公关活动。

第三节 旅游公共关系案例

一、2010 年“10·21”台湾苏花公路塌方事故

据我国台湾“中央社”2010 年 10 月 21 日报道，受台风“梅姬”（我国大陆称“鲇鱼”）及东北季风影响，台湾各地连日来普降大雨，东北部山区雨量尤其惊人。苏（澳）花（莲）公路严重塌方，台“灾害应变中心”表示，在 113.5 千米、116 千米处，各有一辆巴士遭土石掩埋；而创意旅行社及弘泰旅行社的两辆巴士仍失去联系。

台湾方面非常重视此次公路塌方事故，台“内政部长”江宜桦主持相关搜救事务。台湾方面出动“消防署”特搜队员、红十字会人员执行搜救。截至 10 月 31 日，参加地面搜救的共 421 人；海面搜寻部分，有 3 舰、9 艇、148 人执行海面搜寻任务，并扩大搜寻范围至基隆海域，另有 8 艘舰艇计 749 人执行东北海面搜寻。

此次事故也得到妥善的处置：大陆失踪遇难人员，人均可获赔约 200 万元人民币；

台湾旅行商业同业公会全联会也在台北第二殡仪馆为苏花公路塌方事故中罹难的20位大陆居民举办公祭，同时海基会董事长江丙坤参加公祭。

请读者思考一下，为什么台湾当局如此重视？

做个简要的分析：一方面，人的生命财产的价值。人的价值是无法用货币估量的。这种20人的灾难性事故，必然成为举国关注的焦点。在这方面，任何一个政府（或当局）都不能轻视。

另一方面，从旅游公共关系的角度来说，台湾地区的旅游业较发达，也吸引了很多大陆游客。更重要的是，大陆游客为台湾带来了消费和经济增长。在如何吸引大陆游客方面，台湾地区（旅游）行政部门成为旅游公共关系的主体，大陆游客自然成为旅游公共关系的客体。如果在塌方事故中，台湾地区（旅游）行政部门不管不问，读者试想一下，大陆游客会产生什么样的印象呢？这必然会对台湾地区的旅游形象造成毁灭性打击，进而影响大陆游客的赴台旅游需求。与之相反，台湾地区（旅游）行政部门的全力以赴，给大陆游客留下了负责任的形象，事故也就无法影响到大陆游客的赴台旅游需求。

二、丹霞山申遗

广东丹霞山位于韶关市仁化县，是喀斯特地貌在我国的典型代表，是自然遗产地。自1988年以来，丹霞山先后被评为国家级风景名胜区、国家自然保护区、国家地质公园、国家5A级旅游景区，2004年2月13日经联合国教科文组织批准为全球首批世界地质公园。

丹霞山风景名胜区的申遗成本耗资颇巨，据中山大学教授、丹霞山申遗组组长彭华透露，“中国丹霞”申遗大约花了十几个亿，主要集中在以下几个方面：第一笔大钱是基础设施建设，如道路改线和扩建、景区“三线下地”和卫生设施等；第二笔大钱是配套设施建设，如博物馆、游客中心、管理中心、监控中心、各种监控设施（如水环境、大气环境、地质灾害、森林防火、旅游点监测）等；第三笔大钱是景区综合治理，如拆迁景区不合理或有碍景观的建筑和各种服务设施，搬迁核心区不适宜发展或有碍发展的村庄，景区内设施和村庄的整治改造等。此外，还有申遗过程中，景区内步行道修整、改造、新建，观景台、服务点、标识系统的新建和改建，以及基础研究、规划编制、研讨会、论证会、国际咨询、公共活动等费用。

读者能否思考一下，丹霞山景区为什么投入巨资申请世界自然遗产？

读者请看下面一组参考数据：平遥古城1997年申遗成功，旅游门票收入从1997年的125万元增加到2008年的7 500万元，旅游综合收入从1 250万元增加到2008年的6.7亿元，旅游收入占GDP的比重从1997年的0.96%增长到2008年的13.91%；云南丽江1997年申遗成功，三年后旅游综合收入就达到13.44亿元。

据此，你能否得出自己的答案呢？

三、《醉翁亭记》与琅琊山风景名胜区

北宋政治家、文学家，同时也是“唐宋八大家”和“千古文章四大家”之一的欧阳修，因支持范仲淹等人的“庆历新政”而被贬为滁州太守。欧阳修好饮酒游山，在滁州的时候，为政“宽简”，其治下反而井井有条。记叙其与滁州百姓同乐的《醉翁亭记》传诵千古而流传至今，即使以今天的目光来看，仍然属难得的美文。

《醉翁亭记》是古人留给后世滁州人民的宝贵财富，其描述的琅琊山风景名胜区，成为滁州市区范围内唯一的一家国家级风景名胜区。

但笔者与人交流的过程中，发现一个现象：很多外地人把琅琊山等同于狼牙山，要知道狼牙山是因“狼牙山五壮士”而闻名于世，位于河北保定太行山东麓。这与《醉翁亭记》中的琅琊山根本就是风马牛不相及的。这是琅琊山风景名胜区急待需要改变的地方，当然狼牙山风景区（国家4A级风景名胜区，也是国家森林公园）也需要区分。

为此，请读者谈谈一些可行的举措，以切实提高琅琊山景区的知名度并与狼牙山进行有效的区分。

❖ 本章小结 ❖

公共关系的基本原理在社会各行各业中都有着很广泛的应用，包括应用在旅游业之中。一般来说，旅游业更依赖于形象。旅游公共关系的主体一般包括：旅游直接相关者和旅游管理者。具体来说，主要包括旅行社、酒店、景区等三大类型。旅游客体的核心就是旅游者。

旅游公共关系具备极强的服务性、极大的变动性、极广的交际性等三个方面特征；同时，旅游公共关系需要遵守以公众需要为准绳、以主体形象为核心、以客观事实为依据等基本原则。

⌘关键词

旅游；旅游业；旅游公共关系；旅游公共关系主体；旅游公共关系客体；旅行社；酒店；风景名胜区

⌘练习与思考

1. 旅游公共关系主体，请举例：______、______、______。
2. 旅游公共关系特征：______、______、______。
3. 旅游公共关系基本原则：______、______、______。
4. 列举身边的有关旅游公共关系主体的新闻。

参考文献

[1] 陈先红 . 现代公共关系学 [M]. 北京：高等教育出版社，2009.
[2] 陈向阳 . 最佳公共关系案例 [M]. 北京：清华大学出版社，2007.
[3] 程世涛 . 公共舆论学 [M]. 武汉：华中科技大学出版社，2003.
[4] 褚云茂 . 公共关系与现代政府 [M]. 上海：上海大学出版社，2002.
[5] 丁乐飞，翟年祥 . 公共关系教程 [M]. 合肥：安徽大学出版社，2004.
[6] 方宪玕 . 公共关系学教程 [M]. 杭州：浙江大学出版社，2004.
[7] 傅琼，杨秀英，章克昌 . 实用公共关系与礼仪 [M]. 北京：中国人民大学出版社，2004.
[8] 郭惠民 . 当代国际公共关系 [M]. 上海：复旦大学出版社，1999.
[9] 郭惠民 . 危机管理的公关之道 [M]. 上海：复旦大学出版社，2006.
[10] 郭庆光 . 传播学教程 [M]. 北京：中国人民大学出版社，1999.
[11] 韩运荣，喻国明 . 舆论学原理、方法与应用 [M]. 北京：中国传媒大学出版社，2005.
[12] 胡百精 . 公共关系学 [M]. 北京：中国人民大学出版社，2008.
[13] 姜桂娟 . 公关与商务礼仪 [M]. 北京：北京大学出版社，2005.
[14] 居延安 . 公共关系学导论 [M]. 上海：上海人民出版社，1987.
[15] 居延安 . 公共关系学 [M]. 上海：复旦大学出版社，2008.
[16] 胡百精 . 中国公共关系史 [M]. 北京：中国传媒大学出版社，2014.
[17] 李道平 . 公共关系学 [M]. 北京：高等教育出版社，2010.
[18] 李良荣 . 新闻学概论 [M]. 上海：复旦大学出版社，2001.
[19] 李良荣 . 当代西方新闻媒体 [M]. 上海：复旦大学出版社，2003.
[20] 李占才 . 公共关系学概述 [M]. 上海：上海交通大学出版社，2005.

更多参考文献
请扫码阅读